中高职跨境电商贯通系列教材

跨境电子商务客服实务

主　编　黄晓蕾
副主编　张秀仙　林日银　沈忱忱
参　编　李洪娟　周艳梅　徐腾君　林　鹿　王小凡
　　　　叶　慧　王静静　叶　旦　陈梦梦　刘　然

电子工业出版社
Publishing House of Electronics Industry
北京·BEIJING

内 容 简 介

《跨境电子商务客服实务》是一本专注跨境电子商务领域客服工作的实用指南，通过简洁的篇幅，系统地介绍了跨境电子商务客服的基本职责、工作流程、沟通技巧、平台操作规范、客户关系维护及纠纷处理与危机应对等关键内容。本书不仅涵盖了客服工作的基础知识，还紧密结合了当前跨境电子商务行业的最新发展趋势，为读者提供了实用的操作技巧和案例分析。

本书旨在帮助读者快速掌握跨境电子商务客服的核心技能，提升客服质量，增强客户满意度和忠诚度。通过学习本书，读者能够熟练应对各种客户咨询、投诉和纠纷，有效促进销售转化，为企业的跨境电子商务业务保驾护航。

本书可作为高职高专院校跨境电子商务及相关专业学生的教材，也可供跨境电子商务从业者、客服人员参阅。

未经许可，不得以任何方式复制或抄袭本书之部分或全部内容。
版权所有，侵权必究。

图书在版编目（CIP）数据

跨境电子商务客服实务 / 黄晓蕾主编. -- 北京：电子工业出版社, 2024.9. -- ISBN 978-7-121-49147-4

Ⅰ.F713.36

中国国家版本馆 CIP 数据核字第 20248S8B60 号

责任编辑：李书乐
印　　刷：涿州市般润文化传播有限公司
装　　订：涿州市般润文化传播有限公司
出版发行：电子工业出版社
　　　　　北京市海淀区万寿路 173 信箱　邮编：100036
开　　本：787×1092　1/16　印张：13　字数：332.8 千字
版　　次：2024 年 9 月第 1 版
印　　次：2024 年 9 月第 1 次印刷
定　　价：45.00 元

凡所购买电子工业出版社图书有缺损问题，请向购买书店调换。若书店售缺，请与本社发行部联系，联系及邮购电话：（010）88254888, 88258888。
质量投诉请发邮件至 zlts@phei.com.cn，盗版侵权举报请发邮件至 dbqq@phei.com.cn。
本书咨询联系方式：（010）88254571 或 lishl@phei.com.cn。

前　　言

本书以习近平新时代中国特色社会主义思想为指导，深入贯彻落实党的二十大精神，积极响应《"十四五"职业教育规划教材建设实施方案》，坚持立德树人的根本任务，围绕培养适应跨境电子商务行业需求的高素质技术技能人才的目标进行编写。

"跨境电子商务客服实务"作为高职高专院校跨境电子商务专业的核心课程之一，旨在培养具有较强职业能力、专业知识和良好职业素质的跨境电子商务客服专员。本书紧密结合跨境电子商务行业的发展趋势和实际需求，旨在通过理论讲授与实操演练相结合的方式，使学生全面掌握跨境电子商务客服工作的业务流程、沟通技巧、平台操作规范及纠纷处理技巧。

在课程设计上，注重以工作任务为导向，通过设计具体的学习情境和工作任务，模拟真实的工作环境，让学生进行学习和实践。同时，还引入了案例教学法、平台操作法等多种教学方法，以激发学生的学习兴趣和主动性，提高他们的自学能力和创新精神。

全书共五个项目，其中项目一开展客服准备是导入项目，旨在使学生能熟悉安装和使用各类沟通工具，是后续深入学习客服技巧、提升服务效率的重要前期准备；项目二开展售前服务，旨在使学生能够收集国外潜在客户资源，建立系统化的国外客户信息库，并具备撰写及发送客户开发信的技能；项目三提供售中服务，着重训练和提升学生的客服技能，以确保在销售过程中能够有效满足客户需求；项目四提供售后服务，旨在培养学生的售后问题处理能力，通过解决客户问题、提供持续支持，增强客户忠诚度；项目五管理客户关系，旨在教授学生如何系统地管理和维护客户关系，通过有效的沟通、数据分析及策略规划，提升学生的客户管理能力。

本课程建议学时为72学时，学时分配建议如下：

项目	内容	学时
项目一	开展客服准备	12
项目二	开展售前服务	16
项目三	提供售中服务	16
项目四	提供售后服务	16
项目五	管理客户关系	12
总计		72

本书由黄晓蕾担任主编，张秀仙、林日银、沈忱忱担任副主编，李洪娟、周艳梅、徐腾君、林鹿、王小凡、叶慧、王静静、叶旦、陈梦梦、刘然参编，杭州楚汸教育科技有限公司也参与了本书的编写。本书在编写过程中还得到了浙江金融职业学院的大力支持，以及电子工业出版社编辑的悉心指导，在此一并表示衷心的感谢。在编写本书的过程中，我们参考了相关专业书籍、学术文章及网络资源，在此一并致以诚挚的谢意。

由于教学用书，编写时间仓促，书中不妥和疏漏之处敬请专家和读者赐教和指正。

编者

2024 年 3 月

目　　录

项目一　开展客服准备 ··· 1

　任务一　安装和使用沟通工具 ·· 2
　　一、选择合适的沟通工具 ·· 2
　　二、安装与配置 ·· 4
　　三、学习并熟悉功能 ·· 10
　　四、使用技巧与注意事项 ·· 16
　任务二　安装和使用翻译工具 ·· 20
　　一、选择合适的翻译工具 ·· 20
　　二、安装与设置 ·· 22
　　三、学习与熟悉功能 ·· 26
　　四、使用技巧与注意事项 ·· 34

项目二　开展售前服务 ··· 37

　任务一　收集国外潜在客户资源 ·· 38
　　一、目标市场研究与分析 ·· 38
　　二、数据库与资源平台应用 ·· 50
　　三、在线营销与社交媒体营销策略 ···································· 60
　　四、客户关系管理系统的应用 ·· 66
　任务二　建立国外客户信息库 ·· 69
　　一、信息库的构建基础 ·· 70
　　二、客户信息的收集与整理 ·· 74
　　三、信息库的维护与管理 ·· 82
　　四、信息库的应用与价值 ·· 90
　任务三　撰写和发送客户开发信 ·· 92
　　一、客户开发信的基本要素 ·· 92
　　二、撰写技巧 ·· 95
　　三、发送策略 ·· 97

项目三　提供售中服务 ··· 103

　任务一　认识订单管理页面 ·· 104

一、订单管理页面概述 ·· 104
　　二、订单处理流程 ·· 108
　　三、订单数据分析与利用 ··· 110

任务二　解答商品咨询和服务咨询 ··· 114
　　一、产品知识与特点掌握 ··· 114
　　二、客户咨询类型分析 ·· 118
　　三、商品推荐与搭配建议 ··· 120
　　四、服务咨询应对技巧 ·· 124
　　五、服务质量提高策略 ·· 125

任务三　引导客户购买 ·· 127
　　一、客户需求分析与挖掘 ··· 128
　　二、引导购买技巧与策略 ··· 129
　　三、购物车管理与结算支持 ·· 131

项目四　提供售后服务 ·· 135

任务一　跟进订单 ··· 136
　　一、订单确认与跟进 ··· 136
　　二、订单处理与发货 ··· 139
　　三、解决订单问题 ·· 140
　　四、客户沟通与反馈 ··· 143
　　五、售后服务总结与优化 ··· 143

任务二　处理差评 ··· 148
　　一、全球速卖通平台的差评政策 ···································· 148
　　二、全球速卖通平台差评的修改要求 ······························ 149
　　三、如何应对差评 ·· 149
　　四、注意事项 ·· 154

任务三　处理纠纷和投诉 ··· 155
　　一、买家拒付的处理 ··· 155
　　二、纠纷处理流程 ·· 159
　　三、纠纷处理原则 ·· 163
　　四、如何避免纠纷与投诉 ··· 164

项目五　管理客户关系 ·· 171

任务一　评价客户 ··· 172
　　一、客户价值评估 ·· 172
　　二、客户忠诚度评估 ··· 174
　　三、客户满意度调查 ··· 175

  四、客户信用评估 ………………………………………………… 178
  五、客户行为分析 ………………………………………………… 179
  六、客户潜在风险评估 …………………………………………… 180
  七、客户关系维护策略 …………………………………………… 181
 任务二 维护老客户 ………………………………………………… 182
  一、维护老客户的重要性 ………………………………………… 183
  二、维护老客户的策略 …………………………………………… 183
 任务三 挽回流失客户 ……………………………………………… 186
  一、识别流失原因 ………………………………………………… 186
  二、制定挽回策略 ………………………………………………… 188
  三、个性化沟通 …………………………………………………… 190
  四、建立持续关系 ………………………………………………… 191
  五、跟踪挽回效果和策略优化 …………………………………… 196
  六、持续改进策略 ………………………………………………… 197

项目一　开展客服准备

○ **知识目标**

熟悉常用的即时通信软件、电子邮件和跨境电子商务平台内置的聊天系统；掌握常用沟通工具的使用技巧与注意事项；熟悉谷歌翻译、百度翻译等常用翻译工具；掌握常用翻译工具的使用技巧与注意事项。

○ **技能目标**

能够安装和使用常用沟通工具；能够安装和使用常用翻译工具。

○ **素养目标**

具备跨文化交际意识和国际化视野；具备守法意识和平台规则意识。

○ **思维导图**

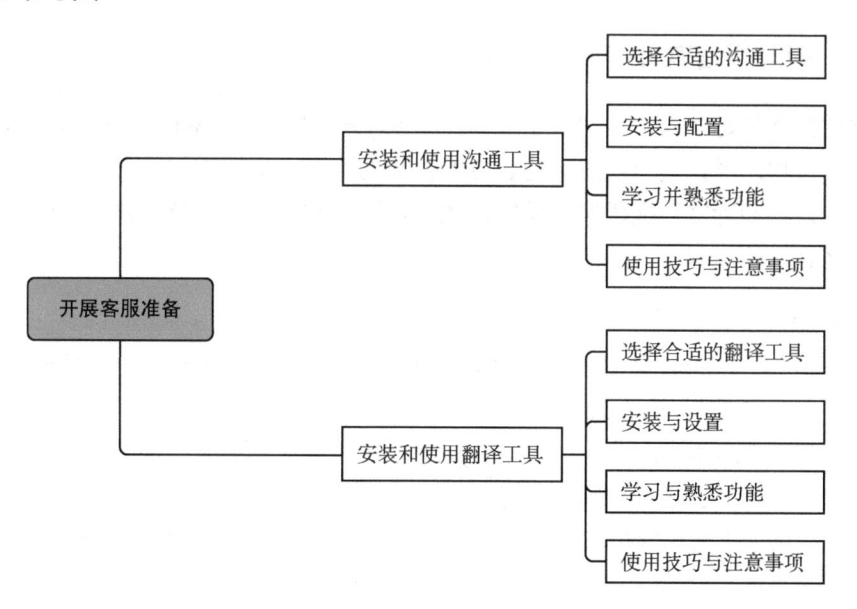

```
                              ┌── 选择合适的沟通工具
                              ├── 安装与配置
              ┌── 安装和使用沟通工具 ──┤
              │               ├── 学习并熟悉功能
              │               └── 使用技巧与注意事项
开展客服准备 ──┤
              │               ┌── 选择合适的翻译工具
              │               ├── 安装与设置
              └── 安装和使用翻译工具 ──┤
                              ├── 学习与熟悉功能
                              └── 使用技巧与注意事项
```

○ **项目背景**

随着全球电子商务的快速发展，温专电子贸易有限公司（以下简称温专公司）正从传统的国际贸易企业转型为跨境电子商务企业。Andy 作为温专公司的跨境电子商务客服专员，主要负责售前、售中、售后客服工作。Andy 在开展跨境电子商务客服准备工作之前，需要完成以下任务：

任务1：安装和使用沟通工具；
任务2：安装和使用翻译工具。

任务一　安装和使用沟通工具

在开展跨境电子商务客服准备工作时，Andy应先选择合适的沟通工具，然后进行安装与配置，而且应掌握常用沟通工具的使用技巧与注意事项，以便能更快速地响应客户需求，减少沟通中的障碍，从而大大提高工作效率。

一、选择合适的沟通工具

在现今日益全球化的商业环境中，有效的沟通对于业务的成功至关重要。为了满足客户的需求，选择合适的沟通工具是客服准备工作中不可或缺的一环。为了确保客服工作顺畅、高效，客服人员需要选择稳定、安全且易于使用的沟通工具。

（一）即时通信软件

即时通信软件是一种常见的沟通工具，如Skype、Viber和WhatsApp等。这些软件在全球范围内使用广泛，具有实时沟通、方便快捷的特点，适用于与客户进行即时交流，以解决客户的疑问和为客户提供实时反馈。此外，这些软件通常支持多语言，能够满足不同国家和地区客户的需求。

1. Skype

Skype是一款于2003年推出的即时通信软件，由微软（Microsoft）公司开发，拥有超过6.63亿的注册用户，同时在线用户超过3000万。其支持多种平台，包括Windows、macOS、iOS、Android和Windows Phone等。Skype不仅拥有即时通信软件的基本功能，还具备许多独特的用途，使其在全球范围内广受欢迎。

Skype提供了丰富的通信方式，用户可以与其他Skype用户进行免费的语音和视频通话，通话质量一流。同时，Skype还支持一对一和群组通话，最多可添加25个通话方，满足了不同用户的通信需求。此外，用户还可以发送即时消息，支持文字、音频、图像和表情符号的发送，使沟通更加生动有趣。Skype在文件共享方面也有出色的表现，用户可以在聊天过程中轻松共享文件，如文档、图片等，提升了沟通效果。此外，Skype还提供电话会议功能和视频会议功能，用户可以在多个用户之间同时召开语音或视频会议，这对团队协作、在线教育和远程办公等非常有用。

除了基本的通信和共享功能，Skype还提供了一些增值服务。例如，Skype用户可以付费向其他移动设备发送短信。同时，Skype 也支持国际电话拨打，无论是固定电话还是手机均可直接拨打，而且可以实现呼叫转移，从而可以为用户提供更加便捷的通信服务。

2. Viber

Viber 是一款在智能手机上使用的跨平台网络电话和即时通信软件，可以在 3G 和 Wi-Fi 网络上运作。Viber 最先推出的版本只适用于 iPhone，随后在 Android、Windows Phone 等多个平台上相继推出。其最大的特色在于用户无须注册或付款，只要双方都安装了这款软件，就能实现彼此之间的免费通信。

Viber 不仅支持文字消息的发送，还可以进行语音通话和视频通话，而且音质清晰。此外，用户还可以发送图片、视频和音频文件，实现多媒体通信。在用户体验方面，Viber 设计得十分人性化。例如，它会同步手机通讯录，自动提示哪些朋友也在使用 Viber，用户无须单独建立新的通讯录。同时，Viber 也可以在后台运行，不会耗费过多的手机电量，用户可以随时接收 Viber 的免费电话和短信提示。

Viber 支持包括中文在内的多国语言，方便全球各地的用户使用。此外，Viber 也提供了一些增值服务，如 Viber Out，用户可以通过这一服务向不在线或非 Viber 用户拨打电话，但这通常是需要付费的。

3. WhatsApp

WhatsApp Messenger（简称 WhatsApp）是一款用于智能手机之间通信的应用程序，非常受欢迎，支持多平台使用，包括 iPhone、Android、Windows Phone、Symbian 和 Blackberry 手机，用户可以通过它进行消息发送、图片分享、音频和视频文件的传输。

WhatsApp 的注册基于手机号码，用户需要输入自己的手机号码并接收一条验证短信来完成注册。一旦注册成功，WhatsApp 会自动搜索用户的手机联系人中已经在使用该软件的人，并将其添加到用户的联系人名单中。此外，WhatsApp 是一款免费的消息应用程序，用户可以通过 Wi-Fi 连接方式在全球范围内进行快速、便捷且安全的消息收发和通话，无须使用可能产生费用的蜂窝数据网络。它还提供了群发消息的功能，用户能够轻松实现消息的群发，打破好友发消息的限制，并支持自动化配置发送时间间隔。

WhatsApp 在全球使用广泛，尤其是在东南亚、俄罗斯、南美和非洲等地区，它的主要优势在于跨平台功能、用户友好界面和高度的可访问性。用户无论身处何地，都可以通过它与全球的朋友和家人保持联系。

（二）电子邮件

电子邮件也是一种重要的沟通工具。通过电子邮件，企业可以迅速地将详细的产品信息、订单确认和交易凭证等重要文件传达给客户，这不仅大大提高了沟通效率，也为企业与客户之间建立了更加紧密的联系。想象一下，一位客户在浏览网页时，对产品产生了浓厚的兴趣，此时，若一封详尽的产品介绍电子邮件能够及时送达，这将为客户的购买决策提供有力的支持。同样，订单成交后，一封确认电子邮件能够让客户安心，也为企业后续的服务提供了依据。

除了商业交流，电子邮件在处理非即时问题和投诉方面也展现出独特的优势。与电话沟通或面对面交流相比，电子邮件给予了双方更多的思考时间。客户可以在收到电子邮件后，从容地思考问题，整理反馈意见，然后通过电子邮件回复。这样的沟通方式不仅降低了沟通的紧张感，也提高了问题的处理质量。企业则可以更加系统地对通过电子邮件收集到的客户反馈进行分析和总结，从而不断改进产品和服务。

此外，电子邮件还具有可追踪性，这使得沟通双方都能及时了解电子邮件的发送和接收情况。如果某一环节出现问题，可以及时追踪并解决，避免因为沟通不畅而造成误解和损失。这一特性使得电子邮件在需要明确责任和追踪进度的场合中，成为了不可或缺的工具。

（三）跨境电子商务平台内置的聊天系统

跨境电子商务平台内置的聊天系统作为现代电子商务生态系统中的一个重要组成部分，其功能和角色不可忽视。在电子商务领域中，随着全球化的发展和互联网的普及，消费者越来越依赖于通过跨境电子商务平台进行购物，这使得平台的用户交互和沟通成为至关重要的环节。聊天系统正是实现这一目标的重要工具。

跨境电子商务平台内置的聊天系统具有多方面的优势。首先，它整合了平台内的各项功能，如订单管理、支付等，使得客服人员能够在一个统一的界面为客户提供全方位服务。这种集成化的设计不仅提高了客服人员的工作效率，也为客户提供了更加便捷和一体化的购物体验。其次，通过内置聊天系统，客服人员能够实时地与客户进行沟通交流。无论是对于订单问题的解答、售后服务的跟进，还是对于产品细节的咨询，聊天系统都能为双方提供一个即时、高效的沟通渠道。这种即时的反馈机制有助于提升客户的信任感和满意度，同时也为平台赢得了良好的口碑。此外，跨境电子商务平台内置的聊天系统还具备个性化服务的能力。通过聊天系统，客服人员可以深入了解客户的需求和偏好，从而提供更加贴心和个性化的服务。这种个性化的服务不仅能满足客户的个性化需求，还能提升客户对平台的忠诚度和增强他们的黏性。

然而，跨境电子商务平台内置的聊天系统也面临着一些挑战，如如何确保客服人员的响应速度和服务质量，如何保护客户的隐私和数据安全，如何有效地处理大量的聊天记录和反馈信息等。这些问题需要平台方在设计和运营聊天系统时给予充分的考虑和规划。

综上，在全球化商业环境中，选择合适的沟通工具对于企业的成功至关重要。通过综合考虑业务需求、客户特点和工具自身的特点，客服人员可以选择最适合自己的沟通工具，实现高效、便捷的沟通，为业务的持续发展奠定坚实基础。

二、安装与配置

跨境电子商务客服沟通工具的安装与配置根据不同工具而有所不同。以下是一些常见的跨境电子商务客服沟通工具的安装与配置步骤。

（一）Skype

1. 下载和安装

（1）访问 Skype 的官方网站，找到下载链接，根据计算机上安装的操作系统选择相应的版本，如图 1-1-1 所示。

注：图中"帐户"应为"账户"，为保持页面原样，此处不修改。

图 1-1-1　Skype 下载链接页面

（2）下载完成后，找到下载的安装包，双击打开，如图 1-1-2 所示。

图 1-1-2　Skype 下载页面

（3）按照屏幕上的提示进行安装。安装前，需要接受许可协议，选择安装路径和确定是否创建桌面快捷方式等。

2. 注册账号

（1）安装完成后，打开 Skype 软件，根据要求创建一个 Skype 账号。

（2）使用电子邮件地址或手机号码进行注册。如果已经有 Skype 账号，可以直接登录。

3. 配置与使用

（1）登录后，可以根据需要修改个人信息，如头像、昵称等。

（2）添加联系人。可以通过搜索 Skype 用户名、电子邮件地址或电话号码来添加联系人，也可以通过共享链接或二维码来邀请他人加入。

（3）进行通话或视频聊天。添加联系人后，可以选择该联系人，然后点击"拨打电话"或"视频聊天"按钮进行通话或视频聊天；也可以在聊天窗口中输入消息，然后点击"发送"按钮来发送即时消息。

4. 高级配置

（1）根据需要，可以调整音频和视频设置，以优化通话和视频聊天的质量。

（2）还可以设置隐私和安全性选项，如管理可以联系的对象，或者设置消息和通话的加密方式等。

5. 客服沟通

（1）选择想要联系的人，然后点击"拨打电话"或"视频聊天"按钮进行通话或视频聊天。这种直观的沟通方式有助于建立信任和更好地了解客户的需求。

（2）客服人员可以使用 Skype 的文字聊天功能与客户进行即时沟通，发送和接收消息。

（3）Skype 支持文件共享功能，客服人员可以发送产品图片、文档或其他相关资料给客户，以帮助客户更好地了解企业的产品。

（二）Viber

1. 下载和安装

（1）根据设备的类型（如 iOS、Android 或桌面操作系统），访问应用商店或 Viber 的官方网站，如图 1-1-3 所示。

（2）在应用商店中搜索 Viber 并下载，或者直接从 Viber 官方网站下载适用于设备的版本。

（3）安装完成后，打开 Viber 应用程序并按照提示进行注册。

2. 配置与使用

（1）注册完成后，可以开始配置自己的 Viber 账户，包括设置个人资料，如头像、用户名和个性签名等。除了个人资料设置，还可以在这里进行账户设置，如可以设置应用程序的语言、通知提醒方式等。

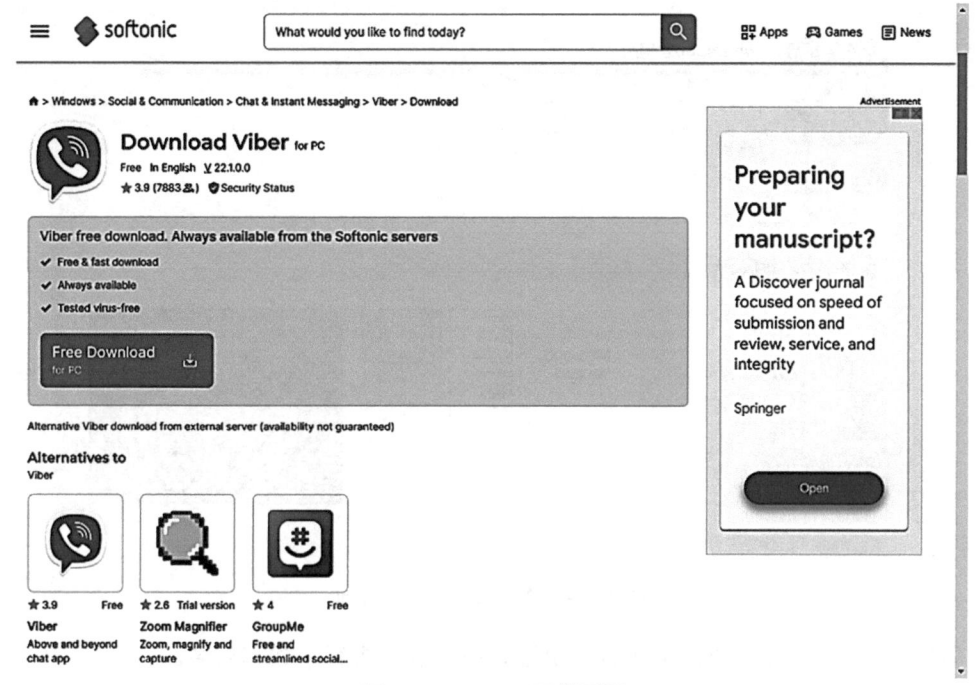

图 1-1-3　Viber 下载页面

（2）Viber 支持通过手机号码、电子邮件地址或社交媒体账号添加联系人。

（3）Viber 还提供了许多其他功能，如文件共享、位置共享和贴纸等，可以根据需要进行启用或配置。

（4）Viber 支持文字消息、语音通话、视频通话和群组聊天等功能，可以根据需要选择使用。

（5）在设置中，客服人员还可以调整通知、隐私、音频和视频等选项，以满足个性化的需求。

3. 客服沟通

（1）添加客户或合作伙伴为 Viber 联系人，以便与他们建立直接的沟通渠道。

（2）使用 Viber 的即时通信功能，快速响应客户需求，如为客户查询或提供产品信息。

（3）使用 Viber 的文件共享功能，发送产品图片、价格表或其他相关资料。

（4）客服人员还可以创建专门的聊天群组，以便与团队成员或客户群进行集体讨论和协作。

（三）WhatsApp

1. 下载和安装

（1）在电脑端或手机端搜索 WhatsApp 并下载。对于 iOS，可以直接在苹果商城下载；对于 Android 系统，可以在各大安卓商城下载安装包，如图 1-1-4 所示。

图 1-1-4 WhatsApp 下载页面

（2）点击 WhatsApp 进入应用程序页面，按照提示进行下载和安装。

2. 注册登录

（1）安装完成后，打开 WhatsApp 应用程序，按照提示进行注册和登录。

（2）注册过程中，客服人员需要输入手机号码，并设置密码。此外，WhatsApp 还会发送一条短信验证码，以确保此手机号码真实有效。

3. 配置与使用

（1）完成注册和登录后，客服人员可以开始设置个人资料和账户信息，包括上传头像、设置昵称、添加联系方式等。

（2）在 WhatsApp 中，可以通过搜索手机号码或用户名来添加联系人，也可以邀请朋友加入群组。

（3）设置 WhatsApp 消息通知，确保客服人员能够及时收到客户的消息和各类通知。

（4）考虑到跨境电子商务的特殊性，客服人员可以设置一些国际通话或消息收发功能，确保能够与全球客户顺畅沟通。

4. 客服沟通

（1）添加客户或合作伙伴为 WhatsApp 联系人，以便与他们建立直接的沟通渠道。

（2）使用 WhatsApp 的即时通信功能，快速响应客户需求，如为客户查询或提供产品信息。

（3）发送图片、视频等文件和位置信息，以便更直观地展示产品或提供相关信息。

（4）使用 WhatsApp 的广播列表功能，可以同时向多个客户发送消息或促销信息。

以上是一些常见的跨境电子商务客服沟通工具的安装与配置步骤。具体的步骤可能会因工具版本和操作系统的不同而有所差异。在安装和配置过程中，建议仔细阅读每个工具的官方文档或用户手册，以确保正确安装和配置。此外，还应注意保护个人隐私和账户安全，避免泄露个人信息和账户密码。

（四）电子邮件

1. Foxmail

（1）安装。访问 Foxmail 官方网站，下载操作系统对应的安装包。

（2）配置。打开 Foxmail 后，客服人员需要设置自己的邮箱账户。输入邮箱地址和密码，按照提示完成账户的添加。还可以根据个人喜好设置电子邮件分组、过滤器等功能，以便更好地管理电子邮件。

2. Outlook

（1）安装。如果是 Windows 用户，Outlook 通常作为 Office 套件的一部分预装在系统中。如果没有预装，可以通过 Microsoft 官方网站下载并安装 Office 套件。对于 Mac 用户，需要从应用商店下载 Outlook 应用程序。

（2）配置。启动 Outlook 后，客服人员需要添加电子邮件账户。输入邮箱地址和密码，Outlook 会自动配置账户设置。还可以设置电子邮件的规则、日历和任务等功能，以满足个性化需求。

3. Gmail

（1）安装。Gmail 是一个基于 Web 的免费电子邮箱服务产品，因此无须安装任何软件，只需要在浏览器中输入 Gmail 的网址，然后使用 Google 账户登录即可。

（2）配置。登录后，客服人员可以根据个人喜好设置电子邮件的标签、过滤器或签名等功能。Gmail 还支持与其他 Google 应用程序的集成，如 Google 日历、Google Drive 等，以提高工作效率。

（五）跨境电子商务平台内置的聊天系统

1. 安装

（1）登录平台账户。首先，客服人员需要使用跨境电子商务平台账户登录到平台后台。

（2）访问聊天系统。在平台后台，找到与聊天系统相关的部分。这通常可以在"设置""工具"或"客服"等菜单项下找到。

（3）启用聊天系统。如果聊天系统默认是关闭的，需要启用它。点击相应的开关或按钮，按照平台的提示进行操作。

2. 配置

（1）设置客服团队。在聊天系统中，需要设置自己的客服团队，这包括添加客服人员、分配权限和设置工作时间等。

（2）自定义聊天窗口。可以根据平台的设置选项，自定义聊天窗口的外观，包括颜色、字体和问候语等，以符合企业的品牌形象。

（3）设置自动回复。为了提升客户体验，客服人员可以设置自动回复，当客服人员不在线时，可以为客户提供一些基本的帮助。

（4）连接其他工具。有些平台允许将聊天系统与其他工具（如客户关系管理系统、工单系统等）进行连接，以便更好地管理客户信息和跟进问题。

（5）设置通知和提醒。设置合适的通知和提醒，确保在客户发起聊天或留言时，客服人员能够迅速响应。

（6）隐私和安全设置。检查并配置聊天系统的隐私和安全设置，确保沟通内容受到保护，并且符合相关法律法规要求。

三、学习并熟悉功能

安装完成后，客服人员需要花费一定的时间学习和熟悉沟通工具的各项功能，如基本的聊天、文件传输、语音或视频通话、快捷回复等功能。通过熟练掌握这些功能，客服人员可以更高效地与客户进行沟通。

（一）Skype

1. 多功能通信

（1）Skype 的语音通话功能是其最为核心和最受欢迎的服务之一。无论是在国内长途电话费用高昂的情况下，还是跨洋亲友之间渴望亲密交谈的时刻，Skype 都能为用户提供清晰稳定的语音通话服务。其音质优秀，而且不受地域限制，使用者可以随时随地与亲朋好友保持联系。

（2）Skype 的视频通话功能让沟通变得更加生动和真实。在视频通话中，用户可以实时看到对方的表情和动作，增加了沟通的互动性。同时，Skype 还支持多平台互通，无论是手机、平板电脑还是笔记本电脑，用户都可以轻松进行视频通话，让距离不再是沟通的障碍。

（3）Skype 的文字聊天功能也备受用户青睐。在文字聊天中，用户可以随时随地发送消息，不受时间和地点的限制。同时，Skype 还支持文件传输、表情符号发送等多种功能，让聊天变得更加丰富多彩。

（4）Skype 还提供了丰富的附加功能，如屏幕共享、群组通话等功能，进一步满足了用户多样化的沟通需求。屏幕共享功能让用户可以轻松地与他人分享电脑屏幕上的内容，无论是展示工作成果、教授使用方法还是观看电影，都能带来更加便捷的沟通体验。群组通话功能则让用户可以同时与多个联系人进行通话，可以提高沟通效率和加强团队协作。

2. 文件共享

（1）Skype 的文件共享功能支持多种类型文件的传输，这使得用户在日常沟通中能够更加灵活和方便。无论是工作中需要共享的文档和报告，还是生活中的图片和视频文件，都可以通过 Skype 轻松实现传输。此外，Skype 的文件传输速度也非常快，使得用户可以在短时间内完成大文件的传输，进一步提高了工作效率。

（2）Skype 的文件共享功能在操作上非常简单，用户只需在聊天窗口中选择要发送的文件，然后点击"发送"按钮即可。接收方在收到文件后，可以选择直接打开查看或保存到本地。这种直观、简单的操作方式使得用户无须花费过多时间学习如何使用，即可快速上手。

（3）Skype 的文件共享功能具有高度的安全性和稳定性。在传输过程中，Skype 采用了先进的加密技术，可以确保文件的安全性和隐私性。同时，Skype 的文件共享功能还具备断点续传功能，即使在传输过程中出现中断，也能保证文件的完整性。

（4）Skype 的文件共享功能还具备一些其他的实用特性。例如，用户可以在传输文件时添加注释或说明，以便接收方更好地理解和使用文件。此外，Skype 还支持批量下载和删除文件，方便用户对接收到的文件进行统一管理。

3. 屏幕共享

（1）Skype 的屏幕共享功能使得远程演示变得轻而易举。无论是进行产品展示、教学培训，还是召开视频会议，用户只需简单设置，就能将自己的屏幕内容实时传输给远端的参与者。这种直观的演示方式不仅让远端用户能够清晰地看到演示内容，还能通过实时互动，提高演示的吸引力和参与度。此外，屏幕共享还支持多平台操作，为用户提供了极大的便利。

（2）Skype 的屏幕共享功能在团队协作中发挥着重要作用。在异地团队中，成员们可以通过屏幕共享功能，共同浏览文档、图片或视频文件等，并进行实时的讨论和修改，从而实现高效的团队协作。此外，屏幕共享功能还支持多方参与，允许多个用户同时共享屏幕，进行实时交流和互动。这种协作方式不仅能提高团队的工作效率，还能加强成员间的沟通和信任。

（3）Skype 的屏幕共享功能还具有高度的安全性和稳定性。Skype 采用了先进的加密技术，能够确保用户数据在传输过程中的安全性和隐私性。同时，屏幕共享功能的稳定性也得到了广泛认可，即使在网络状况不佳的情况下，也能保持较好的传输质量和稳定性。

4. 实时翻译

（1）Skype 的实时翻译功能利用先进的机器学习和自然语言处理技术，将语音或文字信息迅速转化为计算机可理解的代码，再通过算法进行翻译，最终将翻译结果实时呈现给用户。这一功能的出现，极大地提高了跨语言交流的效率。

（2）Skype 的实时翻译功能支持英语、中文、法语、德语和西班牙语等多语言。无论是商务洽谈、学术交流还是日常沟通，用户只需要选择相应的语言，即可实现无障碍交流。这一功能在跨国企业、国际会议和在线学习等领域具有广泛的应用前景。

（二）Viber

1. 即时通信

在当今快节奏的社会中，即时通信工具已成为人们日常生活中不可或缺的一部分。Viber 作为一款备受欢迎的即时通信应用程序，以其高效、便捷的特点赢得了广大用户的青睐，不仅支持文字消息的快速传递，还提供了图片、视频和音频文件的传输功能，可以满足用户多样化的沟通需求。

（1）Viber 的文字消息传递功能非常强大，用户可以轻松地将自己的想法和感受通过文字传达给对方。此外，它还支持发送各种表情符号和贴纸，增加了消息的趣味性和个性化程度。这些功能使得 Viber 成为了一款非常实用的社交工具，让用户能够随时随地与朋友、家人和同事保持联系。

（2）Viber 提供图片、视频和音频文件的传输功能。用户可以通过拍摄照片、视频，或者录制音频来分享自己的生活和心情。这些多媒体消息不仅丰富了沟通的内容，还使得沟通更加生动真实。例如，用户可以通过发送照片来展示美食、旅途中的美景或自己的日常生活，通过发送视频来分享自己的见闻和经历，通过发送音频来传达自己的声音和情感。

（3）Viber 的即时通信功能得益于其强大的技术支持和优化。它采用了高效的数据传输算法，能够确保消息的快速传递和接收；同时还提供了稳定的网络连接和优秀的用户体验，让用户能够享受到流畅、便捷的通信体验。

2. 公共聊天

（1）Viber 的公共聊天功能允许用户轻松加入或创建各种公共聊天频道，这些频道涵盖了各种主题和兴趣领域，为用户提供了一个分享信息、交流想法的广阔平台。无论是科技爱好者、美食家、旅行达人还是文化追求者，都能在 Viber 的公共聊天频道中找到志同道合的伙伴，共同探索感兴趣的领域。这一功能的推出，不仅丰富了 Viber 的用户体验，还为用户带来了诸多便利。例如，一位热衷于旅行的用户可以在 Viber 的旅行频道中分享自己的旅行经历、攻略和心得，同时也能从其他用户的分享中汲取灵感，为自己的下一次旅行做好充分的准备。同样，一位对科技感兴趣的年轻人，可以在 Viber 的科技频道中了解最新的科技动态、产品评测和前沿技术，与其他科技爱好者一起探讨科技的未来发展趋势。

（2）Viber 的公共聊天功能还对社会产生了积极的影响。例如，在疫情期间，许多公共卫生频道应运而生，这些频道为人们提供了及时、准确的疫情信息，帮助人们更好地了解疫情动态，做好个人防护。此外，一些社会公益组织也使用 Viber 的公共聊天功能，发起各种公益活动，呼吁社会各界关注弱势群体，共同传递正能量。

3. 位置共享

（1）当用户选择开启位置共享功能时，Viber 会实时获取用户的地理位置信息，并将其展示给指定的联系人或群组。通过这种方式，用户可以迅速向他人传达自己的所在位置，从而避免烦琐的描述和沟通。

（2）在物流跟踪方面，Viber 的位置共享功能可以发挥巨大的作用。想象一下，消费者在网上购买了一件商品，当快递员需要获取地址以完成配送时，消费者只需通过 Viber 分享自己的位置信息，快递员便能迅速找到准确位置，顺利完成配送。这可以大大提高物流效率，减少因沟通不畅而导致的时间和精力的浪费。

（3）Viber 的位置共享功能在线下见面场景中也同样实用。例如，当用户与朋友约定在某个地点见面时，可以通过 Viber 分享自己的位置信息，让朋友能够轻松找到约定地点。同样地，当参加一个大型活动时，也可以通过 Viber 的位置共享功能，与参加活动的其他用户保持联系，方便互相寻找和组队。

（4）Viber 的位置共享功能还具有高度的隐私保护措施。用户可以自由选择是否开启位置共享功能，而且可以指定共享的位置信息只展示给特定的联系人或群组。这意味着，用户不必担心自己的位置信息会被泄露给无关的人。

4. 贴纸和表情

（1）Viber 为用户提供了海量的贴纸选择，涵盖了各种风格、主题和情绪。无论是为了庆祝特殊节日、表达心情，还是为了增加对话的趣味性，Viber 的贴纸都能满足用户的需求。这些贴纸设计精美、色彩鲜明，而且不断有新的设计推出，使得用户能够随时找到符合自己心情和场合的贴纸。

（2）Viber 的表情符号也是其一大亮点。表情符号作为一种直观、简单的情感表达方式，能够迅速传达用户的情绪和意图。Viber 的表情库非常丰富，包括各种基本表情、动态表情和特色表情。这些表情符号不仅形象生动，而且能够准确表达用户的情感和态度，使得沟通更加有趣和真实。

（3）Viber 的贴纸和表情功能还为用户提供了个性化的表达方式。在传统的文字沟通中，有时很难准确传达自己的情感和意图，而通过使用贴纸和表情，用户能够更加直观地表达自己的情感和态度，使得沟通更加生动和个性化。这种个性化的表达方式不仅能增加沟通的趣味性，还能加深用户之间的情感联系和增加用户之间的互动。

（三）WhatsApp

1. 即时消息传递

（1）文字消息的发送与接收是 WhatsApp 的最基本功能。无论是简短的问候、日常闲聊，还是深入的讨论、事务沟通，用户都可以通过文字消息来表达自己的思想和情感。WhatsApp 的文字输入界面简洁明了，支持多语言，使用户能够轻松地进行跨语种沟通。此外，WhatsApp 还提供了多种文本编辑功能，可以添加表情符号、插入链接等，让文字消息更加生动有趣。

（2）WhatsApp 还支持图片文件的即时发送与接收。这一功能使得用户能够随时随地分享生活中的点滴，无论是美丽的风景、可口的食物，还是身边的趣事、亲人的笑脸，都可以通过图片文件进行传递。

（3）视频文件的即时发送与接收更是将即时通信推向了一个全新的高度。用户可以通过 WhatsApp 发送短视频，展示自己的日常生活、工作场景或特殊时刻。视频文件具有直观、生动的特点，让接收者能够更加真实地感受到发送者的情感和状态。此外，视频文件还常用于教学、会议等场景，使得信息的传递更加高效、直观。

（4）音频文件的即时发送与接收则为用户提供了一种有趣的交流方式。通过录制一段语音留言、分享一首喜欢的歌曲，或者进行语音通话，可以让沟通变得更加生动和有趣。音频文件的传达尤其适用于一些特殊场景，如文字交流不便，或者在需要表达复杂情感时，通过语音交流会更加便捷、直接和真诚。

2. 语音和视频通话

（1）WhatsApp 的语音通话功能为用户提供了清晰、流畅的通话体验。借助先进的音频编解码技术和网络优化算法，WhatsApp 的语音通话能够在各种网络环境下保持较高的音质。无论是在 Wi-Fi 网络还是在移动网络下，用户都可以享受到清晰、自然的语音通话效果，仿佛面对面交流一般。此外，WhatsApp 还支持多人语音通话功能，方便用户与多个朋友或家人进行群聊，增进彼此间的情感交流。

（2）WhatsApp 的视频通话功能同样表现出色。通过高效的视频编解码技术和算法优化，WhatsApp 的视频通话能够在保证画质清晰的同时，减少网络带宽的占用。这意味着即使在较低的网络速度下，用户也可以进行流畅的视频通话，不受网络限制的影响。此外，WhatsApp 的视频通话还支持屏幕共享功能，让用户可以轻松分享屏幕上的内容，提升沟通效果。

3. 群组聊天

（1）WhatsApp 的群组聊天功能允许用户轻松创建和管理群组。用户可以根据自己的需求，创建不同主题的群组，如工作群、家庭群和朋友群等。在创建群组时，用户可以自定义群组的名称、头像和描述等信息，以便更好地标识和区分不同的群组。同时，WhatsApp 还提供了丰富的管理功能，如设置管理员、踢出成员和修改群规等，以确保群组的秩序和稳定。

（2）WhatsApp 的群组聊天功能为客服人员与多个客户或团队成员之间的沟通提供了极大的便利。在群组中，客服人员可以同时与多人进行实时交流，分享文档、图片和视频文件等多种类型的信息。这不仅节省了逐个沟通的时间和精力，还提高了沟通效率。此外，WhatsApp 还支持在群组中发起语音通话和视频通话，使得远程协作和远程会议的召开变得更加便捷。

（3）WhatsApp 的群组聊天功能对于提高工作效率和提升团队协作能力具有显著作用。在群组中，用户可以随时分享工作进展、讨论问题和分配任务等，同时，群组中的聊天记录可以进行保存，方便随时查阅和回顾。这对于团队协作和项目管理来说，无疑是一大助力。

4. 端到端加密

（1）强大的加密算法。WhatsApp 采用了业界领先的加密算法，如 AES（高级加密标准），可以确保通信内容在传输过程中得到充分的保护。这些加密算法都已经过严格的测试和验证，具有极高的安全性和稳定性。

（2）密钥管理。在端到端加密中，密钥的管理至关重要。WhatsApp 通过采用随机生成的密钥和严格的密钥交换机制，可以确保通信双方能够安全地共享密钥，从而实现加密和解密过程。同时，对密钥的存储也采取了严格的安全防护措施，以防密钥被窃取或被滥用。

（3）消息完整性验证。除了加密通信内容，WhatsApp 还通过消息完整性验证来确保通信内容的真实性和完整性。通过采用数字签名，WhatsApp 可以检测到通信内容是否已被篡改或被伪造，从而保障通信的可靠性。

（四）电子邮件

1. 发送与接收

电子邮件的最基本的功能是发送和接收信息。用户可以编写电子邮件，添加附件，并发送给指定的收件人；同时，也可以接收来自其他用户的电子邮件，并进行回复。

2. 分类与整理

许多电子邮件工具都提供了强大的电子邮件分类和整理功能，如标签、文件夹或过滤器，有助于用户快速找到和管理重要的电子邮件，提高工作效率。

3. 加密与安全

对于涉及产品信息的跨境电子商务沟通，电子邮件的加密和安全功能至关重要。一些电子邮件工具采用了端到端加密技术，能够确保电子邮件内容在传输和存储过程中得到保护。

4. 多账户管理

客服人员可能拥有多个电子邮件账户，用于不同的业务或地区。一些电子邮件工具支持多账户管理，可以在一个界面上管理多个账户，方便切换和查看。

5. 协作与共享

一些先进的电子邮件工具还集成了协作功能，如共享日历、任务分配或文档编辑。这使得团队成员之间可以更有效地协同工作，提高沟通效率。

6. 移动端支持

为了方便用户在任何时间、任何地点都能处理电子邮件，许多电子邮件工具都提供了移动端应用程序。客服人员可以在手机上查看、回复和管理电子邮件，以保持与客户的即时沟通。

7. 自动化与模板

一些电子邮件工具提供了自动化和模板功能，可以帮助用户快速创建和发送标准的电子邮件，如可以自动回复、定期发送营销电子邮件或使用预设的电子邮件模板等。

（五）跨境电子商务平台内置的聊天系统

1. 实时在线沟通

允许客服人员与客户进行实时的文字、语音或视频聊天，确保双方能够及时交流，讨论问题和解决问题。

2. 多语言支持

由于跨境电子商务涉及多语言，内置的聊天系统通常可以提供多语言翻译功能，因此可以消除语言障碍，促进双方顺畅沟通。

3. 自动回复与预设回复

客服人员可以设置自动回复功能，对常见问题进行快速解答。同时，预设回复选项可以节省商家的时间，提高回复效率。

4. 聊天记录的保存与查看

聊天系统能够保存聊天记录，以便客服人员随时查看历史对话，了解客户需求和问题背景，为后续的沟通提供支持。

5. 客户信息管理

系统可以记录客户的基本信息、购买记录和咨询历史等，从而可以帮助客服人员更好地了解客户，提供个性化的服务。

6. 文件与图片发送

客服人员可以通过聊天系统发送产品图片、价格表和发货凭证等文件，为客户提供更详细的信息，以促进交易的达成。

7. 集成其他工具

聊天系统通常可以与跨境电子商务平台的其他工具（如支付系统、订单管理系统等）进行集成，实现信息的共享和流程的协同，提高整体运营效率。

8. 数据分析与报告

聊天系统还可以收集和分析沟通数据，为客服人员提供客户行为、满意度等方面的报告，帮助客服人员优化服务策略并提升客户体验以增加客户满意度。

四、使用技巧与注意事项

在使用沟通工具时，客服人员需要注意一些技巧和注意事项，如保持礼貌和专业的态度，及时回复客户的信息，避免使用不恰当的语言或表情符号等。此外，还需要注意保护客户的隐私和信息安全，不泄露客户的个人信息或交易细节。

（一）Skype

1. 使用技巧

（1）建立专业形象。首先，客服人员应确保 Skype 账户资料完整且专业；其次，客服人员应使用清晰、正式的头像，并在个人简介中简要介绍自己或公司，以赢得客户的信任。

（2）设置快捷回复。对于常见的问题或需求，可以预先设置快捷回复，以便在聊天过程中快速发送，提高沟通效率。

（3）使用文件共享功能。Skype 支持文件共享，客服人员可以轻松发送产品图片、价格表、合同等文件给客户，方便双方了解交易细节。

（4）创建群组聊天。对于需要与多个客户或团队成员沟通的情况，可以创建群组聊天，实现多人实时交流。

2. 注意事项

（1）保护账户安全。确保 Skype 账户密码复杂且不易被破解，并定期更换密码。同时，不随意透露账户信息给他人，以防被盗用。

（2）注意时差问题。在与不同国家的客户沟通时，要注意时差问题，避免在休息时间打扰对方。

（3）尊重文化差异。跨境沟通中，文化差异可能导致误解或冲突。因此，在沟通中要尊重对方的文化和习俗，避免使用可能引起误解的话语。

（4）明确沟通的目的。在使用 Skype 进行沟通前，要明确沟通的目的和期望的结果，在沟通过程中应表达清晰和高效。

（5）保持礼貌和耐心。无论遇到何种情况，都要保持礼貌和耐心，以建立良好的客户关系。对于客户的疑问或需求，应及时回复或响应。

（二）Viber

1. 使用技巧

（1）使用即时消息功能。Viber 的即时消息功能可以确保沟通高效、迅速。客服人员可以使用这一功能快速回答客户的问题，提供实时的在线服务与支持。

（2）使用语音或视频通话功能。为了进行更加直观和深入的沟通，客服人员可以选择使用 Viber 的语音或视频通话功能。这在提高沟通效率的同时，还能增加信任感和促进交易的达成。

（3）创建群组。对于需要与多个客户或团队成员进行沟通的情况，客服人员可以创建 Viber 群组，方便多人进行实时交流和协作。

（4）设置个性化提醒。Viber 可以设置个性化提醒，如客户的生日、订单状态更新等。通过及时发送提醒消息，客服人员可以为客户提供更贴心的服务，增强客户黏性。

2. 注意事项

（1）保护隐私与安全。在使用 Viber 进行沟通时，客服人员应注意保护个人隐私和敏感信息的安全,避免在聊天中透露过多的个人信息,确保账户密码的复杂性,并定期更换密码。

(2)注意时差与语言问题。跨境沟通时,客服人员需要考虑不同国家和地区的时差问题,避免在客户的休息时间打扰客户。同时,对于不同语言的客户,客服人员可以使用 Viber 的翻译功能,以确保沟通顺畅。

(3)保持专业态度。在与客户沟通时,客服人员应保持专业、礼貌的态度,及时、准确地回复客户的问题。同时,应尽量避免使用过于随意的言语。

(4)合理使用沟通频率。虽然 Viber 提供了便捷的沟通方式,但客服人员也应注意合理控制沟通频率,避免过于频繁地打扰客户,给客户造成不必要的困扰。

(三)WhatsApp

1. 使用技巧

(1)了解并尊重时差。由于 WhatsApp 用户遍布全球,客服人员在添加客户时应明确其所在时区,确保在合适的时间段进行沟通,避免打扰客户。

(2)控制沟通时长与节奏。建议与客户在线沟通时间不超过 15 分钟,确保沟通内容简明扼要,突出重点。避免长时间占用客户时间,同时保持礼貌和耐心。

(3)采用文字沟通方式。尽量采用正式且商务化的文字进行沟通,慎用语音,以免因语言障碍或音质问题导致沟通不畅。

(4)保持沟通的连贯性与完整性。对于重要事项如商务谈判,应确保沟通有始有终,及时回复客户的消息,避免长时间不回复,以体现专业和诚信。

(5)勇于提问并主动跟进。在沟通过程中,客服人员应勇于提问,以获取更多客户信息。同时,对于客户的疑问或需求,应及时回复或响应。

(6)采用个性化沟通策略。针对客户的身份、兴趣等特点,制定个性化的沟通策略。例如,可以事先了解客户的兴趣爱好或所在城市的特色,以便在聊天时拉近彼此的距离。

2. 注意事项

(1)保护隐私与安全。在使用 WhatsApp 时,应注意保护个人隐私和敏感信息,避免在聊天中透露过多个人信息,确保账户安全。

(2)遵守当地法律法规。在进行跨境沟通时,客服人员应遵守当地的法律法规,避免涉及违法违规内容。

(3)注意语言与文化差异。与不同国家和地区的客户沟通时,客服人员应注意语言和文化差异,避免使用可能引起误解的话语。

(4)合理使用 WhatsApp 功能。WhatsApp 提供了丰富的功能,如群组聊天、文件分享等,客服人员可以合理使用这些功能,提高沟通效率。

(四)电子邮件

1. 使用技巧

(1)明确写邮件的目的。在写邮件前,首先应明确目的,确保邮件内容围绕目的展开,避免冗长和无关的内容。

（2）个性化邮件内容。根据收件人的背景、需求或之前的沟通记录，定制邮件内容，使其更具针对性和吸引力。

（3）使用简洁明了的语言。避免使用复杂的词汇或句子结构，确保邮件易于阅读和理解。

（4）使用合适的邮件格式。注意邮件的排版和格式，确保段落清晰、重点突出，并使用合适的字体和字号，以提高邮件的可读性。

（5）使用附件和图片。在需要展示产品、合同或其他文件时，可以使用附件或图片，使邮件内容更加丰富和直观。

2. 注意事项

（1）尊重收件人隐私。确保邮件内容不泄露或侵犯收件人的隐私，避免涉及敏感或机密信息。

（2）避免发送垃圾邮件。不要发送无关或重复的邮件，以免被视为垃圾邮件，影响收件人的信任度。

（3）注意邮件发送时间。考虑收件人所在时区，避免在对方休息时间发送邮件，以确保邮件在合适的时间被接收。

（4）及时回复。对于收到的邮件，客服人员应及时回复，以体现专业性和诚意，同时避免错过重要的商机。

（5）建立邮件列表。根据业务需求和客户类型，建立不同的邮件列表，方便管理和发送邮件。

（五）跨境电子商务平台内置的聊天系统

1. 使用技巧

（1）快速响应。确保及时回复客户的咨询和疑问，展现专业性和高效性。对于常见问题，可以提前准备标准回复，以提高回复速度。

（2）个性化沟通。根据客户的背景和需求，采用个性化的沟通方式。例如，对于不同国家或地区的客户，可以使用当地语言来拉近与客户的距离。

（3）使用平台提供的功能。熟悉并使用聊天系统提供的各种功能，如文件传输、语音通话和视频通话等功能，以丰富沟通方式，提高沟通效率。

（4）建立信任关系。通过专业、耐心和真诚的沟通，建立与客户的信任关系。对于客户的疑虑和担忧，应给予积极的回应和解释。

2. 注意事项

（1）保护隐私。确保客户的个人信息和聊天记录得到妥善保护，不泄露或滥用客户的隐私信息。

（2）避免纠纷。在沟通过程中，要避免使用可能引起纠纷的言辞。对于客户的投诉或不满，要积极处理并寻求解决方案。

（3）遵守规定。遵守跨境电子商务平台的规定和政策，不发送违规信息或做出其他不当行为。同时，也应了解并遵守目标市场的法律法规。

（4）关注时差。考虑到跨境电子商务的跨时区特性，应注意客户所在地的时差，避免在客户休息时间打扰客户。

任务二　安装和使用翻译工具

了解语言、文化和习俗的差异是跨境电子商务客服人员面临的主要挑战之一。为了在与客户的沟通中克服语言障碍，Andy 选择、安装和设置了常用的翻译工具，学习并掌握了常用翻译工具的使用技巧与注意事项。现在 Andy 不仅可以更流畅地与客户进行沟通与交流，还可以更深入地了解不同国家的文化和习俗，理解不同国家的消费习惯、商业规则和价值观，其综合素质得到了很大程度的提高。

一、选择合适的翻译工具

目前，市面上有许多翻译工具可供选择，如谷歌翻译、百度翻译、DeepL 翻译、有道翻译和阿里图片翻译等。这些工具都支持多语言的互译，并具备不同的特点和优势。在选择时，需要考虑翻译的准确性、实时性和用户友好性等因素。

（一）谷歌翻译

谷歌翻译是一款功能强大的翻译工具，不仅支持多语言的互译，而且翻译质量相当高。无论是英语、中文、法语、德语还是日语，谷歌翻译都能提供准确的翻译结果。这种全面的语言支持使谷歌翻译成为了全球范围内最受欢迎的翻译工具之一。

为了让用户能够更加方便地使用谷歌翻译，谷歌还推出 Chrome 网上应用商店的插件版本。通过安装这个插件，用户在浏览网页或处理文档过程中遇到不懂的单词或句子时，只需鼠标选中或点击，即可获得翻译结果。这种即时翻译功能极大地提高了用户的工作效率，也使跨语言沟通变得更加轻松自如。

除了基本的翻译功能，谷歌翻译还提供了许多其他实用的功能。例如，支持语音翻译，用户可以通过说话的方式进行翻译内容输入，这极大地帮助了不方便打字的用户。此外，谷歌翻译还支持拍照翻译，用户只需用手机拍下需要翻译的文字，谷歌翻译就能自动识别并翻译出相应的内容。

值得注意的是，谷歌翻译的翻译结果并不能达到 100% 的准确率，有时可能会出现一些偏离或误差。但对于大多数人来说，谷歌翻译已经足够满足基本需求，小的偏离或误差并不影响它在跨语言沟通中的重要作用。

总的来说，谷歌翻译是一款功能强大、使用便捷的翻译工具，不仅支持多语言的互译，而且具有如语音翻译、拍照翻译等诸多实用的功能。通过 Chrome 网上应用商店的插件版本，用户还可以更方便地使用谷歌翻译，使得跨语言沟通变得更加轻松自如。

（二）百度翻译

百度翻译是由百度公司研发的在线翻译工具，依托互联网数据资源和自然语言处理技术优势，致力于帮助用户打破语言障碍，提供丰富、权威的英语、日语、韩语、法语、俄语和西班牙语等 60 种语言互译功能，支持语音、对话、拍照和文本等多种翻译方式，同时提供全球领先的 AR 翻译、离线翻译、对话翻译、实景翻译、文档翻译和英语作文批改等服务，覆盖众多翻译场景，以满足用户多样化的翻译需求。

百度翻译在机器翻译领域深耕十余年后，将 AI 技术赋能翻译，在翻译质量、速度和专业化方面均实现了突破。目前，百度翻译支持 200 多语言的互译，日均翻译请求量达到数十亿次，服务全球数十亿用户，是业内领先的翻译服务解决方案提供商。此外，百度翻译还提供了丰富的 API 接口，供开发者调用，以满足各种应用场景的需求。开发者可以利用这些 API 接口，将百度翻译功能集成到自己的应用程序或网站中，为用户提供高质量的翻译服务。

综上，百度翻译作为一款功能强大、使用灵活的翻译工具，已经成为了国内外众多用户优先选用的翻译工具之一。

（三）DeepL 翻译

DeepL 翻译是一款源自德国的 AI 翻译工具，旨在通过先进的技术提供高质量、准确的翻译服务。它使用神经网络和 AI 技术，对语言进行深度学习和理解，从而实现对多语言的精准翻译。DeepL 翻译最大的特点是准确度高，尤其擅长复杂句和长句的翻译。DeepL 翻译使用深度学习技术，通过训练大量的双语语料库来构建机器翻译模型，从而实现高质量的翻译。

相比传统的机器翻译方法，DeepL 翻译具备更强的语言处理能力和更高的翻译质量，能够理解句子的上下文和语义信息，从而生成更加自然、准确的翻译结果。此外，DeepL 翻译支持包括英语、德语、法语、西班牙语、意大利语和荷兰语等多语言之间的翻译。但是，作为一款商业产品，DeepL 翻译需要付费才能使用其全部功能。

总的来说，DeepL 翻译是一款功能强大、准确可靠的翻译工具，适用于需要高质量翻译的场景，如学术论文、商务文件和文学作品等。无论是对于个人用户还是企业用户来说，都是一个值得考虑的翻译解决方案。

（四）有道翻译

有道翻译是由网易公司推出的一款翻译工具。基于搜索引擎，有道翻译在翻译时通过给出大量与搜索词相关的其他搜索建议，辅助用户获得更加丰富的翻译结果。它支持多语言互译,包括但不限于英语、中文、日语、韩语、法语和德语等。有道翻译具有高效、准确和易用的特点,广泛应用于个人学习、工作、旅行和企业国际化交流等多个领域。

有道翻译的主要功能包括文本翻译、语音翻译、实时语音翻译、图片翻译和网页翻译等。用户可以通过输入文字、语音或拍照等方式,快速获取翻译结果。同时,有道翻译还提供了丰富的例句和词汇解析,可以帮助用户更准确地理解译文。

有道翻译的核心技术包括自然语言处理、机器学习和神经网络翻译等,这些技术的应用使得有道翻译在翻译质量和效率上得到了显著提高。有道翻译还不断优化算法和模型,以提高翻译的准确性和流畅性。除个人用户外,有道翻译还可以为企业提供定制化的翻译解决方案,如企业版翻译、API接口等。这些服务可以帮助企业实现国际化沟通,提高工作效率和降低成本。

(五)阿里图片翻译

阿里图片翻译是阿里巴巴集团推出的一项图片翻译服务,利用深度学习、计算机视觉和自然语言处理等多项前沿技术,对图片中的文字内容进行自动识别、翻译和呈现。此外,它还可以提供格式调整、译图在线合成等功能,使得翻译后的图片更加易于理解和使用。

阿里图片翻译的主要特点包括:

(1)高精度识别。通过先进的图像识别技术,能够准确地识别图片中的文字内容,包括各种字体、大小、颜色和排版等。

(2)多语言支持。支持中文、英语、法语、德语和日语等多语言的翻译,可以满足全球用户的多样化需求。

(3)快速翻译。利用高效的算法和强大的服务器资源,可实现快速翻译,大大提高用户的工作效率。

(4)保持原格式。翻译后的文字能够保持原图片中的排版和格式,使得翻译结果更加自然、易读。

(5)用户界面友好。可以提供简洁、直观的用户界面,使得用户能够轻松上手,快速完成图片翻译任务。

阿里图片翻译广泛应用于跨境电子商务、旅游和教育等领域,可以帮助用户快速理解不同语言环境下的图片信息,促进全球信息的无障碍交流。

二、安装与设置

安装翻译工具通常比较简单,按照官方指引进行下载和安装即可。安装完成后,客服人员需要进行一些基本设置,如选择翻译语言、开启实时翻译功能等,并确保翻译工具与客服团队的工作流程相匹配,以满足日常沟通需求。

（一）谷歌翻译

1. 下载和安装

（1）查找并选择合适的谷歌翻译插件。可以在谷歌应用商店中搜索并下载，或者在一些官方的插件下载网站中搜索并下载。

（2）下载并安装插件。如果选择在线安装，点击"安装"按钮后按照提示完成安装过程；如果选择离线安装，需要下载插件文件（通常是 crx 格式），然后拖动文件到 Chrome 的扩展管理界面进行安装。

2. 设置与使用

（1）打开谷歌浏览器，找到已安装的翻译插件，进行设置。

（2）在设置框中选择源语言和目标语言，以便插件在翻译时能够自动检测并转换语言。

（3）根据需要，还可以进行其他高级设置，如设置翻译的首选域名。

（4）在跨境电子商务平台上浏览商品或信息时，如果遇到需要翻译的内容，可直接选中文，然后点击谷歌翻译插件的图标进行翻译。

（5）插件通常会提供即时翻译功能，将选中的文字快速翻译成目标语言，方便用户理解和处理。

（二）百度翻译

1. 下载和安装

（1）访问百度翻译的官方网站或下载页面，获取百度翻译工具的下载链接或安装程序，如图 1-2-1 所示。

图 1-2-1　百度翻译软件下载页面

（2）根据操作系统类型（如 Windows、macOS 等），选择合适的安装程序，并按照提示进行安装。

2. 设置与使用

（1）安装完成后，打开百度翻译工具。首次使用时，需要进行基本设置。

（2）选择常用的源语言和目标语言，以便在翻译时能够自动进行语言转换。

（3）根据需要，客服人员还可以调整翻译选项，如选择是否保留原文格式、是否开启自动翻译等。

（4）在跨境电子商务平台上与客户进行沟通时，客服人员如果遇到需要翻译的内容，可以直接复制文字，然后粘贴到百度翻译工具中进行翻译。

（5）百度翻译工具会提供即时翻译结果，客服人员可以将翻译后的文字直接复制到需要的地方，或者通过其他方式进行处理。

（三）DeepL 翻译

1. 下载和安装

（1）访问 DeepL 的官方网站进行下载，或者通过各大应用商店进行下载，如图 1-2-2 所示。

图 1-2-2 DeepL 软件下载页面

（2）根据操作系统类型（如 Windows、macOS 等），选择合适的安装程序，并按照提示进行安装。在 Windows 系统中，DeepL 软件适用于 Windows7/8/10/11 系统，安装全程建议断网，而且下载、解压和安装都应该在英文路径下进行。

2. 设置与使用

（1）安装完成后，打开 DeepL 翻译工具，进行注册或登录。

（2）在工具的设置中，客服人员可以选择默认的源语言和目标语言，以便在翻译时能够自动进行语言转换。DeepL 可以自动识别原文语言，并根据用户使用过的语言历史记录和喜好推荐相应的目标语言。

（3）客服人员还可以根据需要调整翻译结果的显示样式和颜色，设置剪贴板和自动翻译等功能。

（4）在跨境电子商务平台上与客户进行沟通时，客服人员如果遇到需要翻译的内容，可以直接将文字粘贴到 DeepL 的翻译框中进行翻译。DeepL 也支持批量翻译，方便用户处理大量的文本内容。

（5）DeepL 还提供网页全文翻译功能，客服人员可以通过点击相应的按钮，直接翻译整个网页的内容。

（四）有道翻译

1. 下载和安装

（1）访问有道翻译的官方网站或应用商店，获取下载链接或安装程序，如图 1-2-3 所示。

图 1-2-3　有道翻译软件下载页面

（2）根据操作系统类型（如 Windows、macOS、iOS、Android 等），选择合适的版本进行下载和安装。

2. 设置与使用

（1）打开有道翻译，创建一个新的账号或使用已有账号登录。然后，根据需要进行基本设置。

（2）选择常用的源语言和目标语言，以便在翻译时能够自动进行语言转换。

（3）根据个人喜好，客服人员可以调整翻译结果的显示方式，如进行发音设置、字体大小和翻译方式等界面设置。

（4）在主界面的输入框中输入需要翻译的文本，点击"翻译"按钮，就可以得到翻译结果。除了文本翻译，有道翻译还支持语音翻译和拍照翻译。

（五）阿里图片翻译

1. 下载和安装

（1）访问阿里巴巴国际站或相关平台，找到阿里图片翻译工具的入口，如图1-2-4所示。通常，该工具是以平台的一项增值服务或插件的形式提供给客户的。

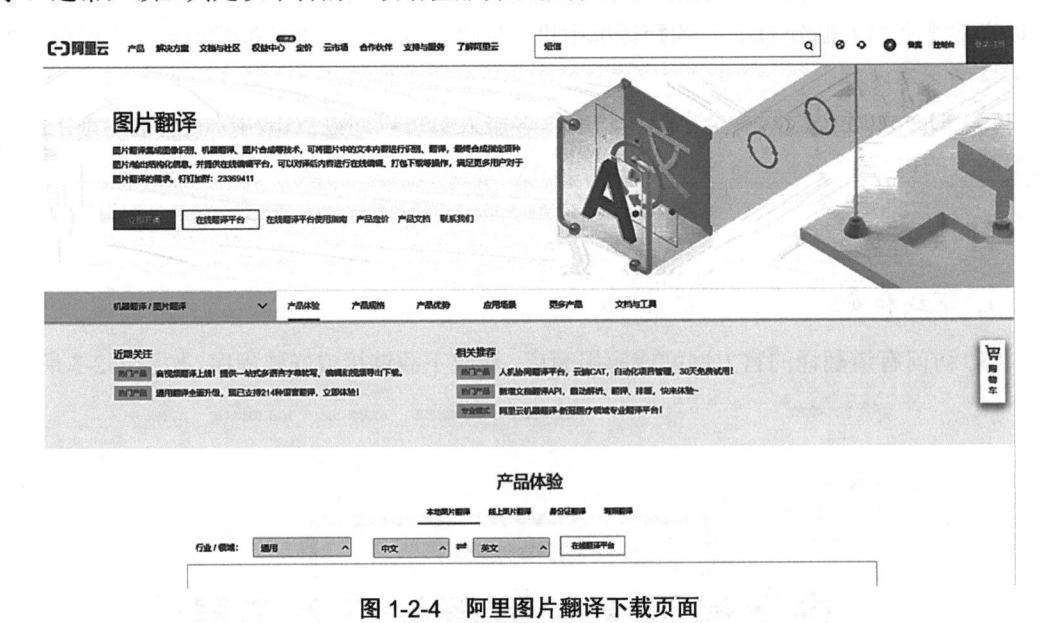

图 1-2-4 阿里图片翻译下载页面

（2）根据平台指引，完成阿里图片翻译工具的安装。

2. 设置与使用

（1）打开阿里图片翻译工具，进入设置界面，注册或登录账号。

（2）在设置界面中选择常用源语言和目标语言，以便工具在识别图片中的文字时，能够自动将其翻译成所需语言。

（3）可以根据个人需要调整其他设置，如翻译结果的显示方式、字体大小等。

（4）完成以上设置后，客服人员可以按照阿里图片翻译工具的使用指南进行操作，如上传图片、选择翻译语言和开始翻译等。

三、学习与熟悉功能

随着经济全球化的深入发展，跨国交流变得日益频繁。在这个大背景下，翻译工具在企业和组织中的作用日益凸显。安装设置好翻译工具只是第一步，客服人员作为与客户沟通的重要桥梁，更需要深入学习和熟悉这些工具的各项功能，以应对不同场景下的翻译需求。

（一）谷歌翻译

1. 多语言互译

谷歌翻译覆盖了全球大部分国家和地区的主要语言，支持中文和100多语言互译。此外，通过先进的机器学习和自然语言处理技术，谷歌翻译能够准确理解原文的语义和语境，生成自然流畅的译文，这能够帮助卖家和买家更好地理解双方的需求和意图，从而促成更多交易。

2. 网页翻译

谷歌翻译不仅可以翻译单个语句，还可以对整个网页进行翻译。这一功能对于浏览和了解国外电子商务网站非常有用，有助于跨境卖家更好地了解国外市场信息和竞争对手情况。不仅如此，网页翻译还能帮助卖家更好地理解国外消费者的需求和偏好。通过对竞争对手网站的翻译，卖家可以了解哪些产品会受当地消费者的青睐，哪些营销策略会在当地市场更为有效等信息。这些信息对于卖家制定和调整自己的市场策略至关重要。

3. 语音输入与翻译

用户可以通过语音输入功能，输入需要翻译的词汇或句子，谷歌翻译会迅速将语音内容翻译成目标语言，并以文字形式显示出来。这种交互方式使得翻译过程更加便捷和高效。

4. 拍照翻译

谷歌翻译还具备拍照翻译功能，能为用户提供更加便捷、高效的翻译体验。用户上传拍摄的照片后，应用程序会自动识别并翻译图中的文字。这一功能简化了翻译过程，大大提高了翻译效率，对在实地环境，如商店、标签等地方遇到的文字翻译需求非常实用。

此外，谷歌翻译的拍照翻译功能还具有很高的识别准确率。通过先进的图像识别技术和自然语言处理技术，谷歌翻译能够准确识别照片中的文字，并将其翻译成用户所需的语言。同时，谷歌翻译的拍照翻译功能还支持多语言互译，无论是英语、法语、德语还是日语等，谷歌翻译都能提供准确的翻译结果。

5. 文档翻译

谷歌翻译采用了先进的机器翻译技术，能够迅速将文档内容翻译成目标语言，有助于处理如合同、产品说明等大量的文本内容，可以大大节省用户的时间和精力。此外，谷歌翻译团队对机器翻译算法进行了优化和改进，提高了译文的准确性和流畅性，使文档翻译功能具有较高的翻译质量。同时，用户也可以根据需要对翻译结果进行调整和修改，确保翻译内容符合实际需要。

6. 实时翻译

实时翻译功能出现之前，翻译工作往往需要人工完成，或者需要依赖传统的机器翻译软件，而这些软件往往存在翻译速度慢、准确度不高等问题。实时翻译功能的出现，彻底改变了这一局面。利用先进的自然语言处理技术和深度学习算法，实时翻译功能能够快速且准确地翻译对话内容，让跨语言沟通变得更加轻松自如。

在聊天场景中，实时翻译功能为用户提供了极大的便利。无论是与外国朋友聊天，还是在国际社交平台上交流，用户只需开启实时翻译功能，就能即时将对方的文字翻译成自己熟悉的语言，实现无障碍沟通。这不仅提高了沟通效率，也让用户能够更加深入地了解不同文化背景下的交流方式。

总的来说，谷歌翻译虽然在跨境电子商务中提供了诸多便利，但由于机器翻译的局限性，其翻译的结果有时可能会出现一些偏离或误差。因此，在使用谷歌翻译时，建议结合人工校对和修正，以确保翻译内容的准确性。此外，对于涉及敏感信息的文本，如合同文本、法律文件等，建议寻求专业的翻译服务。

（二）百度翻译

1. 多语言互译

百度翻译支持中文与英语、日语等多语言的互译，可以满足跨境电子商务中多样化的语言需求。百度翻译采用先进的机器学习和自然语言处理技术，能够精准捕捉源语言中的语义信息，实现高质量翻译，具备高效准确的翻译能力。使用百度翻译可以使得跨境电子商务中的商家和消费者能够轻松跨越语言障碍，实现无障碍沟通。

百度翻译还具备强大的行业术语翻译能力。跨境电子商务往往涉及大量专业术语，这对翻译工具的要求极高。百度翻译通过不断地深度学习和优化，已经能够准确翻译众多行业术语，可以为商家和消费者提供更加专业的翻译服务。

2. 文本翻译

百度翻译以其强大的技术实力和丰富的语料库为基础，能够为用户提供快速且准确的翻译服务。用户只需在输入框中输入需要翻译的文本，百度翻译便能迅速给出对应的译文。无论是日常生活中的简单对话，还是商业场合中的专业术语，百度翻译都能轻松应对，帮助用户打破语言障碍，实现顺畅交流。

3. 语音翻译

除了文本翻译，百度翻译还提供语音翻译功能。语音翻译功能的出现，打破了传统翻译方式的局限性，使得翻译过程更加自然和流畅。用户不再需要手动输入文本，只需要通过语音输入，即可实现快速且准确的翻译。这一功能的推出，不仅极大地提高了翻译效率，还为用户带来了更加舒适的翻译体验。

除了便捷性，语音翻译功能还具有很高的实用性。在旅游、商务和学习等领域，用户往往需要快速且准确的翻译，通过语音输入，用户可以随时随地进行翻译，不再受时间和地点的限制。如在旅游过程中，用户可以通过语音翻译与当地居民进行交流，更加深入地了解当地文化和风俗；在商务谈判中，用户可以通过语音翻译快速且准确地表达自己的意思，促进合作的顺利进行。

4. 拍照翻译

百度翻译具有强大的图像识别技术和自然语言处理技术，支持拍照翻译功能，允许用户通过上传拍摄的照片来识别并翻译图片中的文字。在实际应用中，拍照翻译功能在处理商品标签、路牌和菜单等场景中的翻译需求时，具有极高的实用性和便利性。

此外，百度翻译通过引入深度学习、神经网络等先进技术不断创新和优化拍照翻译功能，提高翻译的准确性和流畅性，可以为用户提供更加优质的翻译体验。同时，百度翻译还注重用户反馈和需求，不断优化功能界面和操作流程，让用户能够更加方便地使用拍照翻译功能。

5. 实时翻译

百度翻译还具备实时翻译功能，能够在用户进行语言交流时，即时将对方的语言翻译成用户能够理解的语言，适用于跨境商务会议、在线聊天等场景，能够帮助用户实现跨语言的即时沟通。

通过深度学习和自然语言处理技术，百度翻译能够准确理解并翻译各种语言，确保翻译结果的准确性和流畅性。同时，其庞大的语料库也为实时翻译提供了强大的支持，使得翻译结果更加贴近实际语境。

（三）DeepL 翻译

1. 高度准确的翻译

与传统的翻译工具相比，DeepL 不再仅仅依赖简单的词汇匹配和语法规则，而是通过深度学习和自然语言处理技术，对原文进行深入的语义分析和理解，能够更好地把握原文的语义内涵和语境信息，从而可以避免许多常见的错误和歧义，为用户提供更加准确、自然的翻译结果。

在跨境电子商务中，产品描述和合同文本对翻译的准确性要求极高。一个小小的翻译错误，就可能导致消费者误解产品信息，甚至引发合同纠纷。而 DeepL 的高度准确翻译，使商家能够更加精准地传达产品特点、功能和使用方法，从而提升消费者的购买信心和满意度。同时，DeepL 还能处理各种复杂的语言结构和专业术语，因而可以确保合同文本的严谨性。

除了准确，DeepL 的翻译结果还非常自然流畅，避免了传统翻译工具翻译结果中常见的生硬和机械感。采用 DeepL 翻译后的文本更加贴近原文的语言风格和表达习惯，这对于提升用户体验和品牌形象至关重要。消费者在阅读翻译后的产品描述或合同时，能够感受到商家的用心和专业，从而可以增强其对品牌的信任感。

2. 支持多语言

DeepL 具有广泛的语言覆盖范围，支持英语、中文、法语和德语等多语言互译，能够满足不同国家和地区用户的翻译需求。在跨境电子商务中，卖家和买家往往来自不同的文化背景和语言环境，DeepL 的多语言支持使得双方能够顺畅地沟通，因此可以避免因语言不通而产生误解和沟通障碍。

此外，DeepL 采用了先进的神经网络翻译技术，能够深入理解源语言的语义和语境，并能生成自然、流畅的目标语言文本，所以具有出色的翻译质量。与其他翻译工具相比，DeepL 的翻译结果更加准确、地道，能够更好地保留原文的含义和风格。

3. 格式保留

DeepL 在翻译过程中能够保留原文的格式。无论是 Word 文档还是 PPT，DeepL 都能将其中的格式信息一并翻译，确保翻译后的内容在视觉呈现上与原文一致。这样一来，用户无须再进行烦琐的格式调整，可以直接将翻译后的内容用于商务文档或 PPT，大大提高工作效率。

此外，DeepL 的保留原文格式功能还体现在其对文本细节的处理上。例如，在翻译过程中，DeepL 能够准确识别并保留原文中的字体、字号、颜色、加粗和斜体等信息。同时，DeepL 还能根据原文的排版习惯，自动调整翻译后的文本布局，确保整体视觉效果的一致性和协调性。这些看似微不足道的细节，能够大大提升文档的专业度和美观度。

DeepL 之所以能够如此精准地保留原文格式，得益于其先进的机器翻译技术和深度学习算法。通过大量的语料库训练，DeepL 具备了强大的语义理解和自然语言处理能力。在翻译过程中，DeepL 能够自动分析原文的语义结构和语法特点，然后根据这些信息来调整翻译结果的格式和排版。这种智能化的处理方式，不仅能提高翻译的准确性和效率，还能为用户带来更加便捷的使用体验。

4. 批量翻译

DeepL 支持批量翻译功能，可以一次性处理大量文本，提高翻译效率。当商家需要更新大量商品描述时，如果依赖传统的人工翻译方式，不仅耗时耗力，还容易出错。而有了 DeepL 的批量翻译功能，商家只需将需要翻译的文本导入系统，设置好目标语言，便可轻松获得高质量的翻译结果。这不仅可以大大缩短翻译周期，还可以降低出错率，从而为商家节省大量时间和成本。

除了商品描述，DeepL 的批量翻译功能在处理客户反馈方面也有出色的表现。在跨境电子商务中，客户的反馈和建议对于商家来说至关重要。然而，由于语言差异，商家往往难以直接理解客户的真实意图。通过 DeepL 的批量翻译功能，商家可以迅速将客户的反馈翻译成所需语言，从而可以更好地理解客户的需求和期望。这不仅有助于提升客户满意度，还能为商家改进产品和服务提供依据。

5. 用户友好的界面

DeepL 拥有简洁直观的界面设计，能为用户提供极佳的使用体验。在打开 DeepL 的网页或应用程序后，用户会看到一个简洁、清爽的界面。翻译框醒目地置于页面中央，用户只需将需要翻译的文本复制到翻译框中，点击"翻译"按钮，即可获得高质量的翻译结果。这种简洁直观的设计使得初学者和经验丰富的用户都能轻易上手使用 DeepL 进行翻译。

此外，DeepL 在保护用户隐私方面也表现出色，为用户提供了一个安全、私密的翻译环境。在使用过程中，用户无须注册或提供个人信息，即可享受免费的翻译服务，无须担心个人信息存在泄露风险。

（四）有道翻译

1. 多语言互译

依赖先进的机器翻译技术、庞大的语言数据库和不断更新的词汇库，有道翻译不仅支持中文与 12 种主流语言如英语、日语和韩语等的互译，还涵盖众多其他常用语言，可以满足不同国家和地区之间的沟通需求。

在跨境电子商务中，多语言互译的重要性不言而喻。通过有道翻译，卖家可以轻松将产品信息、宣传文案等内容翻译成目标客户所熟悉的语言，从而消除语言障碍，提高沟通效率。同时，客户也能够更加方便地浏览和理解来自不同国家的商品信息，使得购物体验更加顺畅愉快。除了提高沟通效率，多语言互译还有助于拓展市场。通过有道翻译，卖家可以将产品和服务推广至更广泛的地区，吸引更多潜在客户；同时，客户也能够接触到更多来自不同国家的优质商品，丰富购物选择。

此外，有道翻译注重遵循不同国家的语言习惯和文化差异，力求在保证原文意思准确的同时，尊重并体现原文的文化背景和风格。这种处理方式能够减少误解和冲突，有利于促进不同国家和地区之间的友好交流与合作，助力全球贸易发展。

2. 文本翻译

用户只需在输入框中输入需要翻译的文本，有道翻译便能迅速提供高质量的翻译结果，这一功能对于处理商品描述、往来电子邮件和客服对话等文本内容尤为实用。

在客服工作中，经常需要处理来自不同国家和地区客户的咨询和投诉，有道翻译可以实时翻译客户的问题，帮助客服人员迅速理解问题并做出回应，从而提升客户满意度和提高服务质量。

3. 文档翻译

有道翻译还具备文档翻译功能，允许用户上传整个文档进行一次性翻译。这种批量翻译的方式能够大大提高工作效率，省去逐页或逐段翻译的烦琐，有助于经常需要处理长篇文档的用户。得益于庞大的语料库、先进的算法模型和持续不断的技术研发与创新，无论是法律领域的合同协议，还是科技产品的详细说明书，有道翻译都能快速而准确地将原文内容翻译成用户所需的语言。

4. 网页翻译

用户可以使用有道翻译网页版，对网页进行翻译。有道翻译网页版具有实时翻译功能，用户在浏览网页时，只需轻轻一点，便可以将整个页面的内容实时翻译成自己熟悉的语言。这不仅能提高用户的浏览效率，还能帮助用户更好地理解网页中的信息。

有道翻译网页版还具备原文对照功能，方便用户对比翻译前后的内容，以确保翻译的准确性。

5. App 翻译

有道翻译还提供了 App 版本，用户可以随时随地在手机上进行翻译，方便快捷。无论是在日常生活中遇到的语言障碍，还是在工作、学习中的专业术语翻译，只需轻轻一点，就能快速获得准确的结果。

有道翻译 App 在保证翻译质量的同时，还注重用户体验。其简洁明了的界面设计、流畅的操作体验和个性化的设置选项，使用户在使用过程中能够感受到极大的便利和舒适。这种以用户为中心的设计理念，增强了有道翻译 App 的市场竞争力。

6. 术语库与翻译记忆

有道翻译具备翻译记忆功能，还支持用户自主建立术语库。

翻译记忆功能是一种能够存储和检索先前翻译内容的系统。有道翻译通过翻译记忆功能，可以自动记忆并存储用户先前的翻译内容，当遇到相同的或相似的翻译需求时，系统会直接调用先前的翻译结果，从而大大提高翻译效率。在跨境电子商务中，经常会遇到重复或相似的翻译任务，通过翻译记忆功能，翻译人员可以节省大量时间，更加高效地完成翻译工作。

术语库是一个集合了特定领域专业术语的数据库，用户可以对自己行业中的专业术语进行整理、分类和存储，自主建立术语库。在翻译时，有道翻译会优先参考术语库中的术语，确保翻译的准确性。例如，在跨境电子商务中，经常涉及诸如"关税""物流"和"支付"等特定行业术语，通过建立术语库，翻译人员可以确保这些术语在每次翻译中都能得到准确的表达，避免因术语翻译不准确而产生误解或歧义。

当术语库与翻译记忆功能结合使用时，效果更加显著。有道翻译能够同时使用术语库中的专业术语和翻译记忆中的先前翻译内容，以确保翻译的准确性和提高工作效率。

常用术语中英对照表见表 1-2-1。

表 1-2-1　常用术语中英对照表

中文	英语	中文	英语
成本加保险费加运费	CIF（Cost, Insurance and Freight）	经济运营商注册与识别号	EORI（Economic Operators Registration and Identification）
离岸价	FOB（Free on Board）	库存量单位	SKU（Stock Keeping Unit）
目的地交货	DAP（Delivered at Place）	增值税	VAT（Value Added Tax）
完税后交货	DDP（Delivered Duty Paid）	最小订购量	MOQ（Minimum Order Quantity）
商对客	B2C（Business to Consumer）	商对商	B2B（Business to Business）
统一商品编码	HS Code（Harmonized System Code）	退货商品授权	RMA（Return Merchandise Authorization）

（五）阿里图片翻译

1. 强大的图像识别能力

阿里图片翻译采用先进的深度学习算法和大量的训练数据，具备先进的图像识别技术，能够快速且准确地识别图片中的文字。无论是商品标签上的微小字体、包装上复杂的图案文字，还是广告图片中设计独特的文本，阿里图片翻译都能进行精准识别，能够大大提高翻译的效率和准确性。

2. 多语言翻译支持

阿里图片翻译支持多语言翻译，卖家可以根据目标市场选择目标语言进行翻译，从而方便与海外客户进行沟通，有利于卖家扩展市场范围，吸引更多潜在客户。

除了扩展市场范围，多语言翻译功能还能帮助卖家更好地了解目标市场的文化和习惯。语言是文化的载体，通过翻译，卖家可以了解不同国家和地区的语言习惯、文化背景和消费者需求，从而合理调整产品策略，提升销售效果。

3. 自动翻译与人工优化结合

阿里图片翻译采用先进的图像识别技术和自然语言处理技术，为用户提供全自动的端到端翻译服务，用户只需上传需要翻译的图片，并指定目标语言，系统便能迅速识别图片中的文字信息，并输出相应的翻译结果。

但是，自动翻译难以避免一些翻译错误和语义歧义。为了进一步提高翻译质量，阿里图片翻译引入了人工优化环节。用户可以在图文分离的模式下，对机器翻译的结果进行手动调整和优化，以确保翻译结果的准确性和专业性。

此外，阿里图片翻译的图片翻译编辑器功能强大且易于操作，用户可以通过简单的拖拽和编辑操作，对翻译结果进行精细化调整。同时，编辑器还提供了丰富的字体、颜色和排版等选项，用户可以根据自己的需求对翻译后的图片进行个性化设置。这种高度可定制化的服务模式，不仅能提升用户的使用体验，还能进一步增强翻译结果的专业性和可读性。

4. 商品实体文字过滤服务

商品实体文字过滤服务是一种针对商品实体上文字的特殊翻译服务。在跨境电子商务中，商品实体上的文字往往承载着重要的信息，如品牌标识、商品说明和尺码规格等。这些文字对于消费者至关重要，然而，由于语言和文化差异，这些文字在翻译过程中可能会产生误解或歧义，从而影响消费者的理解和购买意愿。为了解决这个问题，阿里图片翻译提供了商品实体文字过滤服务。在翻译过程中，开发者可以通过参数控制，自行决定是否需要对商品实体上的文字进行翻译。如衣服上的文字是品牌标识或图案设计，开发者可以选择保留原文字，以保持品牌形象的一致性；商品外包装上的文字是商品说明或使用方法，开发者可以选择将其翻译成目标语言，以帮助消费者更好地理解和使用商品。

商品实体文字过滤服务具有灵活性和实用性。开发者可以根据商品特点和市场需求自定义翻译策略，以确保翻译结果的准确性和有效性。同时，该服务还支持多语言互译，以满足不同国家和地区消费者的需求。除了语言翻译功能，商品实体文字过滤服务还能进行智能识别和图像处理。通过对商品图片的自动识别和分析，该服务可以准确识别出商品实体上的文字，并对其进行翻译和排版。这不仅可以提高翻译效率，还可以确保翻译结果的准确性和美观性。

5. 简洁易用的操作界面

阿里图片翻译的操作界面简洁清晰，没有专业翻译经验的卖家和客服人员也能轻松上手使用，因此进一步推动了跨境电子商务服务的便利化。

阿里图片翻译的操作界面设计充分体现了简洁而不失高效的原则，界面布局合理，各个功能板块一目了然，使用户能够在第一时间找到所需功能。此外，阿里图片翻译还提供了详细的使用指南和常见问题解答，以帮助新手用户更快地熟悉操作流程。这种用户体验设计极大地降低了使用门槛，让更多人能够享受到图片翻译带来的便利。

四、使用技巧与注意事项

在跨境电子商务中，翻译工具的使用技巧与注意事项对于确保信息准确传达和提升客户体验至关重要。

（一）使用技巧

1. 选择合适的翻译工具

市场上有多种翻译工具可供选择，如 Google 翻译、DeepL 翻译和百度翻译等。在选择时，应考虑其准确性、翻译速度、支持的语言种类和用户评价等因素。

2. 优化输入内容

为了提高翻译质量，应确保输入内容简洁、清晰，避免使用过于复杂或模糊的词汇和句子结构。同时，输入内容的格式如段落划分、标点符号等应符合规范要求。

3. 利用翻译工具的辅助功能

许多翻译工具都提供了词典、例句和同义替换等功能，可以帮助用户更准确地理解和选择词汇。此外，一些工具还支持语音输入和输出，以方便用户进行口语交流。

4. 结合人工校对

无论翻译工具多么先进，其翻译结果仍可能存在一定误差。因此，使用翻译工具进行翻译后，务必对翻译结果进行人工校对和修正，以确保信息的准确性和完整性。

5. 结合上下文理解

在使用翻译工具时，尽量提供足够的上下文信息，以帮助翻译工具更好地理解原文的含义，从而得出更准确的翻译结果。

（二）注意事项

1. 避免直译

直译可能导致翻译结果不符合目标语言的表达习惯，甚至产生误解。因此，在使用翻译工具时，应根据目标语言的语法和表达习惯进行适当调整，避免直译。

2. 避免过度依赖

尽管翻译工具功能强大，但翻译结果并非完全准确。因此，在使用翻译工具时，不要过度依赖其翻译结果，一定要进行人工校对和修正，以确保翻译结果的准确性。

3. 注意文化差异

不同语言和文化之间存在差异，一些词汇或表达在一种语言中可能具有特定含义，而在另一种语言中则可能没有这种含义。因此，在使用翻译工具时，要注意考虑文化差异，避免使用可能会引起误解或冒犯对方的语言。

4. 保护隐私和信息安全

在使用翻译工具时，应注意保护个人隐私和商业机密，避免输入敏感信息，如密码、银行卡号等，以防泄露。同时，应选择可靠的翻译工具和服务商，确保数据安全。

5. 持续学习和更新

随着语言和文化的不断发展变化，翻译工具也在不断更新和改进。为了保持对最新翻译技术和趋势的了解，用户应持续关注相关资讯和学习新的使用技巧。

◎ 项目小结

跨境电子商务是指分属不同关境的交易主体，通过电子商务平台达成交易、进行支付结算，并通过跨境物流送达商品、完成交易的一种国际商业活动。在开展跨境电子商务客服准备工作的过程中，沟通工具和翻译工具的使用和安装尤为重要。

选择合适的沟通工具和翻译工具是进行客服准备工作的基础。在选择好沟通工具和翻译工具后，客服人员需要进行工具的安装与设置。这一过程看似简单，但仍需要细致地操作和设置。安装和设置好工具后，客服人员还需学习和熟悉各工具的功能，了解沟通工具和翻译工具的使用技巧与注意事项。例如，在使用即时通信工具时，客服人员需要注意保护客户隐私，避免泄露客户信息。使用翻译工具时，客服人员需要注意翻译的准确性，避免因翻译错误导致的误解和沟通障碍。

综上所述，选择合适的沟通工具和翻译工具，对于客服团队至关重要。通过合理选择并熟练运用这些工具，客服团队可以为客户提供更加高效、准确和个性化的服务，从而为企业赢得更多的客户和市场份额。

习题测验

一、单项选择题

1. 以下哪项不属于即时通信软件？（　　）

A. Skype　　　　　B. Viber　　　　　C. WhatsApp　　　　　D. Foxmail

二、多项选择题

1. Skype 的功能包括（　　）。

A. 多功能通信：提供语音通话、视频通话和文字聊天功能

B. 文件共享：支持发送和接收各种类型文件，如文档、图片和视频文件

C. 屏幕共享：便于进行远程演示或协作，增强沟通效果

D. 实时翻译：支持多语言实时翻译，打破语言障碍

2. 常用的翻译软件包括（　　）。

A. 谷歌翻译　　　　B. 百度翻译　　　　C. 有道翻译　　　　D. DeepL 翻译

习题答案

一、1. D。

二、1. A、B、C、D；2. A、B、C、D。

能力实训

实训 1：安装谷歌翻译软件和百度翻译软件。

实训 2：分别使用谷歌翻译软件和百度翻译软件翻译以下内容，并分析对比二者的准确度。

一、中译英

1. FitPro 智能手环具备多种健康监测功能，包括 24 小时心率监测、血氧饱和度检测、睡眠追踪和女性生理周期记录，还可以监测运动过程中的热量消耗和步速。

2. 我们提供 30 天无理由退换货服务。如果产品存在质量问题，我们承担所有退换货的运费。您只需在收到商品后的 30 天内联系我们，我们将会为您提供详细的退换货指导。

二、英译中

1. We are currently in the market for a new range of customizable smart home solutions that can enhance our product offerings and meet the evolving needs of our customers. After researching various options, we believe your company, known for its cutting-edge technology and reliable service, could be a perfect fit for our requirements.

2. We are looking for a variety of devices such as smart thermostats, lighting controls, and security systems that can be tailored to our brand's standards and customer preferences.

项目二　开展售前服务

◉ **知识目标**

熟悉数据库资源平台及客户关系管理系统的应用；掌握在线营销与社交媒体营销策略；熟悉国外客户信息库构建基础；掌握国外客户信息库的维护与管理；熟悉客户开发信的基本构成要素；掌握开发信的撰写技巧和发送策略。

◉ **能力目标**

能够收集国外潜在客户资源；能够建立国外客户信息库；能够撰写和发送客户开发信。

◉ **素养目标**

具备目标市场分析能力和跨文化交流能力；具备良好的职业道德规范。

◉ **思维导图**

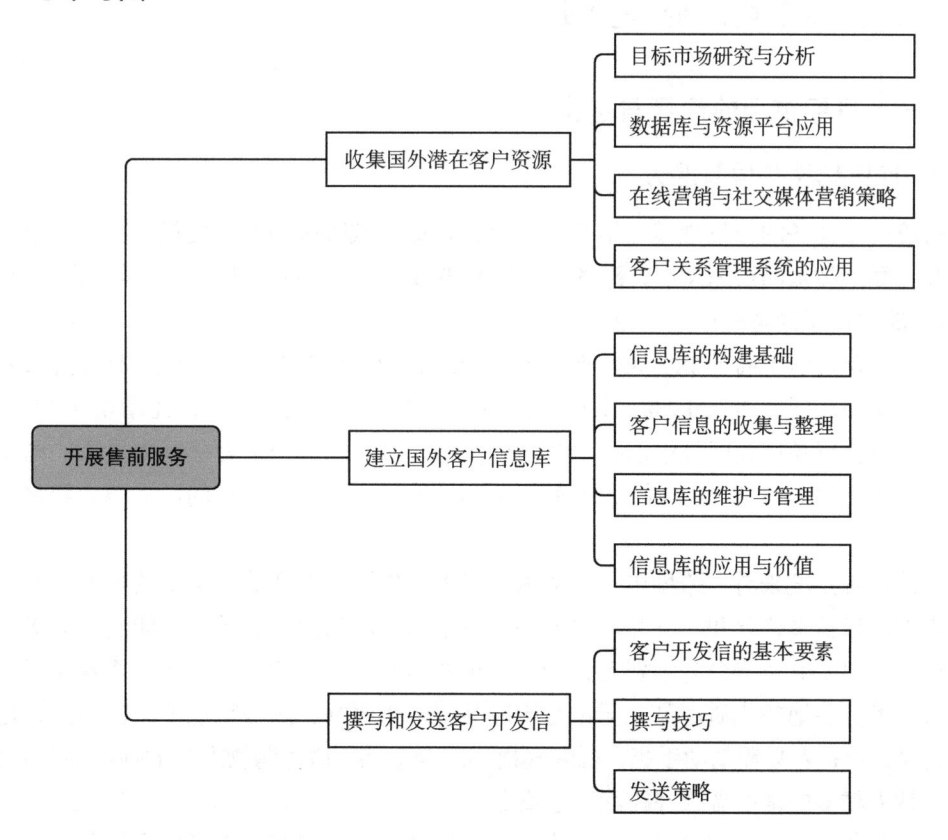

```
                                ┌── 目标市场研究与分析
                                ├── 数据库与资源平台应用
                ┌─ 收集国外潜在客户资源 ┤
                │               ├── 在线营销与社交媒体营销策略
                │               └── 客户关系管理系统的应用
                │
                │               ┌── 信息库的构建基础
                │               ├── 客户信息的收集与整理
  开展售前服务 ─┼─ 建立国外客户信息库 ┤
                │               ├── 信息库的维护与管理
                │               └── 信息库的应用与价值
                │
                │               ┌── 客户开发信的基本要素
                └─ 撰写和发送客户开发信 ┤── 撰写技巧
                                └── 发送策略
```

⬤ 项目背景

随着温专公司业务不断拓展，跨境交易量持续增长，售前服务的重要性日益凸显。客服专员 Andy 深知，优质的售前服务不仅能提升客户满意度，还能有效促进销售转化，为公司创造更多的商业价值。为此，Andy 开展了售前服务的准备工作，需要完成以下任务：

任务 1：收集国外潜在客户资源；
任务 2：建立国外客户信息库；
任务 3：撰写和发送客户开发信。

任务一　收集国外潜在客户资源

在开展售前服务准备工作时，Andy 计划首先针对目标市场进行研究与分析，全面了解行业发展趋势，掌握市场调研的方法与工具，以便更好地进行调研数据分析，深入了解市场变化和需求，进而提升售前服务水平。

一、目标市场研究与分析

（一）目标市场的选择与定位

1. 市场规模与增长潜力

跨境电子商务的市场规模与增长潜力是评估该领域吸引力的重要指标。随着全球化的推进和互联网技术的快速发展，跨境电子商务的市场规模不断扩大，增长潜力也日益凸显。

1）跨境电子商务的市场规模

近年来跨境电子商务市场规模不断扩大，据海关统计，2023 年我国进出口总值为 41.76 万亿元人民币，同比增长 0.2%。其中，出口 23.77 万亿元人民币，同比增长 0.6%。2023 年，我国自由贸易试验区数量已扩大至 22 个，合计进出口 7.67 万亿元人民币，同比增长 2.7%，占进出口总值的 18.4%。这些数据显示了跨境电子商务市场的巨大潜力和强劲增长势头。

从消费者角度来看，跨境电子商务为消费者提供了更加便捷和丰富的购物体验。随着消费需求的日益多样化和对商品品质的要求越来越高，国内市场已经不能满足消费者的需求。而跨境电子商务平台为消费者打开了一扇通向全球市场的大门，让消费者能够轻松购买到来自世界各地的优质商品。无论是国际品牌时尚服饰、海外特色手工艺品，还是异国风味食品，消费者只需动动手指，就能轻松实现全球购。这种购物方式的便利性和多样性，吸引了越来越多的消费者选择跨境电子商务。

从企业角度来看，跨境电子商务为企业提供了一个拓展海外市场的崭新平台。在传统的国际贸易中，企业往往需要面临烦琐的出口手续、高昂的物流成本和市场准入门槛等种种难题。而跨境电子商务平台通过整合全球资源，简化了企业的出口流程，降低了物流成本，同时也为消费者提供了更加丰富的商品选择。因此，越来越多的企业开始积极投身于跨境电子商务领域，通过在线平台将产品推向全球市场，寻求更大的商业机会。

2）跨境电子商务的增长潜力

在增长潜力方面，跨境电子商务领域仍然具有巨大的发展空间。一方面，随着全球经济的稳步发展，消费者的购买力和消费信心逐渐增强，为跨境电子商务市场提供了持续增长的动力。此外，随着全球贸易环境的逐步改善，各国之间的贸易壁垒逐渐减少，为跨境电子商务提供了更广阔的发展空间。另一方面，技术的不断应用和创新为跨境电子商务运营效率的提高和客户体验的提升提供了更多的机会。例如，AI技术在跨境电子商务领域的应用，可以实现智能推荐、智能客服等功能，提升客户的购物体验。同时，大数据技术可以帮助跨境电子商务平台更好地分析客户需求，优化商品选品和库存管理。此外，物联网技术的应用，可以实现商品的智能追踪和溯源，提高商品的可追溯性和安全性。

此外，随着移动支付的普及和电子关税的逐步降低，跨境电子商务的支付和物流问题也得到了有效解决。移动支付的普及使得消费者可以更加方便地进行跨境支付，电子关税的降低则压缩了跨境电子商务的运营成本，提高了其竞争力。

然而，跨境电子商务市场也面临着一些挑战和风险，如市场竞争激烈、法律法规不完善和汇率波动等。因此，在评估市场规模与增长潜力的同时，也需要充分考虑这些风险因素，制定合适的市场策略和风险管控措施。

综上所述，跨境电子商务的市场规模庞大且增长潜力巨大。不过，在抓住市场机遇的同时，也需要关注潜在的风险和挑战，以实现持续发展。

2. 消费者特征与需求

在目标市场的选择与定位中，对消费者特征与需求的深入理解是至关重要的。这需要对目标市场的消费者进行画像构建，对他们的消费心理、行为习惯和实际需求进行深入洞察。这些信息可以为企业和客服人员提供指导，有助于制定更加精准和有效的市场策略。

1）消费者特征分析

消费者特征分析涵盖多个方面，包括消费者的年龄、性别、职业和收入等基本信息，以及他们的文化背景、教育水平和生活方式等深层次的特征。

在进行消费者特征分析时，掌握消费者的年龄、性别、职业和收入等基本信息是企业了解消费者需求的基础。在消费者的年龄方面，不同的年龄段有着不同的消费观念和需求，如年轻人可能更注重时尚和潮流，而老年人则更注重实用和性价比。性别差异也会影响消费偏好，如男性可能更倾向于购买电子产品和体育用品，而女性则可能更关注化妆品和服装。职业和收入也是影响消费者行为的重要因素。不同职业的人有不同的工作节奏和生活方式，这会影响他们的购物时间和方式。而收入水平的差异则直接决定了消费者的购买力，影响着他们的消费选择和消费决策。

为了更深入地了解消费者的需求，还需要探究他们的深层次特征，如文化背景、教育水平和生活方式等。文化背景决定了消费者的价值观和消费观，如东方文化注重节俭和尊重传统，而西方文化则更强调个性和自由；教育水平则影响着消费者的认知能力和信息处理能力，进而影响他们的消费决策；生活方式则反映了消费者的生活态度和习惯，如是否注重健康、是否喜欢户外活动等都会影响消费者的购买决策。

通过深入剖析消费者特征，企业不仅可以更加精准地定位目标消费者群体，还可以为后续营销策略的制定提供有力依据，如针对年轻人的时尚需求，企业可以推出具有设计感和创新性的产品；针对老年人的实用需求，企业可以强调产品的性能和售后服务等。同时，根据消费者的文化背景和生活方式等特征，企业还可以制定更具针对性的广告和宣传策略，以更好地吸引和打动目标消费者。

2）消费者需求分析

消费者需求分析是跨境电子商务领域更为核心的部分。消费者的需求如同一个五彩斑斓的调色板，涵盖了产品功能、品质、价格和品牌等多个方面，要求跨境电子商务企业不仅要提供多样化的产品选择，还要深入了解消费者的真实需求，为消费者提供个性化的购物体验。

在跨境电子商务领域，消费者的需求呈现出一些不同于传统消费形式的特点，如图 2-1-1 所示是跨境电子商务领域的消费者需求。他们更加关注产品的国际认证情况，注重所购产品的安全性和可靠性；同时，他们也十分关注产品的原产地信息，注重产品的生产工艺和品质标准。此外，售后服务的质量和便捷性也是消费者在选择跨境电子商务平台时所考虑的重要因素。除了传统的产品属性和服务需求，消费者的购物体验需求也在不断提升。随着消费观念的升级，消费者越来越注重购物过程中的情感体验，而非仅仅关注产品的价值。他们期望在购物过程中获得便捷、舒适和愉悦的体验，这需要跨境电子商务企业从购物界面的设计、支付流程的简化、物流配送的速度和准确性等方面入手，为消费者提供全方位的优质服务。

个性化服务的需求也日益凸显。消费者希望跨境电子商务平台能够了解自己的喜好和需求，并推荐合适的产品。这要求跨境电子商务企业运用大数据和 AI 等先进技术，分析消费者的购物行为和偏好，并为消费者提供精准的产品推荐和个性化的服务。

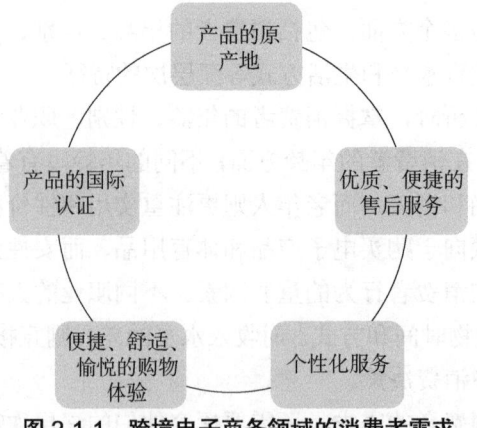

图 2-1-1 跨境电子商务领域的消费者需求

综上所述，消费者需求的分析在跨境电子商务中具有举足轻重的地位。为了满足消费者的多样化需求，跨境电子商务企业及其客服人员需要深入了解消费者的真实需求，以便为消费者提供个性化的和更为舒适的购物体验。只有这样，跨境电子商务企业才能在激烈的市场竞争中脱颖而出，赢得消费者的信任。

3. 竞争状况与机会分析

跨境电子商务的目标市场选择与定位是一个复杂且关键的过程，涉及对竞争状况的全面分析和对机会的准确把握。

1）竞争状况分析

（1）价格竞争。跨境电子商务的特殊性质决定了价格竞争的重要性。与传统实体店相比，跨境电子商务平台无须承担高昂的店面租金、装修费用和人力成本，因此理论上能够以更低的价格销售商品。然而，这一优势并非绝对，因为跨境电子商务企业还需要面对国际物流成本、关税和税收等多重压力。因此，如何在保证利润的同时，提供具有竞争力的价格，成为各大跨境电子商务平台必须面对的挑战。

（2）品牌竞争。在当下这个市场竞争激烈的时代，品牌意识已经深入人心，品牌成为吸引消费者的重要因素。无论是线上还是线下，消费者在选择产品或服务时，往往会优先考虑品牌的知名度和美誉度。对于跨境电子商务企业来说，如何提升品牌知名度和美誉度，以吸引更多的消费者，是一个不可忽视的问题。

① 跨境电子商务企业需要清晰定位自己的品牌形象。品牌形象是企业文化的体现，也是消费者对品牌的认知和印象。企业需要通过精准的市场调研，确定目标消费者群体，了解他们的需求和偏好，从而塑造出符合消费者心理的品牌形象。在这个过程中，企业可以运用各种营销策略，如广告宣传、社交媒体推广等，让消费者对品牌有更深刻的认识。

② 跨境电子商务企业需要注重提升产品和服务的质量。品质是品牌的核心，只有优质的产品和服务才能赢得消费者的信任。企业需要通过不断创新和研发，提高产品和服务的竞争力，满足消费者的多元化需求。同时，企业还需要建立完善的售后服务体系，为消费者提供全方位的服务支持，提升消费者的购买信心和满意度。

（3）服务竞争。优质的客户服务是提升消费者满意度和忠诚度的关键。

① 优质的客户服务要求跨境电子商务企业具备高度的便捷性。这意味着企业需要构建一个用户友好的平台，提供多种支付方式、快速的物流配送和灵活的退换货政策。例如，亚马逊作为全球领先的电子商务企业，通过其先进的物流系统和多样化的支付方式，为消费者提供了高效便捷的购物体验。这种便捷性不仅减少了消费者的购物障碍，也提升了他们对企业的信任和满意度。

② 高效的客户服务也是跨境电子商务企业不可或缺的一部分。高效的客户服务要求企业能够快速响应消费者的需求，并对消费者提出的问题提供专业的解决方案。这需要企业建立一支训练有素、经验丰富的客户服务团队，同时利用先进的技术手段如 AI 和大数据分析来提高服务效率。例如，阿里巴巴的客服团队通过运用 AI 技术，实现了 24 小时不间断的在线服务，极大地提升了消费者的购物体验。

③ 优质的客户服务还需要企业深入了解消费者的需求和期望，并根据这些信息进行个性化的服务设计。例如，Netflix 作为一家全球知名的在线视频平台，通过收集和分析用户的观影数据，为用户提供了个性化的推荐服务，从而大大提升了用户的满意度和忠诚度。

2）市场机会分析

尽管竞争激烈，但跨境电子商务领域仍然存在许多机会。这些机会主要体现在以下几个方面。

（1）技术创新。随着互联网技术的不断发展，跨境电子商务企业可以利用新技术提高服务质量和效率，如通过大数据分析消费者需求实现精准营销和利用 AI 提供智能客服等。随着信息技术的日新月异，互联网已成为全球经济活动中不可或缺的一环，特别是在跨境电子商务领域，技术创新正以其独特的魅力，引领着这个行业飞速发展。

① 跨境电子商务企业可以借助大数据技术，深入挖掘消费者的需求。大数据不仅能帮助企业掌握消费者的购买习惯、偏好和市场趋势，还能为企业提供更精准的营销策略，如通过对消费者行为数据的分析，企业可以了解哪些产品更受欢迎，哪些时段购买力更强，从而优化产品组合和营销策略，实现精准营销。

② AI 技术正在为跨境电子商务企业带来革命性的变革，智能客服系统就是其中的一个典型应用。这个系统可以实时回答消费者的问题，解决他们的疑虑，提供个性化的购物建议，从而极大地提升消费者的购物体验。此外，AI 技术还可以应用于风险管理、库存管理和物流配送等多个环节，全面提高企业的运营效率。

③ 云计算技术也为跨境电子商务企业带来了巨大的便利。通过云计算，企业可以实现数据的实时共享和协同处理，极大地提高了企业内部的沟通效率和协作能力。同时，云计算还为企业提供了强大的计算和存储能力，能够支持企业进行更复杂的数据分析和业务创新。

（2）市场拓展。新兴市场如东南亚、非洲等地区，虽然跨境电子商务的发展相对滞后，但其市场需求旺盛。因此，企业如果能够抓住这些市场机遇，将有望实现业务的快速增长。但企业在拓展新兴市场时需要注意以下一些问题。

① 应对当地市场进行深入研究，了解当地的文化、消费习惯和法律法规等因素，以确保产品和服务适应当地市场。

② 建立完善的物流体系，确保产品能够快速、准确地送达消费者手中。

③ 企业需要加强与当地政府和监管机构的沟通与合作，以确保业务的合规性和可持续性。

（3）政策支持。基于跨境电子商务的重要性，各国政府纷纷出台政策支持跨境电子商务的发展，为企业提供了良好的发展环境。这些政策支持不仅有助于降低企业的经营成本，还能有效提升企业的竞争力。

① 政策支持为企业提供了税收优惠、资金扶持等实际利益。例如，一些国家为鼓励跨境电子商务的发展，对跨境交易给予税收优惠，降低了企业的税负压力。此外，政府还设立了专项资金，支持跨境电子商务企业开展技术创新、市场拓展等活动，帮助企业解决资金瓶颈问题。

②政策支持为企业提供了法律保障并规范了发展环境，有利于保障企业的合法权益和规范市场秩序。例如，通过制定跨境电子商务消费者权益保护政策，可以确保消费者的合法权益不受侵害。这些法律保障和环境发展规范为企业提供了稳定的市场预期，有助于企业的长远发展。

③政策支持有助于提升企业的国际竞争力。随着全球市场竞争的加剧，企业要想在国际市场上立足，就必须具备一定的竞争力。政策支持为企业提供了技术创新、品牌建设和市场拓展等方面的支持，因此可以帮助企业提升产品质量和服务水平，提升品牌知名度和美誉度，从而增强企业的国际竞争力。

（二）行业趋势与市场调研

1. 行业发展动态与趋势

1）市场规模持续扩大

随着全球互联网普及率的提高和物流体系的不断完善，越来越多的消费者开始选择通过跨境电子商务平台购买海外商品。这种购物方式不仅为消费者提供了更为丰富多样的商品选择，还带来了更加便捷、高效的购物体验。统计数据显示，近年来全球跨境电子商务市场的交易额呈现逐年递增的趋势，如图2-1-2所示，尤其是在疫情期间，由于跨境旅游和实体购物的限制，更多的消费者选择在线上购买海外商品，进一步推动了跨境电子商务市场的快速发展。

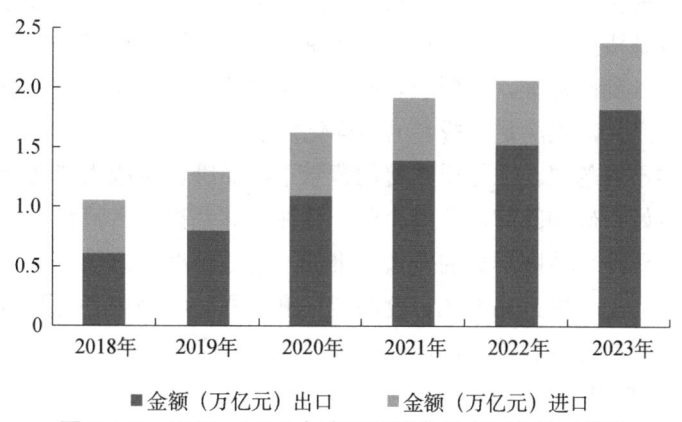

图 2-1-2　2018—2023 年中国跨境电子商务进出口总额

跨境电子商务市场的快速发展，离不开庞大消费者群体的支持。随着对商品品质和个性化需求的不断提高，消费者开始寻求更加多元化、高品质的海外商品。而跨境电子商务平台则通过提供丰富的商品选择和便捷的购物体验，满足了消费者的以上需求。此外，随着移动支付、跨境电子商务综合税制的完善和消费者对海外文化兴趣的增加，跨境购物的门槛逐渐降低，吸引了更多消费者参与。他们通过跨境电子商务平台购买海外商品，不仅满足了自身需求，也成为了推动跨境电子商务市场发展的重要力量。

跨境电子商务市场的繁荣，也吸引了越来越多的企业加入。这些企业通过在跨境电子商务平台上开设店铺、推广产品,积极开拓海外市场,以寻求更大的商业机会。对于传统企业来说,跨境电子商务平台提供了一个全新的销售渠道,可以帮助他们拓展海外市场和提升品牌知名度。而对于初创企业和小微企业来说,跨境电子商务平台则降低了他们进入市场的门槛和风险,为他们提供了更多的发展机会。

2)技术创新驱动发展

AI、大数据和云计算等新一代信息技术的广泛应用,为跨境电子商务带来了前所未有的发展机遇。这些尖端技术不仅重塑了传统商业模式,还为跨境电子商务提供了强大的技术支撑,推动了行业的快速发展。

此外,新一代信息技术还在物流和仓储等环节发挥了重要作用。通过智能化、自动化的物流管理,企业可以实时监控货物运输情况,提高物流效率和服务质量。同时,智能化的仓储系统可以实现货物的快速、准确存取,减少人工操作失误,提高仓储管理效率。

3)品质消费成为主流

随着消费者对购物体验和产品质量要求的不断提高,品质消费逐渐成为跨境电子商务的主流趋势。品质消费的概念源于消费者对生活品质的追求和对商品价值的重新定义。在这个信息爆炸的时代,消费者拥有更多选择权和知情权,他们不再仅仅满足于商品的基本功能,而是更加注重产品的品质、品牌和服务。这种消费观念的转变,为跨境电子商务带来了前所未有的挑战和机遇。

对于跨境电子商务企业来说,品质保证是赢得消费者信任的基础。在激烈的市场竞争中,只有那些能够提供高品质产品的企业,才能在消费者心中占据一席之地。为实现品质保证,企业需要从源头抓起,严格把控产品质量,确保从原材料采购到生产制造再到物流配送的每个环节都做到高标准、严要求。同时,企业还需加强技术研发和创新,不断推出具有核心竞争力的产品,以满足消费者的多样化需求。

品牌建设同样不容忽视。在品质消费的背景下,品牌已经成为消费者选择商品的重要依据。一个具有良好口碑和品牌形象的企业,往往能够获得更多消费者的青睐。因此,跨境电子商务企业需要注重品牌形象的塑造和维护,通过精准的市场定位、独特的品牌理念和富有创意的营销活动,提升品牌知名度和美誉度。同时,企业还需要加强与消费者的互动和沟通,建立稳固的消费者关系,培养消费者的忠诚度和黏性。

4)多元化市场布局

在全球化的大背景下,跨境电子商务企业通过多元化市场布局,不仅能分散风险,还能捕捉更多商机。这种战略布局的调整,不仅反映了企业对市场环境变化的敏锐洞察,还体现了其主动适应和积极创新的精神。

传统的欧美市场一直是跨境电子商务企业的主要阵地,但随着全球经济的发展和消费者需求的多样化,企业开始将目光转向更具潜力的新兴市场。东南亚、中东和拉美等地区,凭借其庞大的消费群体、快速增长的经济和不断升级的消费结构,正逐渐成为跨境电子商务领域的新蓝海。

除了以上几个新兴市场,还有许多其他具有潜力的市场等待跨境电子商务企业去发掘。企业在布局多元化市场时,需要充分考虑各地区的文化差异、消费者需求、市场竞争等因素，制定针对性的市场策略，以确保在不同市场中都能取得成功。

5）绿色可持续发展

在全球环保意识的不断觉醒和深化下，绿色可持续发展已经成为各行各业共同追求的目标。跨境电子商务行业，作为全球化浪潮中的一支重要力量，也开始积极响应并投身于这场绿色革命。企业需要从产品设计、生产、包装到物流等各个环节考虑环保因素，推动行业的绿色转型。

此外，跨境电子商务企业还可以通过开展环保宣传和教育活动，提高消费者的环保意识。例如，企业可以在产品包装上印刷环保提示语，或者在官方网站上发布环保知识和相关活动信息。这些措施有助于引导消费者形成绿色消费观念，推动整个社会的绿色转型。

6）政策环境持续优化

为了推动跨境电子商务的快速发展，各国政府纷纷出台了一系列支持政策，以持续优化政策环境，为跨境电子商务创造更加有利的发展条件。这些政策包括降低关税、优化税收制度和加强知识产权保护等。此外，各国政府还通过提供财政支持、加强基础设施建设和推动人才培养等方式，为跨境电子商务提供更加全面、系统的支持。这些政策的出台，不仅为跨境电子商务提供了更加有利的发展环境，也为其带来了更广阔的发展前景。

2. 市场调研方法与工具

1）市场调研方法

（1）网络调查法。通过搜索引擎、社交媒体和电子商务平台等网络工具，能够便捷且高效地收集目标市场和客户群体的需求和偏好信息，使企业迅速掌握市场动态，为决策提供有力支持。网络调查法的优势主要表现在以下几个方面。

① 信息获取的高效性。通过搜索引擎，可以快速检索到大量的相关信息，包括行业报告、市场趋势和竞争对手分析等；通过实时监测社交媒体，可以即时获得消费者的讨论和反馈情况，使企业能够快速了解消费者的需求和情绪变化；通过电子商务平台，可以获取消费者的购买行为和偏好，为企业提供宝贵的消费者数据。

② 成本效益显著。相较于传统的问卷调查或面对面访谈，网络调查法无须投入大量的人力和物力资源，只需通过网络平台发布问卷或收集信息，即可覆盖更广泛的受众群体，同时降低调查成本。

③ 数据收集的灵活性。网络调查法可以根据企业的需求制定问卷内容，灵活调整调查范围和样本数量。同时，通过数据分析和挖掘技术，可以对收集到的信息进行深入处理，提取出有价值的市场信息。

④ 实时性强。网络信息的更新速度极快，企业可以实时跟踪市场动态和消费者反馈。这对于快速响应市场变化、调整营销策略具有重要意义。

（2）问卷调查法。问卷调查法是跨境电子商务目标市场调研的重要手段，其核心在于设计一套科学、合理的问卷，并通过有效的渠道发送给目标客户群体，以收集他们的意见和反馈。问卷调查法的优势主要表现在以下几个方面。

① 量化调研结果。通过在问卷中设计选择题和评分题等，企业能够收集到便于统计和

分析的标准化数据。企业利用这种量化数据不仅可以直观展示目标市场的需求和偏好，还可以通过数据对比和趋势分析揭示市场发展的内在规律。

②较高的针对性和灵活性。企业可以根据自己的调研需求，设计包含不同问题和题型的问卷。同时，通过定向发送问卷给目标客户群体，企业可以收集到具有较高的相关性和准确性的信息。这种针对性和灵活性使得问卷调查法能够更好地满足企业的个性化调研需求。

③低成本高效益。相较于其他市场调研方法，如访谈法或电话调查法，问卷调查法无须投入大量的人力和物力资源，企业只需设计好问卷并通过网络进行发放和收集，即可实现调研目标。这种低成本、高效率的调研方式有助于企业节省成本并快速获取市场信息。

（3）访谈法。与目标市场的消费者、行业专家等进行面对面或电话访谈，可以深入了解他们的需求和看法。访谈法可以获得更加详细、深入的信息，有助于企业制定更具针对性的市场策略。访谈法的优势主要体现在以下几个方面。

① 获取详细且深入的信息。通过面对面的交流或电话沟通，企业可以直接询问受访者关于产品、服务、价格和市场趋势等方面的看法和意见，获取到比问卷调查更为详细和深入的反馈。这种直接交流的方式有助于企业更准确地把握目标市场的需求和特点。

② 有助于建立信任关系。通过访谈，企业可以与受访者建立更加紧密的联系和信任关系，从而获取更为真实和坦诚的反馈。同时，访谈还可以让企业更深入地了解受访者的背景、经历和价值观等，有助于企业更好地理解目标市场的文化和消费习惯。

③ 具有灵活性和个性化的特点。企业可以根据自己的调研需求和目标，设计不同的访谈问题和话题，以获取更为具体和有针对性的信息。同时，针对不同类型的受访者，企业还可以采用不同的访谈方式和技巧，以获取更为准确和有效的反馈。

2）市场调研工具

（1）谷歌关键词趋势搜索。谷歌关键词趋势搜索工具可以帮助企业、市场分析师、搜索引擎优化（Search Engine Optimization，SEO）专家和任何对市场趋势感兴趣的人了解目标市场的搜索热度和关键词变化。通过这一工具，用户可以获取关于特定关键词或短语在一段时间内搜索量变化的数据，从而洞察消费者的兴趣、需求和市场趋势。谷歌关键词趋势搜索工具具有以下几个主要功能和应用。

① 搜索量数据可视化。该工具以图表的形式展示关键词搜索量的变化趋势，使用户能够直观地了解关键词的热度变化。这些图表可以展示过去几年、几个月甚至几天内的数据，帮助用户发现季节性趋势或突发事件对搜索量的影响。

② 地区性分析。该工具还支持按地区分析搜索量数据，这意味着用户可以了解不同国家或地区的用户对特定关键词的搜索兴趣，从而制定更精准的市场策略。

③ 相关关键词和短语建议。该工具还会提供一些与原始关键词相关的搜索建议，帮助用户发现新的关键词或拓展现有的关键词列表。这些建议基于用户的搜索历史和谷歌的算法，通常与原始关键词在主题或语义上紧密相关。

④ 新闻和社交媒体动态。该工具还可以显示与关键词相关的新闻和社交媒体动态，帮助用户了解与该关键词相关的实时事件和讨论。这对于跟踪市场变化、发现新兴趋势或应

对危机事件非常有帮助。

⑤ 数据导出和分享。用户可以将搜索出的趋势数据导出为 CSV 或 Excel 文件，以便在其他工具或应用程序中进行进一步分析。此外，用户还可以轻松地将图表或数据链接分享给同事或合作伙伴。

（2）社交媒体分析工具。利用社交媒体分析工具，可以分析目标市场的社交媒体数据，获取用户行为、话题讨论等关键信息，从而把握市场动态和消费者需求。社交媒体分析工具具有以下几个主要功能。

① 用户行为分析。该工具能够追踪和记录用户在社交媒体平台上的行为，包括点赞、评论、分享和转发等。通过分析这些数据，可以了解用户的兴趣、偏好和活跃度，从而制定更加精准的营销策略。

② 话题讨论分析。社交媒体上的话题讨论往往反映了公众对某些事件、产品或服务的看法和态度，利用分析工具，可以实时监测和分析这些话题的讨论热度、参与者特征和情感倾向，从而及时发现市场趋势和潜在危机。

③ 内容效果评估。通过分析发布在社交媒体上的内容（如文章、图片和视频等）的传播效果，可以了解哪些内容类型、风格和发布时间更受用户欢迎。这有助于优化内容策略，提高内容的吸引力和传播力。

④ 竞争对手分析。该工具还可以帮助用户了解竞争对手在社交媒体上的表现，包括他们的粉丝数量、互动情况和发布的内容等。这有助于制定针对性的竞争策略，提升自己的市场竞争力。

⑤ 趋势预测与危机预警。通过对社交媒体数据的持续监测和分析，可以发现市场发展的趋势，为制定企业的战略决策提供有力支持。同时，利用该分析工具还可以及时发现潜在危机，如负面评论、恶意攻击等，因而可以帮助企业迅速应对，降低风险。

（3）行业报告和研究机构数据分析。行业报告和研究机构发布的数据分析结果是理解一个行业或市场状况的关键资源。这些报告通常基于深入的市场调研、专业的数据收集和分析，提供了对行业的整体趋势、市场规模、竞争格局和消费者行为等多方面的分析结果。行业报告和研究机构发布的数据分析结果具有以下几个优势。

① 了解整体趋势。行业报告通常会概述行业的发展历程，分析当前的市场动态，并预测未来的发展趋势。通过阅读这些报告，企业或个人可以把握行业的宏观走向，为战略规划和决策的制定提供依据。

② 掌握市场规模。了解行业的市场规模和增长潜力对于企业制定市场拓展策略至关重要。行业报告通常会提供详细的市场规模数据，包括不同细分市场的份额和增长情况，这些数据可以帮助企业确定目标市场和定位目标客户。

③ 分析竞争格局。行业报告会对行业内的主要竞争对手进行分析，包括他们的市场份额、产品特点和营销策略等，这有助于企业了解自己在行业中的战略定位，发现潜在的市场机会，并制定相应的竞争策略。

④ 洞察消费者行为。行业报告通常涉及消费者需求分析，包括消费者的购买习惯、偏好变化和需求趋势等，这对于企业制定产品或服务策略、优化用户体验和提升品牌形象具

有重要的指导意义。

⑤ 获取专业建议。研究机构通常会在行业报告中提出针对行业未来发展的专业建议和展望。这些建议可能涉及技术创新、市场拓展和政策影响等多个方面，可以为企业发展提供借鉴。

3. 调研数据分析与应用

1）调研数据收集

在跨境电子商务客户服务领域，数据收集是非常重要的基础工作。通过有效收集和分析客户反馈、满意度调查和投诉处理记录等数据，企业能够深入了解客户对服务的真实感受，从而精准识别服务中的痛点，进而制定针对性的优化策略，以提升客户满意度和忠诚度。

在收集数据时，需要考虑数据的来源，以确保数据的全面性和准确性。数据的来源主要包括以下几种。

（1）线上问卷。通过设计专业的在线问卷，邀请客户对客户服务质量进行评价。问卷可以包含响应速度、问题解决能力和服务态度等，以便全面了解客户服务质量。

（2）电话访谈。通过电话与客户进行直接沟通，获取他们对客户服务的意见和建议。电话访谈可以更加深入地了解客户的想法和需求，同时也能够建立更加紧密的客户关系。

（3）社交媒体监测。通过监测社交媒体平台上的客户评论和反馈，了解客户对服务的满意度和意见。社交媒体是一个重要的客户声音来源，能够为企业提供实时的客户反馈。

（4）投诉处理记录。详细记录客户投诉的内容、处理过程及结果，分析投诉的原因，以便改进服务流程，提升客户满意度。

数据收集需要涵盖客户服务的各个方面。具体包括：

（1）响应速度。记录客户咨询或投诉的响应时间，分析响应速度的快慢对客户满意度的影响。

（2）问题解决能力。统计客户问题的解决率、解决时间及解决方案的有效性，评估客户服务团队的问题解决能力。

（3）服务态度。收集客户对客户服务态度的评价，包括是否友好、专业和耐心等，以便提升服务团队的综合素质。

此外，还可以收集客户服务的流程、政策和培训等方面的数据，以便全面优化客户服务体系。

为确保数据收集的质量与真实性，企业需要注意以下几点：

（1）设计合理的问卷和问题。问卷设计应简洁明了，问题具有针对性，避免提出引导性或模糊性的问题。

（2）确保样本的代表性。在收集数据时，应确保样本能够反映客户群体的意见和需求，即样本必须具有代表性。

（3）严格筛选和整理数据。对于收集到的数据，应进行严格的筛选和整理，去除重复、无效或错误的数据。

数据收集并非一次性任务，而是一个持续的过程。随着市场环境和客户需求的变化，企业需要定期或不定期地进行数据收集，以便及时了解客户服务的最新情况和发展趋势。通过持续的数据收集和分析，企业可以不断优化客户服务体系，提高服务质量和提升客户满意度。

2）数据处理与分析

收集到原始数据后，需要进行数据清洗、整理和分析，这一过程涉及去除重复数据、处理缺失值和转换数据格式等。随后，需要利用统计方法和数据分析工具对前一过程得到的数据进行深入剖析，如通过描述性统计了解数据的分布情况，通过相关性分析探究变量之间的关系和通过回归分析预测未来趋势等。

（1）数据清洗。数据清洗是数据预处理的关键步骤，目的是去除重复数据、处理缺失值和纠正错误数据，并转换数据格式，以确保数据的质量和准确性。具体包括：

① 去除重复数据。通过比对数据集中的记录，识别并删除重复的记录，避免在后续分析中引入偏差。

② 处理缺失值。对于数据集中存在的缺失值，可以根据具体情况采取填充、删除或插值等方法进行处理，以确保数据的完整性。

③ 纠正错误数据。通过自动检测或手工检查的方式，发现并纠正数据集中的错误数据，如拼写错误、格式错误或逻辑错误等。

④ 转换数据格式。根据分析需要，将数据转换为统一的格式，如将日期数据转换为统一的日期格式，或将文本数据转换为数值型数据等。

（2）数据整理。数据整理是将清洗后的数据有序化和结构化的过程，便于后续的分析和查询。具体包括：

① 数据分类。按照一定的规则对数据进行分类，如按照客户类型、产品类别或地区等进行分类，以便更好地理解和组织数据。

② 数据整合。将分类后的数据整合到一起，形成一个完整的数据集合，便于后续的分析操作。

③ 数据排序。对整合后的数据进行排序，按照一定的顺序（如时间顺序、数值大小等）排列数据，便于查询和使用。

（3）数据分析。数据分析是利用统计方法和数据分析工具对数据进行深入剖析的过程，旨在发现数据的内在规律和发展趋势。具体包括：

① 描述性统计。描述性统计是以数字和图表的形式来理解、分析和总结数据，包括数据的频数分析、集中趋势分析和离散程度分析等。分析结果有助于企业了解数据的整体情况和分布情况。

② 相关性分析。相关性分析是通过计算相关系数来探究不同变量之间的关系，如销售额与广告投入之间的关系。分析结果有助于识别关键影响因素和潜在的商业机会。

③ 回归分析。利用回归分析方法，建立数学模型来预测未来趋势或解释变量之间的关系，如可以通过回归分析预测未来销售额或客户数量等。

3）数据分析结果的应用

数据分析的结果在跨境电子商务企业中的应用是广泛而深远的，能够帮助企业更好地了解市场、优化产品和评估营销效果，并制定出更为精准有效的市场策略。以下是具体的应用场景和效果。

（1）数据分析结果对市场策略制定的影响如下。

① 市场趋势洞察。在当今竞争激烈的市场环境中，数据分析已成为企业获取竞争优势的关键手段之一。通过深入剖析海量数据，企业能够洞察市场的发展趋势，精准把握消费者购买行为的变化和流行产品的更替，从而制定出更加精准有效的市场策略。

② 消费者需求识别。通过深入挖掘和分析消费者的购买记录、搜索的关键词、浏览行为等数据，企业可以更加全面地了解消费者的需求和偏好，为产品定位和营销活动提供有力支持。这不仅有助于企业提高销售效率，还能为消费者提供更加精准、个性化的产品和服务。

③ 产品定位与价格策略制定。基于数据分析，企业能够更准确地识别目标市场和消费群体，进而为产品定位和价格策略的制定提供有力支持。这种决策方法不仅提高了企业的市场竞争力，还有助于实现持续发展。

（2）数据分析结果对产品优化的影响如下。

① 产品反馈分析。消费者的反馈和评价数据反映了消费者的真实需求和感受，企业可以通过收集和分析这些数据，洞察产品的优缺点，并据此制定有效的优化策略。

② 消费者体验提升。通过分析消费者在使用产品过程中产生的数据，企业可以深入了解消费者的行为习惯、偏好和需求，从而揭示产品设计和操作流程中存在的痛点。这些数据洞察对于改进产品设计、优化操作流程及提升消费者体验具有至关重要的意义。

③ 新功能开发。消费者的反馈是市场信息的直接来源，反映了消费者对产品或服务的真实感受和改进建议。通过收集和分析消费者的反馈，企业可以发现产品或服务中存在的问题，洞察市场变化和发展趋势，了解消费者的新需求和期望，为企业的产品开发和服务创新找准方向。

（3）数据分析结果对营销效果评估的影响如下。

① 营销活动效果对比。通过对比不同营销活动的数据表现，企业可以全面评估各种营销策略的有效性，从而优化资源配置，提高营销效率。在实际操作中，企业还应结合市场环境、竞争态势等因素，制定更具针对性的营销策略，以实现更好的营销效果。同时，企业还应关注数据质量和数据分析方法，确保评估结果的准确性和可靠性。

② 投资回报率分析。通过深入挖掘和分析数据，企业可以更加准确地了解市场趋势、消费者需求和不同营销活动的投资回报率，从而制定出更加精准、高效的营销策略。

③ 未来营销策略调整。评估营销活动的效果并根据结果进行调整和优化，不仅可以提升营销效果，还可以显著降低营销成本，为企业创造更大的价值。

二、数据库与资源平台应用

（一）数据库与资源平台介绍

1. 行业特定的数据库

1）InfoUSA 网站

InfoUSA 网站不仅是一个网站，还是一个巨大的信息宝库，汇聚了超过 240 万家公司和 2.35 亿消费者的信息，如图 2-1-3 所示是 InfoUSA 网站页面。客服人员可以根据自身需求筛选和获取潜在客户的信息，包括公司名称、地址和联系方式等，为精准营销提供有力支持。

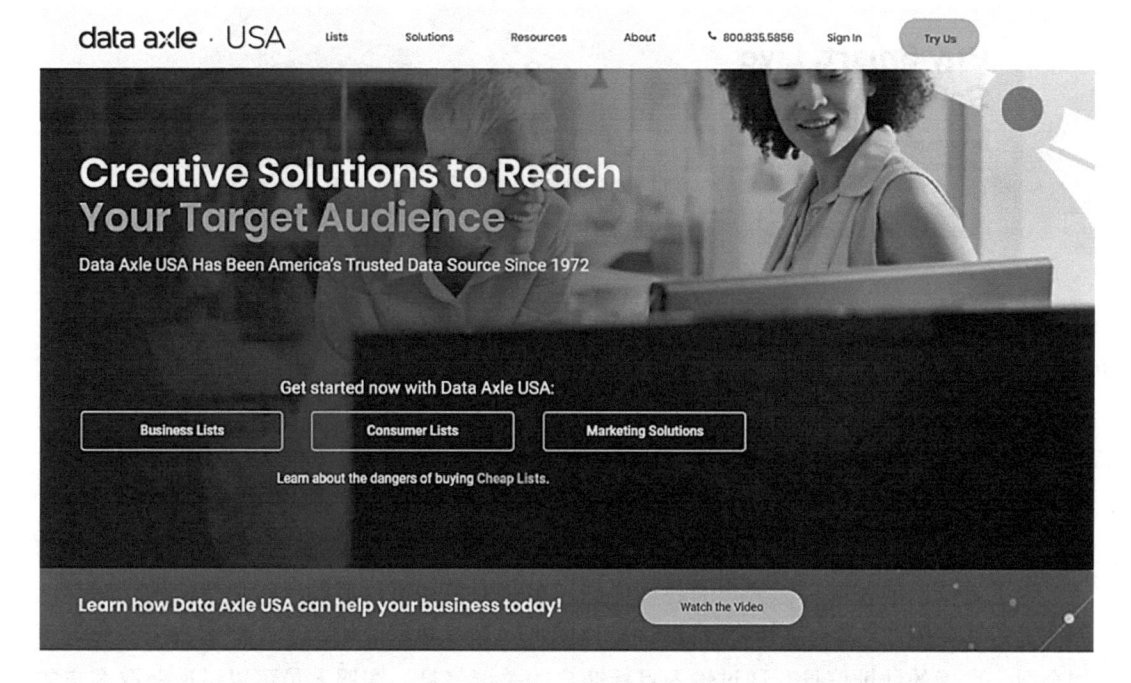

图 2-1-3　InfoUSA 网站页面

2）SafeWise 网站

针对特定行业，有许多行业数据库可供使用，例如，对于安防产品，可在如图 2-1-4 所示的 SafeWise 网站页面查询与行业相关的评论，了解目标客户的评价和需求。这类数据库通常包含行业内的企业信息、产品信息和市场动态等，有助于客服人员更深入地了解行业和客户。

2. 搜索引擎和地图工具

在当今数字化的商业环境中，搜索引擎和地图工具已成为客服人员不可或缺的工作伙伴。其中，Google Map 以其强大的地图搜索功能，为客服人员提供了极大的便利。利用 Google Map 先进的搜索技术，客服人员能够迅速定位到目标客户的具体位置。无论是城市的大街小巷，还是偏远地区的乡村道路，Google Map 都能精确显示，可以为客服人员提供直观的视觉参考。Google Map 还集成了丰富的客户信息，通过地图搜索，客服人员还能获取到客户的联系方式、经营范围等详细信息。这些信息能够帮助客服人员更全面地了解客户，为后续的客户服务工作打下坚实基础。

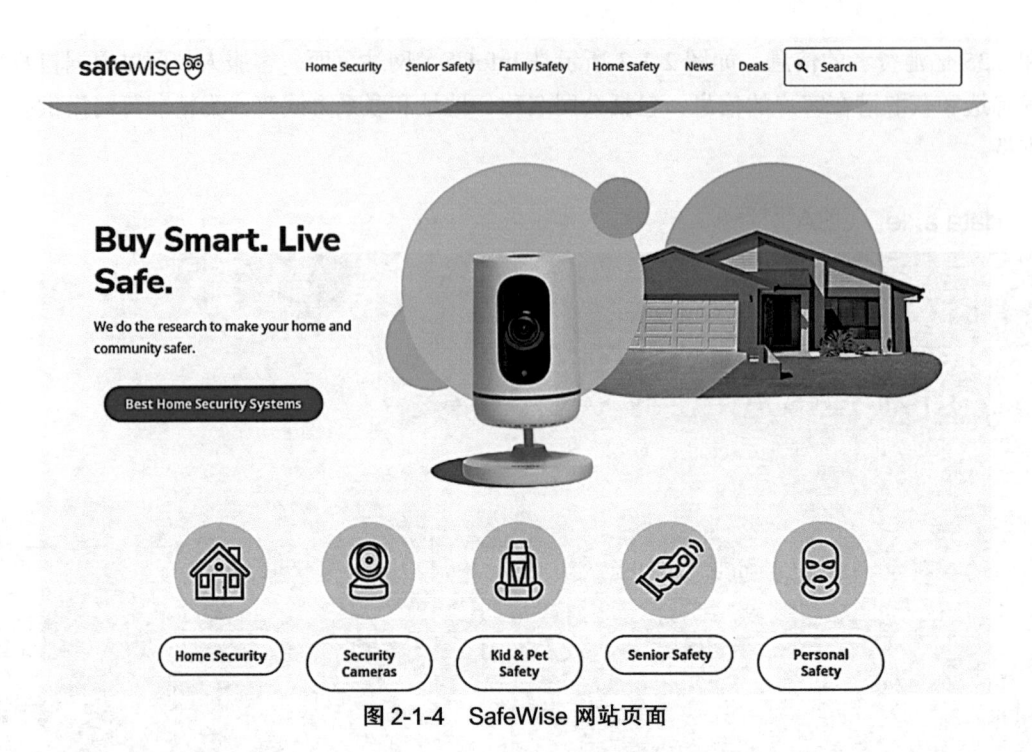

图 2-1-4　SafeWise 网站页面

为了更精确地获取目标客户的各种信息，客服人员还可以借助一些免费的地址工具，如图灵搜（见图 2-1-5）。这些工具结合了地图搜索和大数据分析功能，能够为用户提供更加全面、准确的地址信息。通过输入目标客户的关键信息，客服人员可以迅速获取客户的详细地址、周边环境和交通状况等信息，为后续的客户服务工作提供更加有力的支持。

图 2-1-5　图灵搜

3. 社交媒体和论坛

社交媒体平台如 Facebook、Twitter 和 Instagram 等，早已成为世界各地人们日常交流和信息获取的重要工具。这些平台上的用户群体庞大且多样化，覆盖各种年龄段、职业背景和兴趣爱好的人群。通过在这些平台上创建企业账号或关注相关的行业账号，客服人员可以轻松地接触到大量的潜在客户，并实时了解他们的需求和兴趣。

另外，专业论坛如 Quora 也是获取潜在客户反馈和信息的重要来源，如图 2-1-6 所示是 Quora 网站页面。这些论坛通常聚集了大量行业专家和经验丰富的从业者，他们对市场趋势、技术发展和客户需求有深入的了解。通过在这些论坛上发布问题或回答他人的问题，客服人员可以与这些专家进行交流和互动，获取宝贵的行业信息和建议。同时，客服人员也可以通过参与论坛讨论来展示自己的专业知识和经验，树立品牌形象以吸引潜在客户的关注。

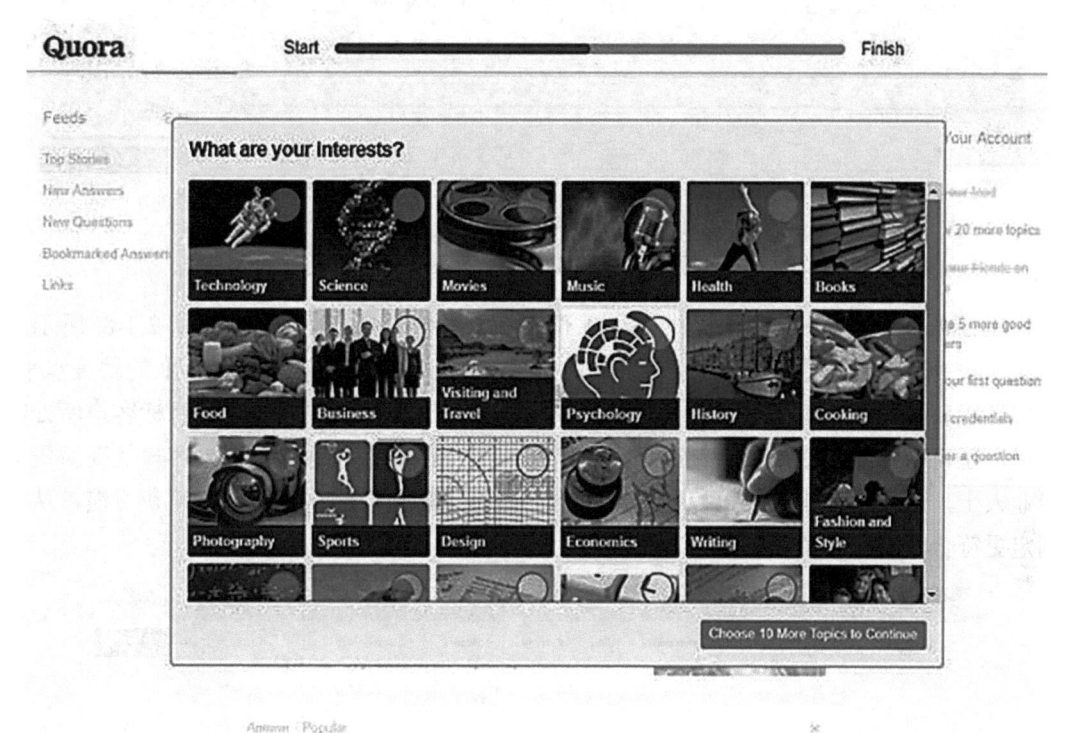

图 2-1-6 Quora 网站页面

4. 评论和评比网站

Sitejabber、Glassdoor 等网站可以提供丰富的信息资源，客服人员可以利用这些资源直接获取客户的真实反馈和意见。

Sitejabber 是一个专注于收集在线商家、产品和服务评价的网站，如图 2-1-7 所示是 Sitejabber 网站页面。通过这个平台，客服人员可以找到大量关于自身产品或服务所在行业的评价。通过分析这些评价，客服人员可以了解目标客户对于类似产品或服务的满意度及期望。这些信息对于优化产品、提高服务质量及制定更有针对性的营销策略都非常有帮助。

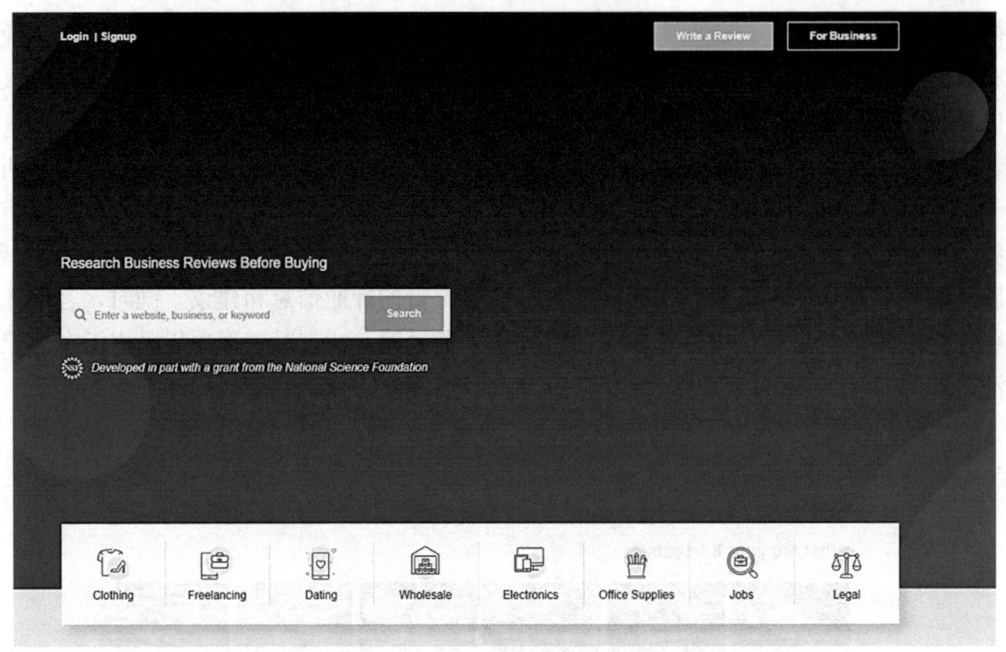

图 2-1-7　Sitejabber 网站页面

Glassdoor 是一个专注于提供公司评价和薪资待遇信息的网站，如图 2-1-8 所示是 Glassdoor 网站页面。通过该网站，客服人员可以了解目标客户所在公司或行业的薪资水平、工作环境和公司文化等信息。这些信息不仅可以帮助客服人员更好地了解目标客户所处的环境，还可以帮助客服人员更精准地定位产品或服务的价格和价值。如果客户是高薪资的专业人士，那么，客服人员可以通过网站上的信息了解他们的薪资水平和消费习惯，从而制定更符合其需求的营销策略。

图 2-1-8　Glassdoor 网站页面

5. 学术和专业资源

国际教育系列全文专题库和学术论文数据库等平台，虽然主要用于学术研究，但也会提供一些关于不同国家和地区市场、客户行为等方面的深入见解。

此外，这些学术和专业资源平台还提供如数据分析、市场调研等领域的研究方法和分析工具。这些方法和工具的应用，不仅有利于跨境电子商务客服人员更准确地把握市场动态和客户需求，还可以提升售前服务的专业性。

6. 商务信息服务平台

一些商务信息服务平台，如 Dun & Bradstreet、HOOVERS 等，可以提供详细的公司数据和市场情报，因此可以帮助客服人员了解潜在客户的财务状况、经营情况等。

（1）Dun & Bradstreet。作为全球领先的商业信息服务提供商，Dun & Bradstreet 拥有庞大的商业数据库和先进的数据分析技术，如图 2-1-9 所示是 Dun & Bradstreet 网站页面。通过 Dun & Bradstreet 提供的服务，跨境电子商务客服人员可以轻松获取潜在客户的详细财务数据、信用评级、历史经营记录等信息。这些信息对于评估潜在客户的购买能力和信用状况至关重要，有助于客服人员在售前阶段为客户提供更加个性化的服务建议，并降低交易风险。

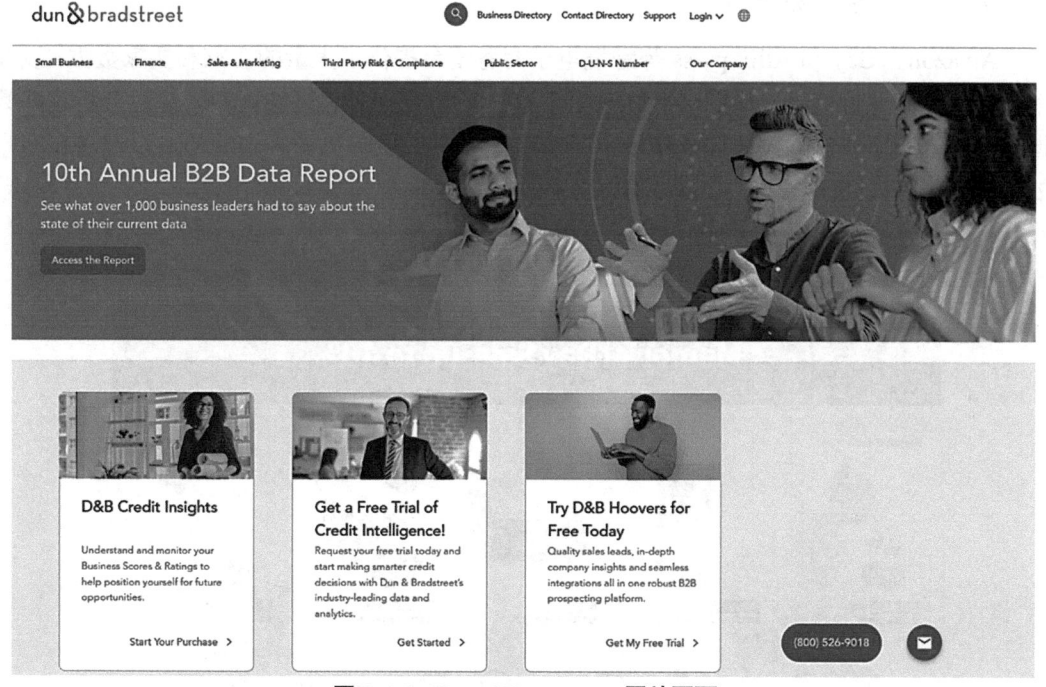

图 2-1-9　Dun & Bradstreet 网站页面

（2）HOOVERS。作为另一家知名的商务信息服务平台，HOOVERS 专注于提供全球范围内的公司和行业数据，如图 2-1-10 所示是 HOOVERS 网站页面。通过 HOOVERS 提供的服务，客服人员可以获取关于潜在客户的行业地位、市场份额和竞争态势等方面的关键信息。这些信息对于了解潜在客户的经营状况和市场前景具有重要意义，有助于客服人员在售前阶段为客户提供更有针对性的产品推荐和解决方案。

图 2-1-10　HOOVERS 网站页面

7. 跨境电子商务平台

Amazon、eBay 和 AliExpress 等跨境电子商务平台提供了大量的卖家和买家数据，以及丰富的交易和评价信息，如图 2-1-11～图 2-1-13 所示分别是其网站页面。通过分析这些数据，客服人员可以深入洞察国外市场，了解哪些产品或服务更受客户欢迎，以及潜在客户的需求和偏好。

图 2-1-11　Amazon 网站页面

图 2-1-12　eBay 网站页面

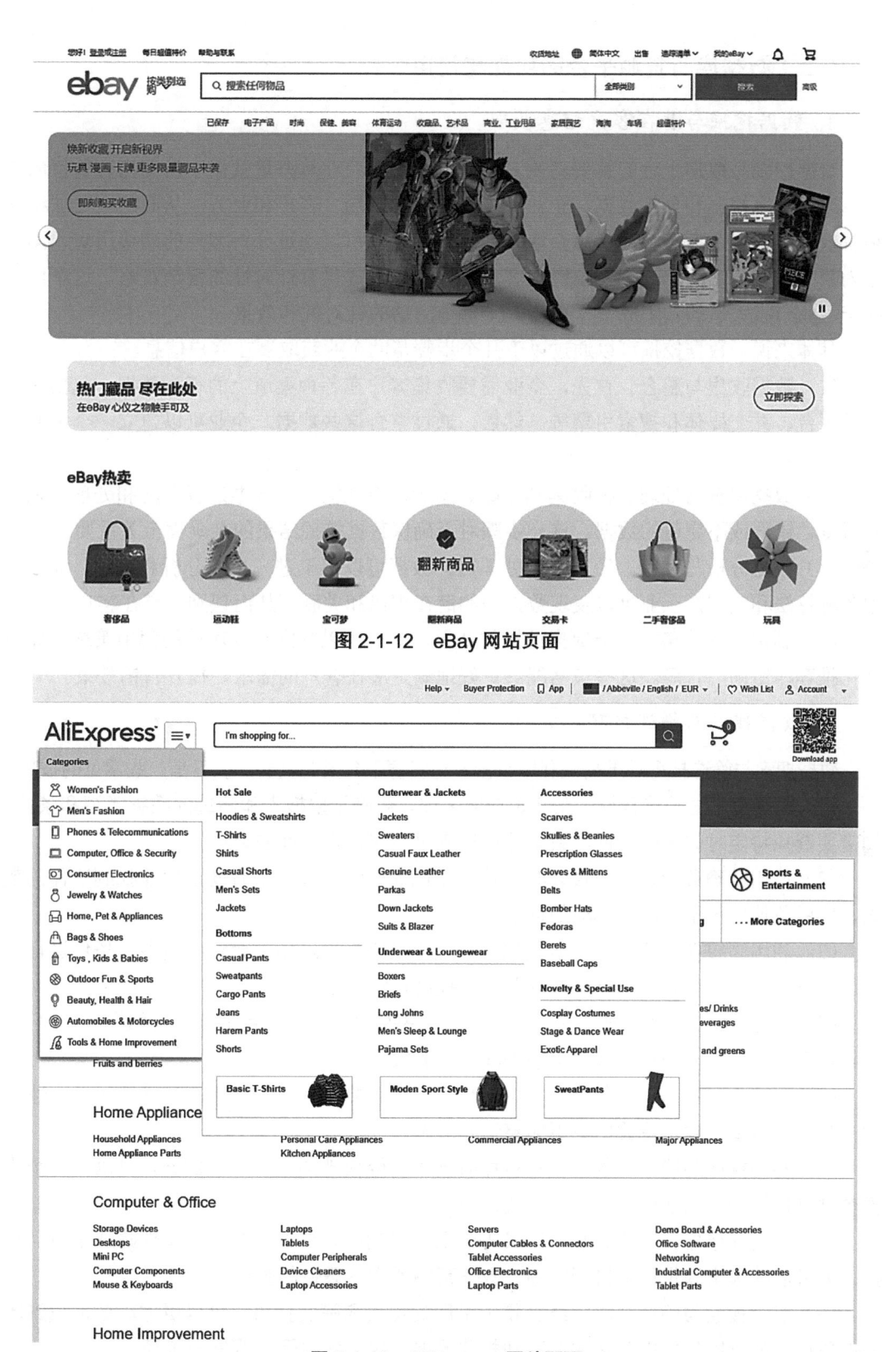

图 2-1-13　AliExpress 网站页面

（二）数据库与资源平台的功能与使用

1. 数据挖掘与潜在客户信息获取

数据挖掘是数据平台的重要功能之一，能够帮助企业从海量数据中挖掘出有价值的信息。通过深度挖掘和分析数据，企业能更好地理解市场、客户和业务，从而制定更加精准和有效的策略。在潜在客户信息获取方面，数据平台可以通过分析客户的购买历史、浏览行为和兴趣偏好等数据，识别出潜在客户，并为企业提供有针对性的营销策略。这不仅有助于企业节省大量的营销成本，还能提升营销活动的针对性和效果。

具体来说，数据挖掘可以通过以下几个步骤帮助企业获取潜在客户信息。

（1）数据收集与整合。首先，企业需要收集客户在各种渠道上的行为数据，包括线上购物平台、社交媒体和搜索引擎等。然后，通过整合这些数据，企业可以建立一个全面的客户画像。

（2）数据清洗与处理。在收集到原始数据后，企业需要对数据进行清洗和处理，以消除重复、错误或不完整的数据。这一步骤对于确保数据挖掘结果的准确性至关重要。

（3）数据分析与挖掘。经过清洗处理后的数据可以用于进一步的分析和挖掘。通过运用各种算法和模型，企业可以发现数据中的潜在规律和关联，从而识别出潜在客户。

（4）制定营销策略。基于数据挖掘的结果，企业可以制定有针对性的营销策略，如个性化推荐、定向广告等。这些策略能够更好地满足潜在客户的需求，提升营销效果。

2. 数据搜索与筛选技巧

数据搜索与筛选技巧对于高效利用数据库与资源平台至关重要，以下是一些常见的技巧。

（1）明确搜索与筛选目标。在开始搜索之前，明确希望搜索和筛选的数据类型和条件，如需要查找特定时间段的数据，或者筛选出满足某些特定条件的记录。

（2）使用精确关键词。在搜索时，使用精确的关键词或短语有助于快速找到所需的数据，应避免使用过于宽泛或模糊的词汇。

（3）利用高级搜索选项。许多数据工具提供高级搜索选项，允许根据多个条件进行筛选。利用这些选项可以大大缩小搜索范围，提高搜索效率。

（4）使用通配符搜索。如果不确定数据的完整信息，可以使用通配符（如星号或问号）进行搜索，这有助于查找包含特定字符或词语的数据。

（5）筛选重复数据。在数据收集中，可能存在重复的记录，使用筛选功能可以快速识别并删除这些重复项，使数据集更加整洁和准确。

（6）利用排序功能。对数据进行排序有助于更轻松地浏览和识别数据。可以对一个或多个列进行排序，以便快速找到特定数据。

（7）使用筛选器。大多数数据工具提供筛选器功能，允许根据特定条件筛选出所需数据，如可以筛选出满足特定日期范围、数值范围或文本条件的数据。

（8）组合搜索与筛选技巧。结合使用不同的搜索和筛选技巧，可以更加高效地找到所需的数据，如可以先使用关键词搜索到相关数据，然后使用筛选器进一步筛选。

3. 数据清洗与整理

数据清洗与整理也是数据库与资源平台不可或缺的功能。在实际应用中，原始数据往往存在错误、缺失或重复等问题，这些问题会严重影响数据分析的准确性和可靠性。因此，数据库与资源平台需要提供数据清洗与整理功能，包括错误数据的处理、缺失数据的填充或删除和重复数据的剔除等，以确保数据的完整性和一致性。以下是数据清洗与整理的主要步骤和方法。

（1）数据预览。在开始清洗之前，首先要预览数据，了解数据的结构、列名和数据类型等信息，这有助于确定清洗的具体步骤和方法。

（2）缺失数据处理。缺失数据是数据清洗中常见的问题。处理方法包括填充缺失值（如使用平均值、中位数、众数等）或删除含有缺失值的行或列。选择哪种方法取决于数据的性质和分析的需求。

（3）错误数据处理。错误数据可能是由数据录入错误、标记错误等造成的，处理方法包括纠正错误值、删除错误值或采用异常值等。对于大量的错误数据，可以通过数据可视化的方式进行探索和发现异常值。

（4）重复数据处理。重复数据会导致数据冗余和分析结果出现偏差，处理方法包括删除重复值、合并重复项或进行数据去重。可以根据数据的特点和目的，选择合适的去重方法。

（5）数据格式转换。将数据转换为统一的格式是数据清洗的重要步骤，如将日期格式转换为统一的日期格式，将数字格式转换为文本格式等。统一格式后可以方便后续的数据处理和分析。

（6）数据筛选。根据分析需求，设定筛选条件，对不符合条件的数据进行删除或标记，从而缩小数据集的规模。

（7）数据标准化。对于某些数值型数据，可能需要进行数据标准化处理，即将其转换为标准正态分布的形式，以便更好地进行后续的数据分析和建模。

通过以上步骤和方法，可以对原始数据进行有效的清洗与整理，为后续的数据分析提供高质量的数据基础。

4. 潜在客户信息的提取与分析

潜在客户信息的提取与分析在数据平台应用中占据举足轻重的地位。在信息化、数据化的今天，企业拥有海量的客户数据，如何从中筛选出有价值的潜在客户信息，进而转化为实际的营销成果，已成为企业竞争的关键。以下是这一过程的主要步骤。

（1）数据分析。在数据清洗后，可以使用各种数据分析工具和方法，如数据挖掘、机器学习和统计分析等，来分析和理解潜在客户的行为和偏好，包括分析他们的购买历史、浏览习惯和社交媒体互动等。

（2）数据解读。数据分析后，需要解读结果，以理解潜在客户的需求、痛点和偏好，包括洞察市场趋势，理解消费者行为，关注对产品或服务的改进建议等。

（3）制定营销策略。基于数据解读的结果，可以制定更有效的营销策略，包括定制化的广告、优惠活动和产品推荐等。

在这个过程中，需要注意以下几点。

（1）遵守法律法规。在收集和使用客户数据时，需要遵守相关的法律法规，如隐私法、数据保护法等。

（2）保护客户隐私。需要确保客户的数据安全，避免数据泄露或被滥用。

（3）持续优化。随着市场和消费者行为的变化，需要定期更新和优化数据收集和分析的过程，以保持其准确性和有效性。

三、在线营销与社交媒体营销策略

（一）在线营销策略

在线营销策略是一个复杂且多面的领域，涵盖了多种方法和技巧，旨在吸引和转化潜在客户。以下是几个主要的在线营销策略。

1. 内容营销

内容营销在跨境电子商务中扮演着至关重要的角色，被视为吸引和保留目标客户的核心策略之一。在全球化的大背景下，跨境电子商务日益兴起，企业纷纷借助互联网平台开展跨国贸易。而在这个竞争激烈的市场中，如何脱颖而出，成为消费者心目中的首选品牌，成为摆在企业面前的重要课题。

内容营销正是解决这一问题的关键所在，强调通过创建和分享有价值、相关且一致的内容来吸引潜在客户的注意力，进而将他们转化为忠诚的客户。这种营销方式不同于传统的广告宣传，更注重与消费者建立深厚的情感联系，传递品牌的核心价值观和独特魅力。内容营销的重点在于：

（1）塑造品牌形象。通过发布高质量的内容，企业可以展示自己的专业知识、行业经验和独特视角，从而塑造出专业、可信的品牌形象。

（2）吸引潜在客户。有价值的内容能够吸引潜在客户的注意力，引导他们了解企业的产品和服务，进而产生购买意愿。

（3）增强客户黏性。定期发布有趣、有用的内容可以保持与客户的互动，增强他们的黏性，使其愿意成为长期的忠诚客户。

在进行内容营销时，企业需要关注目标客户的需求和兴趣，制定有针对性的内容营销策略，并选择合适的传播渠道进行发布和推广。

2. SEO

SEO（Search Engine Optimization，搜索引擎优化）是一种通过优化网站结构和内容，提高网站在搜索引擎中的排名，从而增加网站流量和曝光度的策略。对于跨境电子商务来说，SEO 至关重要，可以帮助企业吸引更多潜在客户，提高销售额。

SEO 是一种精心策划的策略，致力于通过改善网站的结构和内容，提高其在搜索引擎结果页中的排名，从而增加网站的流量和提升知名度。对于跨境电子商务来说，SEO 不仅是一项重要技术，还是推动业务增长的关键要素。通过精心策划和执行 SEO 策略，企业能够吸引更多的潜在客户，进而促进销售额的提高。SEO 的重点在于：

（1）关键词研究。企业需要找出目标客户可能会搜索的关键词，并在网站内容中合理地使用这些关键词，以提高网站在搜索引擎中的排名。

（2）网站结构优化。优化网站结构可以提高搜索引擎对网站的爬行效率，从而使其更容易被搜索引擎索引和排名。

（3）内容优化。创建高质量且与关键词相关的内容是提高 SEO 排名的关键。这样的内容不仅可以吸引客户的注意力，还可以提高网站的权威性和可信度。

3. 付费广告推广

付费广告推广是跨境电子商务中常见的在线营销策略之一，旨在吸引潜在客户、增加网站流量，进而推动销售额的增长。付费广告推广的重点在于：

（1）提升品牌知名度。通过付费广告，企业可以在搜索引擎、社交媒体等平台上展示自己的品牌和产品，从而增加品牌曝光度和提升品牌知名度。

（2）定向广告。付费广告平台通常提供定向功能，企业可以根据目标客户的地理位置、年龄、性别等特征进行精准投放，从而提高广告的转化率。

（3）数据分析与优化。付费广告平台提供丰富的数据分析工具，企业可以根据数据分析结果调整广告策略，优化广告效果。

需要注意的是，付费广告推广需要投入一定的资金，因此企业需要制订合理的投放计划，以确保广告效果的最大化。

（二）社交媒体在售前服务中的应用

社交媒体在售前服务中的应用日益广泛，不仅是企业展示品牌和产品的重要渠道，还是与潜在用户建立互动、解答疑问和推动销售转化的关键工具。通过社交媒体平台，企业可以与潜在用户建立直接联系，提供即时的售前咨询和解答，从而提升用户的信任度和购买意愿，如图 2-1-14 所示是常用的社交媒体平台。

1. 常用社交媒体平台介绍

(a) Facebook　　(b) Instagram　　(c) Twitter

图 2-1-14　常用的社交媒体平台

1）Facebook

Facebook 作为全球最大的社交媒体平台之一，具有不可忽视的市场地位和影响力，其庞大的用户群体和广泛的覆盖范围使得它成为企业营销的重要阵地。通过 Facebook，企业可以轻松地与潜在用户和现有用户建立联系,并可以通过多种方式与他们互动。

首先,Facebook 为企业提供了一个发布产品动态和展示品牌形象的广阔舞台。企业可以在自己的官方页面上发布最新的产品信息、优惠信息和企业动态,以吸引用户的关注和让其产生兴趣。同时,通过精心设计的页面布局和视觉元素,企业可以展示自己的品牌形象和价值观,以提升用户对品牌的认知度和信任度。

其次,Facebook 的广告投放系统为企业提供了精准触达目标用户的能力。企业可以根据自己的目标用户群体,制定精确的广告投放策略,将广告准确地推送给潜在用户。这不仅提高了广告的曝光率和转化率,也为企业节省了大量的营销成本。

除此之外,Facebook 还为企业提供了丰富的数据分析工具,可以帮助企业更好地了解用户需求和市场趋势。通过对用户行为、兴趣偏好等数据的分析,企业可以洞察用户的真实需求,为产品开发和营销策略制定提供有力的数据支持。

同时,Facebook 还鼓励用户互动和分享,为企业创造了口碑传播的机会。用户可以通过点赞、评论和分享等方式,将企业的产品和品牌信息传播给更广泛的受众群体,从而提升企业的知名度和影响力。

2) Instagram

Instagram 是以图片和视频为主要内容的社交媒体平台,在跨境电子商务领域具有重要地位。凭借其独特的视觉呈现方式和庞大的用户基础,Instagram 为企业提供了一个展示产品、吸引潜在用户和增强品牌影响力的绝佳平台。

首先,Instagram 的核心特点在于其丰富的视觉元素。在这个平台上,高质量的产品图片和短视频是吸引用户注意力的关键。通过精心策划和拍摄,企业可以展示产品的使用场景及其独特之处与细节之美,让用户在浏览过程中产生强烈的购买欲望。此外,Instagram 还支持各种滤镜、特效和编辑工具,让图片和视频更具创意和吸引力。

其次,Instagram 的用户群体具有极高的商业价值。据统计,Instagram 的月活跃用户已超过 10 亿,而且用户年龄层广泛,覆盖了各消费领域。这意味着企业有机会接触到大量的潜在用户,并可以通过有针对性的推广策略,将产品信息精准地传达给目标受众。此外,Instagram 的用户黏性也很高,用户在平台上花费的时间较长,这可以为企业提供更多的机会来展示产品、与用户互动和提升品牌忠诚度。

再次,Instagram 为企业提供了多种有效的营销手段。除了发布图片和视频,企业还可以利用 Instagram 的直播功能和购物功能,与用户进行实时互动,提高转化率。通过直播功能,企业可以展示产品的生产过程、使用技巧等,让用户更加充分地了解产品;而购物功能则可以让用户在浏览图片或视频时直接购买产品,简化了购物流程。此外,Instagram 还为企业提供了广告投放、数据分析等工具,可以帮助企业更好地了解市场需求、优化营销策略。

最后,Instagram 上的用户互动也为售前服务提供了丰富的反馈意见。用户可以通过点赞、评论和分享来表达他们对产品的看法和兴趣。企业可以密切关注这些互动,了解用户的喜好和需求,从而调整产品策略或提供个性化的售前咨询。

3) Twitter

Twitter 以其简洁、快速的信息传播方式著称。这使得企业能够第一时间将最新的产品动态、促销信息和行业动态传达给用户，从而吸引他们的关注。此外，Twitter 的互动性也为企业提供了与用户直接交流的机会，有助于企业更好地了解用户的需求和反馈，从而不断改进产品和服务。

具体而言，企业可以通过 Twitter 发布短而精的推文，向用户展示产品的特点、优势和使用方法。这些推文可以搭配图片、视频等多媒体内容，使信息更加生动。同时，企业还可以通过 Twitter 的转发、点赞和评论功能，与用户进行实时互动，了解他们的想法和意见，及时回应和解决他们的问题。

除了发布产品和促销信息，企业还可以通过 Twitter 关注行业动态和竞争对手的情况，从而及时调整自己的市场策略。这种实时的信息获取和反馈机制，使得企业能够更好地适应市场变化，提高竞争力。

企业在使用 Twitter 时也需要注意一些问题。首先，企业必须确保发布的信息真实、准确、有价值，避免发布虚假或低质量的信息。其次，企业需要积极与用户互动，回应他们的问题和建议，树立良好的品牌形象和口碑。最后，企业需要根据自身特点和目标受众，选择合适的推广策略，避免盲目跟风或浪费资源。

总之，Twitter 作为一个重要的社交媒体平台，为企业提供了一个展示产品、推广服务和与用户互动的良好机会。通过合理利用 Twitter 的特点和优势，企业可以更好地满足用户的需求，提升品牌知名度和竞争力。同时，企业在使用 Twitter 时必须遵守一定的规则和原则，确保信息的真实性和有效性，以实现更好的营销效果。

2. 社交媒体营销策略与技巧

1）明确目标受众

在制定社交媒体营销策略时，首要的一步是明确目标受众，这是确保营销活动成功的关键。只有了解受众，才能更好地满足他们的需求，引起他们的兴趣，进而达到营销的目的。

首先，明确目标受众意味着需要深入了解潜在用户。这包括但不限于他们的年龄、性别、地理位置、职业、收入水平和兴趣爱好等。通过这些信息，可以勾勒出受众的画像，了解他们的生活方式、消费习惯和价值观。如果目标受众是年轻人，那么营销内容可能需要更加时尚、有趣，甚至有一些挑战性，才能吸引他们的注意。

其次，了解目标受众的需求和兴趣至关重要。这需要对市场进行调研，了解目标受众在社交媒体上关注什么，他们在寻找什么信息，他们有什么疑虑或问题。这些信息可以帮助确定营销内容的主题及呈现方式等，若目标受众对健康生活感兴趣，则可以分享与健康饮食、运动小贴士等相关的内容。

在制定有针对性的内容时，需要用目标受众喜欢的语言、风格和形式来呈现营销内容，确保表达的信息能够直接触达目标受众的心灵。此外，还需要确保营销内容是有价值的，能够给目标受众提供所需的信息或解决他们的问题。这样，目标受众才会愿意花时间去阅读、分享和互动。

2）创造有价值的内容

在社交媒体营销策略中，创造有价值的内容是吸引用户关注和互动的核心。有趣、有用且有启发性的内容不仅能吸引潜在用户的注意力，还能提升品牌形象，增强用户黏性，进而促进销售转化。

首先，有趣的内容能够引起用户的兴趣，激发他们的参与欲望。企业可以通过幽默、轻松的方式呈现产品特点或使用场景，让用户在娱乐中了解产品。此外，互动性的内容如问答、投票和挑战等也能激发用户的参与热情，增强品牌与用户的互动关系。

其次，有用的内容能够为用户提供实际帮助，解决他们的问题或满足他们的需求。企业可以发布产品使用教程、常见问题解答和行业知识分享等，帮助用户更好地了解和使用产品。同时，通过分享行业趋势分析、市场洞察等有价值的信息，企业还能展现其专业性和权威性，提升用户的信任度。

最后，有启发性的内容能够激发用户的思考和共鸣，深化他们对品牌的理解和认同。企业可以分享成功案例、品牌故事和行业观点等，展现品牌的价值观和社会责任，引发用户的情感共鸣。同时，通过提供新颖的观点和见解，企业还能引导用户思考，拓展他们的视野。

在创造有价值的内容时，企业需要注意以下几点。

（1）深入了解目标受众，确保内容符合他们的需求和兴趣。

（2）保持内容的更新，避免重复和单调。

（3）注重内容的可读性和可视性，使用简洁的语言和生动的图片、视频等。

（4）鼓励用户参与和分享，通过互动和口碑传播扩大内容的影响力。

3）定期更新与维护

定期更新与维护社交媒体平台是确保营销策略持续有效、保持品牌活跃度、与用户保持互动的关键环节。通过定期发布新内容、与用户保持互动、关注用户的反馈和评论，企业可以不断优化其社交媒体营销策略，提升用户满意度和品牌形象。

首先，定期更新是保持品牌在社交媒体上的活跃度的关键。这不仅意味着需要定期发布新的内容，还涉及与用户的互动。一个静态、长时间没有更新的社交媒体账户很容易让用户失去兴趣。相反，一个频繁更新、充满新鲜内容的账户会吸引用户的注意力，增强用户的黏性。更新包括发布新的产品信息、行业动态和用户故事等，以满足用户对于新鲜、有趣内容的需求。

其次，与用户保持互动是社交媒体成功的另一个重要因素。社交媒体不仅是发布信息的平台，还是与用户建立联系的桥梁。通过回复评论、私信和举办互动活动，企业可以更直接地了解用户的需求和反馈，从而调整策略和内容。这种互动不仅可以增强用户对企业的信任感，还可以提升用户的忠诚度，为企业创造更大的价值。

此外，关注用户的反馈和评论也是非常重要的。用户的反馈是企业改进产品和服务的重要依据。通过收集和分析用户的反馈和评论，企业可以了解用户对产品的满意度、使用习惯及潜在的问题。这些信息对于产品的优化和升级至关重要。同时，积极回应用户的反馈，不仅可以提升用户的满意度，还可以展示企业的专业度和责任感。

3. 潜在用户互动与转化

1）建立信任关系

在社交媒体营销中，建立信任关系是至关重要的。通过社交媒体平台与潜在用户建立联系后，积极互动、回答问题和提供帮助是建立信任关系的关键步骤。

为了更有效地建立信任关系，企业还可以采取以下措施。

（1）定期发布有价值的内容，展示企业的专业知识和行业见解，提升用户的认知度。

（2）分享用户的好评和案例故事，展示企业的实力和信誉，增强用户的信任感。

（3）积极参与行业讨论和交流，展示企业的专业地位和行业影响力，提升用户的信任度。

2）提供优惠与促销

利用社交媒体平台发布优惠和促销活动信息，是吸引潜在用户的关注并促进转化的有效手段。通过精心策划及执行优惠与促销策略，企业可以在竞争激烈的市场中脱颖而出——提升品牌知名度和增加销售额。

首先，优惠与促销能够直接激发用户的购买欲望。在社交媒体上发布限时折扣、满减优惠和买一送一等促销活动信息，可以迅速吸引潜在用户的关注，激发他们的购买兴趣。同时，通过强调优惠的稀缺性和时效性，企业可以进一步营造紧迫感，促使用户尽快下单。

其次，优惠与促销有助于提升品牌知名度和增强用户黏性。通过在社交媒体上分享优惠信息，企业可以扩大品牌的曝光范围，吸引更多潜在用户的关注。同时，通过定期举办促销活动，企业可以保持与用户的互动和联系，提升用户的参与度和忠诚度。

此外，优惠与促销还可以作为收集用户反馈和评论的手段。通过要求用户在参与促销活动时填写个人信息或完成问卷调查，企业可以收集到真实的用户数据，为后续营销策略的制定提供有力支持。

然而，为了充分发挥优惠与促销的效果，企业需要注意以下几点。

（1）确保优惠信息的真实性和准确性，避免虚假宣传或误导消费者。

（2）结合目标受众的需求和兴趣，制定有针对性的优惠策略，以提高转化率。

（3）合理控制优惠力度和频率，避免过度依赖促销手段而损害品牌形象和损失利润。

（4）及时跟踪和分析促销活动的效果，以便进一步调整和优化策略。

3）收集用户反馈

通过社交媒体平台，企业不仅可以实时了解用户的反馈和评论，还可以洞察他们的需求和期望，从而不断优化产品和服务，满足市场的变化需求。

首先，社交媒体平台上的用户反馈具有实时性和广泛性的特点。用户可以在第一时间通过评论、私信等方式表达对产品或服务的看法和建议，而企业则可以迅速获取这些反馈，进行针对性的改进。同时，社交媒体上的反馈往往来自广泛的用户群体，能够反映不同用户的需求和期望，为企业提供更全面的市场洞察。

其次，收集用户反馈有助于企业发现产品和服务中存在的问题和不足。用户的反馈往往直接指向产品或服务的痛点，通过收集和分析这些反馈，企业可以及时发现并解决问题，提升用户满意度。此外，用户反馈还可以为企业提供新的产品或服务开发思路，帮助企业不断创新，满足市场需求。

为了有效收集用户反馈，企业可以采取以下措施。

（1）主动邀请用户反馈。在社交媒体平台上发布问卷调查、意见征集等活动信息，邀请用户分享使用产品或服务的体验和建议。

（2）及时回应用户评论。对用户在社交媒体上的评论应及时回应，感谢用户的反馈，并针对问题进行解释或改进。

（3）设立专门的反馈渠道。如设立专门的邮箱、社交媒体账号等，方便用户随时提交反馈和意见。

（4）定期分析反馈数据。对收集到的反馈进行定期分析，找出共性问题和改进方向，制定相应的优化措施。

四、客户关系管理系统的应用

（一）客户关系管理系统介绍与功能

客户关系管理（Customer Relationship Management，CRM）系统是一个利用软件、硬件和网络技术，为企业建立客户信息收集、管理、分析和利用的信息系统。其核心功能为客户信息管理，记录企业在市场营销和销售过程中与客户发生的各种交互行为和各类有关活动的状态，并提供数据模型，为后期的分析和决策提供支持。此外 CRM 系统还具备销售机会跟踪、数据分析与报告等功能。

1. 客户信息管理

CRM 系统具备强大的客户信息管理功能。系统能够全面收集并整合客户的各类基本信息，如姓名、联系方式、电子邮件地址、信箱地址、所在公司名称和职务等。这样的信息整合不仅方便了企业内部的沟通和协作，同时也为企业提供了对客户群体的宏观把握。企业可以根据这些基础信息，针对不同客户群体制定更为精准的市场营销策略，从而更好地满足客户需求，提升客户满意度。

此外，CRM 系统还能深入挖掘客户的流量来源、交易记录和意见反馈等更深层次的信息。通过对客户流量的分析，企业可以了解客户的来源渠道，从而优化营销策略，提升营销效果。对交易记录的分析则可以帮助企业了解客户的购买行为和消费习惯，为企业进行产品和服务的个性化定制提供数据支持。客户的意见反馈是企业改进产品和服务的重要依据，企业可以通过分析这些反馈，及时发现并解决问题，提升客户体验。

2. 销售机会跟踪

CRM 系统具备销售机会跟踪功能。系统能够自动追踪和记录客户的购买意向。对客户数据的深入挖掘及对客户潜在需求的预测，可以为销售团队提供有力的支持。这种预测能力基于大量的客户数据，包括客户的购买历史、浏览记录和搜索的关键词等，通过对这些数据的分析，系统能够构建出客户的购买画像，为销售团队提供有价值的线索。

在销售机会跟踪的基础上，CRM 系统还能帮助销售团队制定更有针对性的销售策略。通过对潜在客户的分类和优先级排序，销售团队可以更加精准地分配资源和精力，提高销售效率。同时，系统还能提供客户的购买偏好、预算等信息，帮助客服人员更好地了解客户的需求，从而制定出更为个性化的销售方案。

此外，CRM 系统还能实现销售过程的全程跟踪，从客户首次接触企业，到购买决策的形成，再到售后服务的提供，系统都能进行实时的数据记录和分析。这使得企业可以随时掌握客户的需求和不满，及时解决问题，提升客户满意度。通过不断优化客户体验，企业可以提升客户的忠诚度，从而实现长期的业务增长。

3. 数据分析与报告

在数据分析与报告方面，CRM 系统同样表现出色。系统配有全面的报表和分析工具，可以帮助企业精准地跟踪关键绩效指标（KPI），从而为企业的战略规划和日常运营提供有力支持，如客户获取成本、销售业绩和客户终身价值（CLV）。

除了实时数据分析，CRM 系统还能提供历史数据分析功能。通过对历史数据的深入挖掘和分析，企业可以更好地了解市场趋势、客户行为和销售业绩的变化，为企业制定长期战略提供有力支持。

此外，CRM 系统还可以提供预测分析功能。通过机器学习、AI 等先进技术，CRM 系统能够根据历史数据预测未来趋势，为企业提供对客户行为、市场趋势和销售业绩的深入分析报告。这种预测分析功能不仅能帮助企业提前预测市场变化趋势和发现潜在风险，还能指导企业制定更加科学、合理的战略规划和运营策略。

（二）利用 CRM 系统管理潜在客户

1. 客户信息的录入与更新

1）信息录入

CRM 系统提供了便捷的客户信息录入功能。客服人员可以通过手动输入的方式，将客户的姓名、联系方式和公司名称等基本信息准确地录入系统。同时，系统还支持导入现有数据的功能，客服人员可以将已有的客户数据导入到 CRM 系统中，避免重复劳动和数据不一致的问题。

除了基本信息，CRM 系统还能记录客户的来源渠道、首次接触时间等关键信息。这些信息的记录对于后续的客户管理至关重要。通过了解客户的来源渠道，客服人员可以分析哪些渠道更加有效，从而调整营销策略，提升销售效果。同时，首次接触时间的记录有助于客服人员把握与客户沟通的时机，避免错过与客户建立联系的黄金时期。

CRM 系统的客户信息录入功能不仅提高了客服人员的工作效率，还为后续的客户管理提供了有力的数据支持。通过这一系统，企业可以更好地了解客户需求，进一步优化营销策略和提升客户满意度，从而在激烈的市场竞争中脱颖而出。因此，CRM 系统是提升企业销售业绩和客户满意度的关键工具之一。

2）信息更新

随着与潜在客户互动的增多，客户信息可能会发生变化。CRM 系统允许客服人员随时更新客户资料，确保信息的准确性和时效性。每当客服人员与客户进行互动时，无论是面对面交流还是通过电话、电子邮件等方式交流，都可以将最新的客户信息录入系统。例如，当客户更换了联系方式或在职业生涯中获得了晋升时，客服人员都可以及时在 CRM 系统中更新客户的相关信息，为企业的销售策略提供更为精准的参考。

2. 客户分类与标签管理

1）客户分类

根据企业的业务需求，CRM 系统可以将客户划分为不同的类别，如意向客户、潜在客户和高价值客户等。意向客户是指那些对企业产品或服务有明确需求并表现出购买意向的客户群体；潜在客户则是指那些尚未表现出明确购买意向，但有可能成为企业客户的群体；高价值客户则是指那些购买量大、消费频率高、愿意支付更高价格的客户群体。

通过对客户进行分类，企业可以更好地了解各类客户的需求和特征，从而制定更加精准的销售策略和服务方案，如对于意向客户，企业可以加强沟通联系，提供个性化的产品推荐和优惠活动，以促成交易；对于潜在客户，企业可以通过市场调研和数据分析，了解其需求和偏好，进而制定更加有针对性的营销方案；对于高价值客户，企业可以提供更加优质的服务和尊贵的体验，以维护其忠诚度和满意度。

此外，客户分类管理还可以帮助企业提高销售效率。通过对各类客户的销售数据和行为进行分析，企业可以找出销售过程中的瓶颈问题，进而优化销售流程和提高销售转化率。同时，客户分类管理还可以帮助企业合理分配销售资源，避免资源的浪费和过度投入。

2）标签管理

在 CRM 系统中，标签管理功能是一个不可或缺的工具，有助于客服人员加深对客户信息的理解和把握程度。除了传统的分类管理功能，标签管理还提供一种更加灵活和个性化的方式来描绘和识别客户。

在 CRM 系统中，标签是一种元数据，可以被附加到客户的记录上，用以描述客户的某些属性或特征。客服人员可以根据客户的行业、需求和兴趣等为他们添加相应的标签。这些标签就像是客户的"身份证"，使得客服人员能够迅速、准确地了解客户的基本情况，进而更好地满足他们的需求，如一个客服人员可能会给一位对新产品感兴趣的潜在客户打上"创新追求者"的标签。通过这样的标签，客服人员可以清楚地知道这位客户对于新颖、独特的产品有较高的接受度，因此在后续的销售过程中，可以更加有针对性地推荐和介绍相关新产品。

此外，标签管理还有助于客服人员制定个性化的销售策略。通过对客户标签的细致分析，客服人员可以了解不同客户的需求和偏好，从而为他们提供更加个性化的服务。这种个性化的销售策略有助于提升客户的满意度和对品牌的忠诚度，促进销售业绩的提高。

标签管理功能还具有灵活性和可扩展性。随着市场和客户需求的变化，客服人员可以随时为客户添加新的标签，以适应不断变化的市场环境。

3. 客户跟进与转化策略

1）跟进计划

CRM 系统可以帮助客服人员制订客户跟进计划，确保不会遗漏任何潜在客户。CRM

系统通过对客户信息进行全面、系统的整合,使客服人员能够快速了解每位客户的分类和标签。这些标签可能包括客户的行业、购买意向和历史交易记录等。基于这些信息,CRM系统能够自动生成相应的跟进任务,并为客服人员设定合理的跟进时间节点,大大减轻了客服人员的工作负担,使他们能够更加专注于与客户的沟通和交流。

CRM系统自动生成的跟进任务不仅能帮助客服人员制订跟进计划,还能在关键时刻提醒他们按时执行。通过设置自动提醒功能,CRM系统能够在跟进任务到期前,通过电子邮件、短信或应用内通知等方式,及时向客服人员发送提醒。这样,客服人员就能时刻保持对跟进任务的关注,避免因疏忽而导致潜在客户流失。

CRM系统的优势远不止于此。在实际销售过程中,客户的反馈和需求是千变万化的,为了应对这些变化,客服人员需要根据实际情况灵活调整跟进策略。CRM系统提供了丰富的数据分析和报告功能,可以帮助客服人员深入了解客户的购买行为和偏好。通过分析这些数据,客服人员可以更加准确地把握客户的需求,从而制定更加精准的跟进策略。这不仅可以提高销售转化率,还可以为客户带来更加优质的购物体验。

2)转化策略

通过CRM系统的数据分析功能,企业可以更加精准地把握潜在客户的购买意向、行为模式和需求偏好,从而制定出更具针对性的转化策略。通过对这些数据的深入挖掘,企业可以充分了解潜在客户的消费习惯、购买偏好和潜在需求,如通过分析客户的浏览记录、购买历史和搜索的关键词等信息,企业可以发现客户的兴趣点和潜在需求,从而为客户提供更加个性化的产品推荐。

在制定转化策略时,企业需要根据客户的不同特点和需求,提供具有吸引力的产品和服务。对于价格敏感的客户,企业可以制定优惠促销活动,如打折、满减等,以吸引他们进行购买产品和服务;对于追求品质的客户,企业可以强调产品的独特性和高品质,并提供专业的售后服务,以增强他们的购买信心。

此外,企业还可以通过CRM系统的数据分析功能,实时监测转化策略的效果,并根据反馈结果进行调整和优化。这样不仅可以提高潜在客户的购买意愿和转化率,还可以为企业节省大量的营销成本和时间。

任务二　建立国外客户信息库

为了更好地了解国外客户的需求和偏好及提高售前服务的质量和效率,Andy准备通过多种渠道收集客户信息并建立国外客户信息库,以确保客户信息的准确性和完整性。对客户信息进行分类和标签管理,不仅有助于更加全面地了解国外客户,深入洞察他们的消费习惯、需求偏好和市场趋势,还能为客户提供更加精准、个性化的服务,以提升客户的满意度和忠诚度。

一、信息库的构建基础

（一）明确建立信息库的目的与范围

1. 明确建立信息库的目的

建立国外客户信息库有助于为整个项目设定明确的方向和目标。以下是建立国外客户信息库的主要目的。

（1）了解国外客户需求。通过收集和分析客户数据，深入理解其消费习惯、偏好和需求，从而为客户提供更加精准的产品和服务。

（2）提供个性化服务。基于客户信息，定制个性化的服务方案，以提升客户的满意度和忠诚度。

（3）增加销售机会。通过分析客户数据，发现潜在的销售机会，制定有效的销售策略。

（4）优化营销策略。根据客户信息调整营销策略，提升营销活动的针对性和效果。

（5）进行客户关系管理。建立和维护良好的客户关系，提升客户价值和企业竞争力。

2. 确定信息库的范围

在明确建立信息库的目的后，需要确定信息库的范围，包括以下几个方面。

（1）客户类型。根据企业的业务需求和目标市场，确定需要纳入数据库的客户类型，如个人消费者、企业客户等。

（2）地区分布。明确需要收集信息的国家或地区，以便更好地了解不同国家或地区的客户需求和市场特点。

（3）信息种类。确定需要收集的客户信息种类，如基本信息（姓名、联系方式等）、购买记录和反馈意见等。

（二）多途径收集客户信息

通过多种途径收集客户信息是构建国外客户信息库不可或缺的一环。客服人员可以运用多种方法和手段，以获取全面、准确的客户数据。客服人员可以通过以下几个主要途径收集客户信息。

1. 市场调研

市场调研是获取客户信息的传统且有效的方法。客服人员可以采用问卷调查、电子邮件、电话或面对面访谈等形式，向目标客户群体收集数据。问卷内容可以涵盖客户的基本信息、业务需求和购买偏好等，以帮助企业深入了解市场状况和客户特点。

2. 参加国际展会

国际展会是客服人员直接接触潜在客户、收集信息的重要场所。通过参加国际展会，客服人员可以与来自不同国家和地区的客户进行交流，了解他们的需求、反馈和行业动态。此外，展会上的宣传资料、产品展示等也是获取客户信息的重要来源。

3. 网络搜索

网络搜索是快速获取大量客户信息的有效途径。客服人员可以利用搜索引擎，输入相关关键词，查找潜在客户的官方网站、社交媒体账号和新闻报道等，从而获取客户的基本信息、业务范围和市场地位等。

4. 社交媒体监测

社交媒体已成为人们日常交流和获取信息的重要平台。客服人员可以通过监测社交媒体上的话题、关键词和用户讨论等，了解客户的需求、意见和行业动态。同时，也可以通过社交媒体平台与潜在客户进行互动，收集更多的反馈信息。

5. 直接沟通

与客户进行直接沟通是获取详细需求和反馈的最佳方式。客服人员可以通过电话、电子邮件或在线聊天等方式，与客户进行深入交流，了解他们的具体需求、使用体验和改进建议。这种沟通方式不仅有助于收集客户信息，还可以建立信任关系，提升客户满意度。在收集客户信息的过程中，客服人员需要注意以下几点。

（1）确保信息的准确性和完整性，避免因为信息错误或缺失而影响后续的营销和服务工作。

（2）尊重客户的隐私权，遵守相关法律法规和隐私政策，确保客户信息的安全性和合规性。

（3）对收集到的信息进行整理和分类，方便后续的数据分析和应用。

（三）确保信息的准确性和完整性

在收集客户信息的过程中，客服人员需要确保所收集信息的准确性和完整性。准确的客户信息是企业制定营销策略、优化服务流程和提升客户满意度的基石。客服人员可以通过以下一些具体做法和建议，更好地完成这一任务。

1. 核实和校验信息

（1）双重确认法。对收集到的关键信息，如公司名称、联系方式等，可以通过电话、电子邮件或其他途径进行二次确认，以确保信息的准确性。

（2）交叉验证。利用不同来源的信息进行交叉比对，如将市场调研数据与社交媒体上的信息进行对比，以验证信息的真实性。

（3）使用专业工具。借助数据清洗和验证工具，对收集到的信息进行自动化校验，以提高处理效率和准确性。

2. 整合和比对信息

（1）设置统一格式。为不同来源的信息设置统一的格式，便于后续的信息整合和比对。

（2）使用 CRM 系统。通过 CRM 系统，将来自不同渠道的信息整合到一个平台上，形成完整的客户画像。

（3）数据挖掘与关联分析。利用数据挖掘技术，发现不同信息之间的关联和规律，进一步丰富和完善客户画像。

3. 保障信息安全与合规性

在收集、核实、整合和比对客户信息的过程中，企业需严格遵守相关法律法规和隐私政策，确保客户信息的安全性和合规性，主要包括以下内容。

（1）明确告知客户。在收集客户信息前，应明确告知客户信息的收集目的、使用范围和保护措施，确保客户的知情权。

（2）加密存储。对收集的客户信息进行加密处理，确保其在存储和传输过程中的安全。

（3）访问权限控制。对能够访问客户信息的人员进行严格的权限控制，防止信息泄露或被滥用。

4. 持续更新与维护

客户信息是动态变化的，企业需要定期更新和维护客户信息库，主要包括以下内容。

（1）定期核实、更新信息。定期对已有客户信息进行核实和更新，确保信息的时效性。

（2）添加新信息。随着业务的发展和市场的变化，不断收集新的客户信息，丰富信息库的内容。

（3）删除过时信息。对于过时或无效的信息，应及时从信息库中删除，保持信息库的整洁和准确。

（四）客户信息的分类与标签管理

为了方便后续的管理和利用，客服人员需要对收集到的客户信息进行分类和标签管理。这种管理方式能够提高工作效率，使客服人员更快速地识别目标客户，从而制定针对性的营销策略。

1. 客户信息分类

这项工作是根据一定的标准对客户信息进行归纳和整理。客服人员可以从多个维度出发，对客户信息进行分类。主要包括：

（1）行业分类。根据客户的行业属性进行分类，如IT、金融和制造业等。这种分类有助于客服人员根据不同行业的客户需求和市场特点，提供更精准的服务。

（2）地区分类。根据客户的地理位置进行分类，如国家、省份和城市等。地区分类有助于客服人员根据不同地区的文化差异和消费习惯，制定地区性的营销策略。

（3）购买历史分类。根据客户的购买历史和交易记录进行分类，如新客户、忠实客户和潜在客户等。这种分类有助于客服人员识别不同价值的客户群体，为制定个性化的服务策略提供支持。

2. 客户信息标签管理

标签管理是对客户信息进行更细致化的标识。客服人员可以根据客户的兴趣、需求和购买意向等添加标签。主要包括：

（1）兴趣标签。根据客户的兴趣爱好进行标注，如旅游、健身和美食等。这些标签有助于客服人员在与客户沟通时找到共同话题，增强客户黏性。

（2）需求标签。根据客户的需求进行标注，如价格敏感、品质追求和售后服务等。需求标签可以帮助客服人员快速识别客户的需求点，从而提供更符合其期望的产品和服务。

（3）购买意向标签。根据客户的购买意向和潜在需求进行标注，如高意向、低意向和待跟进等。这些标签有助于客服人员识别潜在客户，制定针对性的销售策略和促销活动方案。

3. 管理与利用

通过对客户信息进行分类和标签管理，客服人员可以更方便地进行信息检索和分析，为后续的营销和服务工作提供有力支持。具体来说，这种管理方式有助于：

（1）提高工作效率。客服人员可以快速定位目标客户群体，减少无效沟通，提高工作效率。

（2）制定针对性营销策略。根据客户的分类和标签，客服人员可以制定更具针对性的营销策略，提升营销效果。

（3）优化客户服务体验。通过了解客户的兴趣和需求，客服人员可以提供更个性化、更贴心的服务，提升客户满意度。

（五）数据安全与隐私保护

在构建国外客户信息库时，数据安全与隐私保护是至关重要的环节。客户信息是企业的重要资产，必须妥善保护，以防止数据泄露或被滥用和非法获取。客服人员作为直接处理客户信息的关键角色，需要采取一系列的技术和管理措施，确保客户信息的安全性和隐私性。

1. 技术方面

在技术方面，客服人员应使用安全的数据存储和传输技术，如加密技术和安全协议，确保客户信息在存储和传输过程中不被窃取或篡改。此外，还应定期更新和升级安全防护系统，以应对不断变化的网络安全威胁。

2. 管理方面

在管理方面，客服人员应严格遵守数据访问权限管理制度，确保只有经过授权的人员才能访问客户信息。同时，应建立完善的客户信息审计和监控机制，及时发现并处理可疑的数据访问和使用行为。

3. 注重客户信息的隐私保护

在收集客户信息时，应明确告知客户信息的收集目的和使用范围，并征得客户的明确同意。在使用客户信息时，应遵守相关法律法规和隐私政策，包括但不限于《中华人民共和国个人信息保护法》《中华人民共和国网络安全法》等，不得将客户信息用于未经授权的目的或出售给第三方。

二、客户信息的收集与整理

（一）客户信息收集的方法和技巧

1. 市场调研方法

在获取客户信息方面，市场调研发挥着至关重要的作用。通过对目标客户进行调研，企业可以深入了解客户的消费习惯、需求偏好和购买动机等，从而为客户提供更贴心、更精准的产品和服务。以下是常见的市场调研技巧，包括问卷调查、深度访谈和焦点小组讨论等方法。

1）问卷调查

问卷调查是一种广泛应用的市场调研方法，通过设计问卷、收集数据和分析结果，企业可以快速了解大量客户的意见和需求。问卷调查的优点在于操作简单、成本低廉、易于量化分析，局限性在于难以获取深入的客户信息和个性化需求。

问卷调查示例：

跨境电子商务消费者调查问卷
Cross-Border E-Commerce Consumer Survey Questionnaire

尊敬的参与者：

您好！我们是一家跨境电子商务公司，致力于提供高品质的国际购物体验。为了进一步提高我们的服务质量，我们希望了解您在跨境购物过程中的体验和需求。本问卷大约需要5~10分钟完成，我们承诺对您的个人信息严格保密。感谢您的宝贵时间和支持！

Dear Participant:

Greetings! We are a cross-border e-commerce company dedicated to providing a high-quality international shopping experience. To further enhance our service quality, we seek to understand your experiences and needs in the process of cross-border shopping. This questionnaire should take approximately 5-10 minutes to complete, and we promise to keep your personal information strictly confidential. Thank you for your valuable time and support!

基本信息
Basic Information

1. 您的性别（Gender）：

□男（Male） □女（Female）

2. 您的年龄段（Age Group）：

□≤18 □35~44

□18~24 □≥45

☐25～34

3. 您的职业（Occupation）：

☐学生（Student）　　　　　　　　☐退休（Retired）

☐上班族（Employed）　　　　　　☐其他（Other）：_____

☐自由职业者（Freelancer）

购物习惯

Shopping Habits

4. 您多久进行一次跨境购物？（How often do you engage in cross-border shopping?）

☐每周（Weekly）　　　　　　　　☐每年（Annually）

☐每月（Monthly）　　　　　　　　☐偶尔（Occasionally）

☐每季度（Quarterly）

5. 您通常通过哪些渠道进行跨境购物？（Through which channels do you usually shop cross-border?）

☐跨境电子商务平台（Cross-border e-commerce platforms）

☐社交媒体（Social media）

☐搜索引擎（Search engine）

☐朋友推荐（Friends' recommendations）

☐其他（Other）：_____

6. 您在选择跨境电子商务平台时，最看重的因素是什么？（When choosing a cross-border e-commerce platform, what factor do you value the most?）

☐价格（Price）　　　　　　　　　☐正品保证（Authenticity guarantee）

☐商品种类（Product variety）　　☐物流速度（Logistics speed）

购物体验

Shopping Experience

7. 在您最近的一次跨境购物中，您购买的商品类别是什么？（What category of products did you purchase in your most recent cross-border shopping experience?）

☐服饰鞋帽（Apparel and footwear）

☐电子产品（Electronic products）

☐化妆品（Cosmetics）

☐食品保健品（Food and health products）

☐家居用品（Home goods）

☐其他（Other）：_____

8. 您对最近一次跨境购物的满意度如何？（How satisfied are you with your most recent cross-border shopping experience?）

☐非常满意（Very satisfied）　　　☐不满意（Dissatisfied）

☐满意（Satisfied）　　　　　　　　☐非常不满意（Very dissatisfied）

☐一般（Neutral）

9. 如果您对购物体验不满意，主要原因是什么？（If you are dissatisfied with the shopping experience, what is the main reason?）

☐商品质量（Product quality）
☐物流速度慢（Slow logistics）
☐客服人员服务不佳（Poor customer service）
☐商品与描述不符（Product does not match description）
☐价格问题（Pricing issues）
☐其他（Other）：_____

支付与物流

Payment and Logistics

10. 您通常使用哪种支付方式进行跨境购物？（Which payment method do you usually use for cross-border shopping?）

☐信用卡（Credit card）　　　　　　☐微信支付（WeChat Pay）
☐PayPal　　　　　　　　　　　　☐银行转账（Bank transfer）
☐支付宝（AliPay）　　　　　　　　☐其他（Other）：_____

11. 您对跨境电子商务的物流服务满意吗？（Are you satisfied with the logistics service of cross-border e-commerce?）

☐非常满意（Very satisfied）　　　　☐不满意（Dissatisfied）
☐满意（Satisfied）　　　　　　　　☐非常不满意（Very dissatisfied）
☐一般（Neutral）

12. 您在跨境购物中最希望改进的物流服务是什么？（Which logistics service do you hope to be improved in cross-border shopping?）

☐物流速度（Logistics speed）　　　☐包裹安全（Package safety）
☐物流成本（Logistics cost）　　　　☐其他（Other）：_____
☐包裹追踪（Package tracking）

其他意见

Additional Comments

13. 您对我们的跨境电子商务平台有什么建议或想要分享的经验吗？（Do you have any suggestions for our cross-border e-commerce platform or experiences you would like to share?）

感谢您完成本问卷！您的反馈对我们至关重要，将帮助我们提供更好的服务。如果您愿意接收我们的后续更新和优惠信息，请留下您的电子邮件地址。

Thank you for completing this questionnaire! Your feedback is extremely important to us and will help us provide better services. If you would like to receive our future updates and promotional information, please leave your e-mail address.

电子邮件地址（E-mail Address）：_____

2）深度访谈

深度访谈是一种针对特定客户进行的一对一访谈方式，通过深入了解客户的背景、需求和行为等，企业可以获取更为详细和深入的客户信息。深度访谈的优点在于灵活性高，可以深入挖掘客户需求和易于建立信任关系。但是，深度访谈的成本较高，而且会受到访谈者主观因素的影响。

3）焦点小组讨论

焦点小组讨论是一种将多个客户聚集在一起进行讨论的方式，通过观察和记录客户在讨论中的行为和言论，企业可以了解客户的共同需求和观点。焦点小组讨论的优点在于可以获取多个客户的意见和反馈，便于发现群体特征和趋势；局限性在于难以控制讨论进程，而且讨论结果易受群体效应的影响。

2. 网络信息收集

数字化时代，互联网已成为收集客户信息的重要渠道。如何有效利用社交媒体、行业网站和论坛等互联网资源，对于企业和客服人员来说至关重要。

1）社交媒体：连接与洞察

社交媒体是收集客户信息的重要阵地。通过关注客户的账号，可以了解他们的兴趣、爱好和生活方式等，进而为客户提供更精准的产品和服务。通过社交媒体平台收集信息时，可以使用以下几个技巧。

（1）关键词搜索。在各大社交媒体平台上使用关键词搜索功能，如公司名称、产品名称或行业相关词汇，找到与目标客户相关的帖子、评论或群组。

（2）关注行业领袖。关注行业内的知名人士或企业，他们通常会分享有价值的客户信息和行业动态。

（3）使用专业工具。利用社交媒体管理工具，如 Hootsuite、Buffer 等，同时管理多个社交媒体账号，提高信息收集效率。

2）行业网站：专业与权威

行业网站是收集行业信息和客户需求的重要平台。这些网站通常汇聚了大量的行业资讯、市场动态和专家观点，具有很高的参考价值。企业和客服人员可以通过订阅行业网站的新闻、参与线上研讨会和加入行业交流群等方式，了解行业的发展趋势和客户需求。通过行业网站收集信息时，可以使用以下几个技巧。

（1）浏览行业新闻。定期浏览行业网站上的新闻和动态，了解行业动态和竞争态势，从中发现潜在客户。

（2）查找企业名录。许多行业网站会提供企业名录或供应商列表，通过筛选和搜索，可以找到目标客户的基本信息。

（3）使用高级搜索功能。利用行业网站的高级搜索功能，根据关键词、地区和行业等条件进行精确搜索，找到更符合需求的客户信息。

3）论坛：交流与互动

论坛是用户交流的重要场所，也是收集客户反馈和意见的重要渠道。企业和客服人员可以通过在论坛上发布产品信息、参与讨论和解答用户疑问等方式，与用户建立联系和互动。通过论坛收集信息时，可以使用以下几个技巧。

（1）参与讨论。在相关论坛中积极参与讨论，了解客户对产品和服务的看法，收集他们的需求和痛点。

（2）搜索热门话题。通过搜索论坛中的热门话题，了解客户关注的热点问题和行业趋势。

（3）关注专业版块。关注与业务相关的专业版块，与同行交流经验，以获取更多行业信息和客户信息。

3. 合作与共享机制

合作与共享机制不仅有助于企业间资源的互通有无，还能促进知识传递和技术创新。通过信息共享，企业可以及时获取市场动态、竞争对手的动向和行业发展趋势，从而做出更明智的决策。以下是建立信息共享机制的主要策略。

1）明确合作目标与愿景

在建立信息共享机制之前，企业应明确合作目标与愿景，确保双方或多方在信息共享方面达成共识。这有助于增强企业间的信任，为后续合作奠定坚实基础。

2）选择合适的合作伙伴

选择合适的合作伙伴是建立信息共享机制的关键。企业应综合考虑潜在合作伙伴的实力、信誉和行业地位等因素，确保双方能够在信息共享中实现互利共赢。

3）制定详细的信息共享协议

信息共享协议是确保合作顺利进行的法律保障。企业应明确信息共享的范围、方式、时间、责任与义务等，防止信息泄露和被滥用。

4）建立高效的信息交流平台

高效的信息交流平台是实现信息共享的基础。企业可以利用现代科技手段，如云计算、大数据等技术，搭建安全、便捷的信息交流平台，促进信息的快速流通和共享。

（二）客户信息整理的标准和流程

1. 数据清洗规范

明确数据清洗的标准和流程。标准应该基于业务需求、数据类型和数据质量的要求制定。例如，在处理销售数据时，可以设定一个阈值，超过这个阈值的销售额即被认为是异常值，需要纠正或删除。此外，对于缺失数据，也需要根据具体情况制定填充策略，如使用中位数、均值或回归模型进行预测填充。数据清洗的流程主要包括：

（1）数据探索与初步分析。在这一步，客服人员需要对数据集进行初步的探索和分析，了解数据的结构、分布和潜在问题。这可以通过绘制数据分布图、计算统计量等方式来实现。

（2）去除重复信息。重复数据不仅会增加计算成本，还可能导致分析结果产生偏差。因此，客服人员需要通过比对数据集中的各个字段，找出并删除重复的记录。

（3）纠正错误数据。对于错误数据，客服人员可以采取多种方法进行纠正，如对于有拼写错误或格式错误的数据，可以通过编写规则或使用正则表达式进行自动纠正；对于异常值，可以使用数据转换、归一化或离群值检测等方法进行处理。

（4）补充缺失信息。缺失数据是数据清洗中常见的问题之一。为了保持数据的完整性，客服人员需要根据具体情况选择合适的填充策略。这可以基于数据的分布、相关性或预测模型来进行。

2. 分类与标签化方法

分类与标签化方法能够有效地管理客户群体，帮助企业根据业务需求对客户进行精细化的分类和标签化，以便更好地进行市场定位、资源分配和产品优化。

1）分类方法：多维度的客户细分

（1）行业分类。根据客户所在行业的不同，企业可以将客户划分为不同的行业群体。这种分类方式有助于企业了解不同行业客户的需求和偏好，从而针对性地提供解决方案。

（2）地区分类。企业可以根据客户所在地的区域、国家、城市等，将客户划分为不同的地理群体。这种分类有助于企业了解不同地区的市场特点、消费习惯和文化差异，从而制定更具针对性的市场策略。

（3）客户规模分类。根据企业的规模、收入和市场份额等，企业可以将客户划分为大型企业、中型企业和小型企业等不同规模群体。这种分类有助于企业了解不同规模客户的需求和挑战，以便提供适合其规模和发展阶段的产品和服务。

2）标签化方法：深度挖掘客户行为特征

（1）购买历史标签。通过分析客户的购买历史记录，企业可以为客户打上相应的标签，如高频购买者、大额购买者和忠诚客户等。这些标签有助于企业了解客户的购买习惯和偏好，从而制定更具吸引力的促销策略。

（2）活跃度标签。根据客户的访问频率、互动程度等信息，企业可以为客户打上活跃度标签，如活跃客户、潜在客户和流失客户等。这些标签有助于企业了解客户的参与度，从而制定更具针对性的营销活动和客户留存策略。

（3）行为偏好标签。通过分析客户的浏览记录、搜索的关键词和点击行为等信息，企业可以挖掘出客户的行为偏好，并为客户打上相应的标签。这些标签有助于企业了解客户的兴趣和需求，从而提供更符合其期望的产品和服务。

除了上述标签，企业和客服人员还可以根据业务需求制定其他标签，如客户价值标签（高价值客户、低价值客户等）、客户风险标签（高风险客户、低风险客户等）等。这些标签的制定应基于实际业务需求和数据分析结果，以确保标签的有效性和实用性。

3. 数据库的建立与管理

数据库的建立与管理是 CRM 的核心环节，涉及客户信息的收集、整理、存储、查询和维护等多个方面。客户信息数据库的建立，主要包括数据库结构设计、数据录入和查询、数据库维护等。

1）数据库结构设计

（1）明确需求。首先，需要明确数据库需要存储哪些客户信息，如客户姓名、联系方式、购买记录和投诉反馈等。根据业务需求，确定需要建立的表和字段。

（2）设计表结构。根据需求，设计数据库中的表结构，如可以设计客户基本信息表、购买记录表和投诉反馈表等。每个表应包含必要的字段，如客户 ID、姓名、地址和电话等，并确保字段的数据类型和长度与实际需求相匹配。

（3）建立关联。在设计表结构时，还需要考虑表与表之间的关联关系，如购买记录表与客户基本信息表之间可以通过客户 ID 字段进行关联，以便查询某个客户的所有购买记录。

2）数据录入

（1）手动录入。对于客户数量较少的情况，可以采用手动录入的方式。在 CRM 系统或数据库软件的界面中，逐条输入客户信息，确保信息的准确性和完整性。

（2）批量导入。当客户数量较多时，可以使用批量导入功能。将客户信息整理成 Excel 或其他格式的文件，然后通过 CRM 系统或数据库软件提供的导入工具，将文件中的数据导入到数据库中。

3）数据查询

（1）简单查询。通过 CRM 系统或数据库软件的查询功能，可以根据客户姓名、电话等字段进行简单查询，快速定位到目标客户的信息。

（2）高级查询。对于更复杂的查询需求，可以使用结构化查询语言（SQL）进行高级查询。通过编写 SQL 语句，可以实现多表关联查询、聚合函数计算等功能，以获取更详细、更全面的客户信息。

4）数据库维护

（1）数据更新。当客户信息发生变化时，需要及时更新数据库中的数据。可以通过 CRM 系统或数据库软件的编辑功能，对客户的基本信息、购买记录等进行修改和更新。

（2）数据备份。为了防止数据丢失或损坏，需要定期对数据库进行备份。可以选择自动备份或手动备份的方式，将数据库中的数据保存到安全的位置。

（3）性能优化。随着客户数量的增加，数据库的性能可能会受到影响。为了保持数据库的高效运行，需要定期进行性能优化，如可以通过优化查询语句、创建索引和调整数据库参数等来提高数据库的查询速度和响应能力。

（三）客户信息收集与整理的合规性与安全性

1. 法律法规的遵守

随着信息技术的飞速发展和互联网的广泛应用，个人数据的收集、处理、传输和存储已成为各行各业的常态。然而，这一过程中存在的数据泄露、被滥用和非法交易等风险，会侵犯个人隐私权。因此，遵守法律法规，确保客户信息收集的合法性和合规性，已成为企业和社会不可推卸的责任。

在国内，与数据安全和隐私保护相关的法规众多。其中，《中华人民共和国数据安全法》和《中华人民共和国个人信息保护法》是两部核心的法律。前者旨在维护国家数据安全和保障数据资源的合理利用，要求各单位在数据处理活动中，必须采取必要措施，确保数据安全。后者则对个人信息的获取、处理和共享提出了明确的要求，强调对个人信息的使用应当遵守合法、正当和必要的原则，并对个人信息主体的权益保护做出了规定。

此外，《中华人民共和国民法典》《中华人民共和国治安管理处罚法》《中华人民共和国民事诉讼法》和《中华人民共和国刑事诉讼法》等法律也包含了对个人隐私保护的规定，如《中华人民共和国民法典》明确规定，民事权益受到侵害时，被侵权人有权请求侵权人承担侵权责任；《中华人民共和国治安管理处罚法》则对侵犯他人隐私的行为明确规定了处罚措施。

全球各国都十分重视数据保护和隐私安全，纷纷出台法律法规，以规范个人数据的处理行为，如欧洲联盟出台了《通用数据保护条例》、加拿大出台了《个人信息保护和电子文件法》等具有广泛影响力的数据保护法规，这些法律法规要求企业在收集、处理、存储和传输个人数据时，必须遵守严格的原则和要求，以确保数据的合法性、正当性和透明性。此外，美国、澳大利亚等国家也有类似的法律法规，对个人数据的保护提出了明确要求。

强调客户信息收集的合法性和合规性，不仅是企业应尽的法律义务，也是维护与客户之间的信任关系和企业声誉的重要保障。在数字化竞争日益激烈的今天，企业要想赢得客户的信任和支持，就必须将客户隐私保护放在首位，严格遵守相关法律法规，确保客户数据的安全和合法使用。

2. 数据安全保护

随着信息技术的迅猛发展，数据安全保护已经成为企业和社会面临的重要挑战之一。数字化时代，客户信息在存储和传输过程中的安全至关重要，为了保护数据安全，企业和客服人员可以通过数据加密技术、访问控制等安全措施确保客户信息在存储和传输过程中的安全。

1）数据加密技术

数据加密技术是保障数据安全的核心手段之一。该技术通过对数据进行加密处理，使得未经授权的个体无法获取原始数据内容。加密技术主要分为对称加密和非对称加密两种。

对称加密是一种使用相同密钥进行加密和解密的加密方式。常见的对称加密算法有AES（高级加密标准）、DES（数据加密标准）等。这种加密方式具有加密速度快、效率高的特点，但密钥管理难度较大，一旦密钥泄露，整个加密体系的安全性将受到威胁。

非对称加密即公钥加密，使用一对密钥（公钥和私钥）进行加密和解密。公钥用于加密数据，私钥用于解密数据。这种方式的好处在于，公钥可以公开分发，而私钥则必须严格保密。即使公钥被窃取，由于没有私钥，攻击者也无法解密数据。常见的非对称加密算法有RSA、ECC（椭圆曲线密码学）等。

2）访问控制

访问控制是数据安全保护的另一重要环节。通过对数据资源的访问权限进行控制，可以确保只有具备相应权限的用户才能访问和操作数据。访问控制主要包括以下几个方面。

（1）身份认证。身份认证是访问控制的基础。用户访问系统时必须对其进行身份认证，确保其合法性。常见的身份认证方式有用户名/密码认证、生物特征认证（如指纹识别、面部识别）等。

（2）权限管理。权限管理是对用户访问数据资源的权限进行细致划分和控制。通过为用户分配不同的权限，可以限制用户对数据的访问和操作范围，如管理员可能拥有对数据资源的全部访问权限，而普通用户可能只能访问部分数据资源。

（3）审计和监控。审计和监控是访问控制的重要手段。通过对用户访问和操作数据进行审计和监控，可以及时发现异常行为，并采取相应措施进行干预和处理。这有助于预防和发现数据泄露、非法访问等安全事件。

除了数据加密技术和访问控制，还有其他一些安全措施可以加强数据安全保护工作，如定期进行数据备份和恢复测试，确保在数据丢失或损坏时能够及时恢复；加强员工安全意识，提高员工对数据安全的重视程度；建立完善的安全管理制度和应急预案，以应对可能发生的各种安全事件。

三、信息库的维护与管理

信息库的维护与管理是确保数据准确性和有效性的关键环节，涉及对客户信息的定期更新、校验、分类、标准化、安全保护和数据分析等多个方面。

（一）数据更新与校验

1. 数据更新

数据更新是维护国外客户信息库的关键步骤，可以确保库中信息的时效性和准确性，从而为企业提供最新的市场情报和客户动态。

1）数据更新的内容

（1）联系方式。定期核实并更新客户的电话、邮箱和地址等联系方式，确保企业能够随时与客户取得联系。

（2）公司动态。关注客户的公司新闻、公告和活动等信息，了解客户的最新发展动态，包括新产品发布、市场扩张和合作伙伴关系等。

（3）业务变化。跟踪客户的业务变化，如业务范围调整、市场份额变化和竞争对手情况等，以便企业能够及时调整销售策略，应对市场变化。

2）数据更新的频率

数据更新的频率应根据企业的业务需求和客户的实际情况来确定。一般来说，对于活跃客户或重要客户，建议每季度或每半年进行一次全面的信息更新；对于潜在客户或低频客户，可以根据实际情况进行不定期的更新。

3）数据更新的方法

（1）直接联系。通过电话或电子邮件直接与客户联系，核实并更新信息。

（2）社交媒体监测。利用社交媒体平台监测客户的动态，及时获取最新信息。

（3）行业资讯。关注行业资讯、新闻和报告等，了解客户的业务发展情况。

（4）合作伙伴反馈。与合作伙伴保持沟通，获取关于客户的最新信息和反馈。

2. 数据校验

由于数据来源多样、格式不一，并且可能会受各种因素的影响，数据中的错误或矛盾难以避免。因此，需要通过数据校验发现并纠正这些问题，确保数据的准确性和完整性，为企业的决策和业务运营提供可靠的数据支持。

1）数据校验的步骤

（1）数据比对。将收集到的客户信息与已知的数据源进行比对，检查是否存在不一致或矛盾的情况。

（2）格式验证。检查数据的格式是否符合规范，如日期、电话号码和电子邮箱地址等是否按照正确的格式输入。

（3）逻辑验证。根据业务逻辑和常识对数据进行验证，如年龄是否合理、地址是否存在等。

（4）算法校验。利用特定的算法对数据进行校验，如CRC（循环冗余校验）、LRC（纵向冗余校验）等，以检测数据是否在传输或存储过程中发生了错误。

2）错误或矛盾数据的处理

在数据校验过程中，如果发现了错误或矛盾的数据，应及时处理。对于可以明确判断的错误数据，应进行修正；对于存在矛盾或不确定的数据，应进行核实或进一步调查。同时，应建立数据校验的记录和报告机制，以便追踪和监控数据的质量和变化。

3）注意事项

在进行数据校验时，应确保使用的校验方法和工具具有足够的准确性和可靠性。同时，应定期对数据库进行全面的数据校验和清理，以消除潜在的错误和矛盾数据。此外，还应加强数据的保护和管理，防止未经授权的访问和篡改，确保数据的安全性和隐私性。

（二）信息分类与标准化

1. 信息分类

客户信息的分类是根据不同的标准将客户划分为不同的群体，这有助于企业更深入地了解客户的特征、需求和行为模式。通过分类，企业可以更有针对性地制定销售策略、优化客户服务，从而提升客户的满意度和忠诚度，实现业务增长。

1）分类标准

在进行客户信息分类时，企业可以根据业务需求制定不同的分类标准。以下是一些常见的分类标准。

（1）客户状态。根据客户的购买历史、活跃度等，将客户划分为潜在客户、活跃客户和流失客户等。这种分类标准有助于企业识别不同阶段的客户，制定相应的转化策略。

（2）客户价值。根据客户的购买金额、购买频率和利润贡献等，将客户划分为高价值客户、中价值客户和低价值客户等。这种分类标准有助于企业识别优质客户，优先投入资源，实现价值最大化。

（3）行业领域。针对国外客户，可以根据其所在行业、领域或市场细分进行分类。这有助于企业理解不同行业的客户需求和特点，制定行业特定的销售策略。

（4）地理区域。根据客户的地理位置进行分类，如北美客户、欧洲客户和亚洲客户等。这种分类标准有助于企业根据不同地区的市场特点和文化差异，制定地域化的市场策略。

2）分类步骤

（1）收集信息。首先，收集客户的详细信息，包括购买记录、联系方式、行业领域和地理区域等。

（2）分析数据。对收集到的数据进行深入分析，识别客户的特征和行为模式。

（3）制定分类标准。根据业务需求和数据分析结果，制定合适的分类标准。

（4）分类实施。按照制定的标准对客户进行分类，并在客户信息库中进行标识。

3）分类后的应用

分类完成后，企业可以根据不同客户群体的特点，制定针对性的销售策略，如对于潜在客户，可以通过电子邮件营销、社交媒体推广等方式进行转化；对于高价值客户，可以提供定制化的产品和服务，加强关系维护；对于流失客户，可以分析流失原因，制定挽回策略。

2. 信息标准化

信息标准化是确保数据质量和提高数据利用价值的关键环节。通过制定统一的数据标准化规则，企业可以确保信息的格式、单位和命名方式等保持一致，从而增强数据的可读性和可比性，为后续的数据分析和决策制定夯实基础。

1）信息标准化的重要性

（1）提高数据质量。标准化规则有助于消除数据中的冗余、错误和不一致，确保数据的准确性和完整性。

（2）增强数据的可读性。统一的数据格式和命名方式能使数据更加清晰易懂，降低理解难度。

（3）增强数据的可比性。标准化的数据单位和信息结构使得不同客户的数据可以相互比较，从而揭示出有价值的信息和趋势。

2）制定数据标准化规则

（1）明确信息字段。首先，需要明确客户信息库中包含哪些关键字段，如客户名称、联系方式、地址、行业和业务规模等。

（2）统一格式规范。为每个字段制定统一的格式规范，如日期格式、电话号码格式和地址书写规则等。

（3）确定数据单位。对于涉及数量或计量的字段，应确定统一的数据单位，如货币单位、长度单位等。

（4）命名规则。制定字段命名的统一规则，确保字段名称简洁明了，易于理解。

3）实施信息标准化

（1）数据清洗。对现有的客户信息库进行清洗，以去除冗余数据、修正错误数据和填充缺失数据等。

(2) 数据转换。按照制定的标准化规则，对现有数据进行转换和格式化，使其符合统一的标准。

(3) 持续监控与更新。建立数据质量监控机制，定期检查数据是否符合标准化规则，并对新加入的数据进行即时标准化处理。

（三）数据安全与隐私保护

1. 采用数据加密技术

数据加密技术是保护敏感信息的有效手段。通过使用先进的加密算法，可以将客户信息库中的敏感数据转化为不可读的格式，只有持有解密密钥的授权人员才能访问和解读这些数据。这大大增强了数据在存储和传输过程中的安全性，即使数据被非法获取，也难以被解密或滥用。

在实施数据加密时，应特别注意以下几点：

(1) 选择合适的加密算法。根据数据的敏感程度和存储需求，选择合适的对称加密或非对称加密算法。

(2) 定期更新密钥。密钥是数据安全的关键，应定期更换密钥，降低密钥被破解的风险。

(3) 保护密钥安全。密钥的存储和传输也应加密，确保密钥本身不被泄露。

2. 设置严格的访问权限

设置严格的访问权限是防止数据泄露的关键措施。通过为不同用户或角色分配不同的访问权限，可以确保只有经过授权的人员才能访问和修改客户信息。同时，建立详细的权限管理策略，定期对权限进行审查和更新，也是确保数据安全的重要环节。

在设置访问权限时，应考虑以下几点：

(1) 明确权限等级。根据工作需要和数据敏感性，为用户或角色设置不同的权限等级。

(2) 定期审查权限。定期对用户或角色的权限进行审查，确保权限设置与实际需求相符。

(3) 记录访问日志。记录每次访问的详细信息，包括访问者、访问时间和访问内容等，以便在发生安全问题时能够迅速定位并处理。

3. 安全检查和漏洞扫描

定期进行安全检查和漏洞扫描是预防潜在威胁的重要手段。通过模拟攻击测试系统的安全性，可以发现并修复存在的安全漏洞和弱点。同时，使用专业的漏洞扫描工具对系统进行全面扫描，可以及时发现并处理潜在的安全隐患。

在进行安全检查和漏洞扫描时，应注意以下几点：

(1) 选择合适的检查工具。根据系统特点和需求，选择专业的安全检查和漏洞扫描工具。

(2) 定期更新检查策略。随着技术的不断进步和新型威胁的出现，安全检查和漏洞扫描的策略也需要随之更新。因此需要定期更新检查策略，确保检查的全面性和有效性。

(3) 及时处理发现的问题。对于发现的安全问题和漏洞，应立即采取补救措施，防止被恶意利用。

（四）数据分析与应用

1. 数据分析

数据分析工具是提取客户信息库中隐藏价值的关键。通过运用这些工具，企业可以对数据进行多维度、多角度的分析，揭示出客户的行为模式、消费习惯和需求偏好等有价值的信息。

在数据分析过程中，企业应关注以下几个方面：

（1）客户细分。根据客户的购买历史、消费能力和行业领域等特征，将客户划分为不同的群体，以便制定更加精准的销售和营销策略。

（2）消费行为分析。通过分析客户的购买频率、购买渠道和购买偏好等数据，了解客户的消费习惯和需求特点，为产品优化和市场定位提供依据。

（3）趋势预测。利用时间序列分析、回归分析等方法，预测客户的未来需求和市场趋势，为企业制定长远规划提供参考。

2. 数据应用

基于数据分析的结果，企业可以制定个性化的销售策略和营销方案，以满足不同客户群体的需求。

在制定销售策略和营销方案时，企业应考虑以下几点：

（1）产品定制化。根据客户的行业领域、使用场景等需求特点，开发定制化的产品或服务，满足客户的个性化需求。

（2）价格策略。根据客户的消费能力和购买偏好，制定灵活的价格策略，包括折扣、优惠券等，以提升客户的购买意愿。

（3）渠道优化。根据客户的购买渠道和习惯，优化线上线下的销售渠道，提高客户的购买便利性。

（4）营销活动。根据客户的兴趣和偏好，策划有针对性的营销活动，如线上直播、线下展会等，吸引客户的关注和参与。

（五）备份与恢复策略

1. 制订定期备份计划

1）备份频率设定

备份频率设定是确保客户信息库数据安全性的重要环节。备份频率的设定需要综合考虑多个因素，包括客户信息库的更新频率、数据的重要性及业务对数据可用性的需求。在进行备份频率设定时，主要通过以下几种方式进行备份。

（1）日常备份。如果客户信息库更新频繁，而且数据变动对业务运营有重要影响，那么建议实施每日备份。这样即使发生数据丢失或损坏事故，企业也能将客户信息库迅速恢复到最近的状态，减少潜在的业务损失。

（2）定期备份。对于更新频率相对较低，但数据仍然具备一定重要性的客户信息库，可以设定每周或每月进行一次完整备份。这种备份策略可以在保证数据安全性的同时，减少备份操作的频率和成本。

（3）实时备份。对于高频率更新的关键数据，如交易记录、客户活动日志等，实时备份是更为合适的选择。实时备份可以确保数据的实时性和完整性，但可能会对系统性能产生一定影响。

2）备份策略选择

备份策略选择是确保客户信息库数据安全性的关键环节，客服人员需要根据数据量和存储资源来制定合适的策略。在选择备份策略时，主要通过以下几种方式进行备份。

（1）完全备份。完全备份是对整个客户信息库进行完整的复制和存储。这种备份方式能够确保数据的全面性，即可以包含客户信息库中的所有数据，因此恢复时只需一个备份文件即可。但完全备份可能会占用较多的存储空间，特别是在数据量较大时，备份所需的时间和存储空间都会相应增加。

（2）增量备份。增量备份是指仅备份自上次备份以来发生变动的数据。这种方式相对于完全备份可以节省存储空间，每次只需备份新增或修改的数据。但在恢复数据时，增量备份需要结合之前的备份文件，按照时间顺序逐一恢复，直到达到所需的恢复点。因此，恢复过程可能相对复杂一些。

（3）差异备份。差异备份是备份自上一次完全备份以来发生变动的所有数据，结合了完全备份和增量备份的特点，既能够确保数据的完整性，又能够在一定程度上节省存储空间。在恢复数据时，差异备份只需结合最近一次的完全备份文件即可。与增量备份相比，差异备份的恢复过程相对简单一些。

3）备份存储管理

备份存储管理是确保客户信息库备份数据安全性和存储效率的重要环节。客服人员在进行备份存储管理时，可以通过以下几种方式进行有效管理。

（1）选择稳定可靠的存储介质。在选择备份存储介质时，应优先考虑其稳定性和可靠性。以下是一些常用的存储介质及其特点。

① 磁带。磁带存储具有大容量、低成本和易于长期保存的特性，适用于长期归档和离线存储。然而，磁带备份的恢复速度较慢，而且需要专门的磁带机和操作技术。

② 硬盘。硬盘备份具有读写速度快、易于管理的优点，适用于需要频繁访问的备份数据。但硬盘的存储成本相对较高，而且对于大量数据的长期存储可能面临空间限制。

③ 云存储。云存储服务具备弹性扩展性、高可用性和数据安全性等特点，适用于大规模数据备份和恢复。通过将备份数据存储在云端，企业可以降低本地存储成本，并享受专业的数据保护和管理服务。

在选择存储介质时，企业应根据备份数据量、恢复速度需求、成本预算和数据安全要求等进行综合考虑。

（2）备份数据加密处理。为防止未经授权的访问和数据泄露，对备份数据进行加密处理至关重要。以下是关于加密处理的建议。

① 使用强加密算法。选择业界认可的强加密算法，如AES，确保备份数据在存储和传

输过程中的安全。

②密钥管理。建立严格的密钥管理制度，确保加密密钥的安全存储和使用。密钥应定期更换，并限制访问权限，防止密钥泄露或被滥用。

③端到端加密。实施端到端加密，确保备份数据在从源系统传输到存储介质的过程中始终保持加密状态，防止数据在传输过程中被截获或篡改。

（3）定期检查和清理过期的备份数据。随着时间的推移，备份数据中会积累大量过期的数据，这不仅会占用存储空间，还可能影响备份和恢复的效率。因此，定期检查和清理过期的备份数据非常必要。以下是对备份数据进行检查和清理的一些建议。

①制定清理策略。根据业务需求和数据保留期限，制定明确的备份数据清理策略。对于超过保留期限的备份数据，应予以删除或归档。

②自动化清理工具。利用自动化清理工具，定期扫描备份存储介质，识别和删除过期的备份数据。这可以提高清理效率，减少人为错误。

③备份数据验证。在清理备份数据之前，应对其进行验证，确保数据的完整性和可用性，防止误删重要数据或保留无用的备份。

2. 设立数据恢复机制

1）恢复流程规划

（1）制定详细的数据恢复流程。

①故障识别。建立故障监控机制，实时监测客户信息库的运行状况，包括硬件、软件和网络等的异常变化。一旦发现故障，立即启动恢复流程，并进行故障初步诊断，确定是否需要执行数据恢复操作。

②备份数据定位。根据备份策略，确定需要恢复的备份文件类型和位置。此外，还需要验证备份文件的完整性和可用性，确保备份数据可用于恢复操作。

③数据恢复操作。根据故障类型和数据丢失情况，选择合适的恢复方法，如完全恢复、增量恢复或差异恢复。同时，执行恢复操作，将备份数据恢复到客户信息库中，并进行数据完整性和一致性的校验。

（2）为关键岗位人员提供数据恢复培训和演练。

①培训。为关键岗位人员提供与数据恢复相关的理论知识和技能培训，包括备份策略、恢复流程和恢复工具的使用等，以提高员工对数据的安全意识和重视程度。

②演练。定期组织数据恢复演练，模拟实际故障场景，让关键岗位人员参与恢复操作。通过演练，关键岗位人员可以进一步检验恢复流程的可行性和有效性，发现并解决潜在的问题，不断优化恢复流程，提高恢复效率。

2）恢复工具与技术支持

恢复工具与技术支持在数据恢复过程中起着至关重要的作用。为了确保在面临数据丢失或损坏时能够迅速、有效地恢复客户信息库，企业应准备必要的数据恢复工具和技术，并与专业的数据恢复服务提供商建立合作关系。

首先，企业应选择专业的数据恢复软件。这些软件通常具有强大的扫描和恢复功能，能够针对各种数据丢失场景进行高效恢复。在选择软件时，应考虑兼容性、恢复效果和用户评价等因素，确保软件能够满足企业的实际需求。除了软件，硬件故障修复设备也是必不可少的恢复工具。当存储设备出现物理故障时，这些设备能够协助定位和修复故障，从而恢复数据。企业应根据实际情况选择合适的硬件故障修复设备，并确保其能够与企业现有的存储设备和系统兼容。

然而，即使有了这些恢复工具，企业在面对复杂的数据恢复情况时仍可能感到力不从心。因此，与专业的数据恢复服务提供商建立合作关系是非常必要的。这些服务提供商通常拥有更丰富的经验、更先进的技术和更完善的设备，能够为企业提供及时有效的技术支持。在选择数据恢复服务提供商时，企业应了解服务提供商的服务流程和收费标准，确保在合作过程中能够明确双方的权利和义务。

在与服务提供商合作时，企业应与其保持良好的沟通，及时提供所需的信息和协助。在恢复过程中，企业应密切关注恢复进度和效果，并及时反馈问题和需求。此外，企业还应定期对恢复工具和技术进行更新和升级，以确保其始终保持最佳状态。

3）恢复测试与验证

恢复测试与验证是确保备份数据完整性和可用性的重要环节，也是优化恢复流程和策略的关键步骤。企业及其客服人员可以通过以下几种方式进行恢复测试与验证。

（1）定期对备份数据进行恢复测试。

① 测试计划制订。根据业务需求和备份策略，制订详细的恢复测试计划，明确测试的目标、范围、时间表和参与人员。

② 测试环境准备。搭建与生产环境相似的测试环境，包括必要的硬件、软件和网络配置，确保测试结果的准确性。

③ 数据恢复操作。按照恢复流程，执行数据恢复操作，包括故障识别、备份数据定位、数据恢复等步骤。

④ 测试结果验证。对恢复后的数据进行完整性和一致性校验，确保数据已恢复成功且可用。

（2）记录恢复时间和成功率。

① 恢复时间记录。记录从故障识别到数据恢复完成所消耗的总时间，包括各个阶段的耗时，以便分析恢复流程的效率及所遇到的瓶颈问题。

② 成功率统计。统计恢复测试的成功次数和失败次数，计算成功率，并将其作为评估恢复流程和策略有效性的重要指标。

（3）不断优化恢复流程和备份策略。

① 分析测试结果。对恢复测试的结果进行深入分析，找出恢复过程中存在的瓶颈问题，如恢复时间过长、恢复成功率低等。

② 优化恢复流程。根据测试结果，调整恢复流程中的步骤和顺序，优化操作过程，提高恢复效率。

③ 调整备份策略。根据数据恢复的需求和测试结果，调整备份策略，如增加备份频率、改变备份方式等，以更好地满足数据恢复的要求。

四、信息库的应用与价值

（一）信息库的应用

1. 客户信息的集中存储与管理

作为一个中心化的存储平台，客户信息库能够集中存储并管理客户的各类信息，包括基本的联系信息、购买记录和沟通历史等。这种集中化的管理方式不仅有利于企业更全面地了解客户的最新情况，还能有效避免信息的分散和遗漏。

此外，客户信息库还具有很高的安全性和可靠性。通过采用先进的加密技术和对数据访问权限进行严格的控制，客户信息库能够确保客户信息的安全性和私密性。同时，通过定期备份和故障恢复机制，客户信息库还能确保数据的可靠性和稳定性，可以避免因数据丢失或损坏而给企业带来损失。

2. 数据分析和挖掘

在当今竞争激烈的市场环境中，客户信息的重要性不言而喻。通过对客户信息库中的数据进行深入分析和挖掘，企业能够洞察客户的需求、偏好和行为模式，从而为企业营销策略的制定提供有力支持。通过数据分析，企业可以了解客户的购买历史、消费能力和消费习惯。这些信息对于企业来说至关重要，因为它们直接关系到产品的设计和定位。例如，如果数据分析显示某类产品的销售额一直不佳，企业就可以针对这类产品进行改进或重新定位，以满足客户的真实需求。

客户的行为模式也是企业制定营销策略的重要依据。通过对客户的行为模式进行分析，企业可以了解客户的消费习惯、购买周期和购买渠道等信息。这些信息可以帮助企业制定更加精准的营销策略，如选择合适的营销渠道、制定个性化的促销活动等。

此外，个性化服务也是增强客户黏性的关键。通过对客户信息的挖掘，企业可以了解每个客户的喜好和需求，从而为客户提供更加个性化的服务。例如，企业可以根据客户的购买历史和偏好，为其推荐相似的产品或服务，以提升客户的购物体验。

3. 销售机会的跟踪与预测

客户信息库可以记录销售线索的跟进情况，为销售团队提供一个集中、有序的管理平台。在这个平台上，销售团队可以清晰地看到每条销售线索的当前状态、跟进历史及下一步行动计划。这不仅可以帮助销售团队更好地把握每个销售机会，还可以确保团队成员之间的信息可以共享和协同工作。通过客户信息库，销售团队可以更加高效地分配资源，优化销售策略，从而提升整体的销售业绩。

客户信息库还可以通过数据分析，为企业提供深入的市场洞察。通过对历史销售数据、客户行为数据等信息的挖掘和分析，企业可以发现市场趋势、客户需求和潜在机会。这些数据分析结果不仅可以指导企业制订更精确的销售计划，还可以帮助企业调整产品策略、优化市场定位，从而在市场竞争中占据有利地位。

此外，客户信息库能够帮助企业预测未来销售趋势。通过对历史销售数据的分析和模型预测，企业可以预测未来一段时间内的销售趋势、市场需求变化趋势等。这些预测结果对于企业制定长期销售战略、调整生产计划等具有重要意义。通过预测未来销售趋势，企业可以更加主动地应对市场变化，降低经营风险，实现持续发展。

（二）信息库的价值

1. 提升客户满意度和忠诚度

通过及时响应客户需求并提供个性化的服务，企业不仅能提升客户的满意度和忠诚度，还能在市场中获得竞争优势。一个完善的客户信息库对于企业来说至关重要。这个信息库不仅包含了客户的基本信息，如姓名、地址和联系方式等，还包含了客户的购买历史、偏好和反馈等。通过对这些数据的分析，企业可以深入了解客户的需求和期望，进而提供更加符合客户期望的产品和服务。

此外，一个完善的客户信息库还能帮助企业发现潜在的商业机会。通过对客户数据的深入挖掘和分析，企业可以发现客户的需求变化趋势，从而提前布局和调整策略。这种基于数据的决策方式不仅能提高企业的运营效率，还能帮助企业抓住市场机遇，实现快速发展。

2. 优化营销策略

在营销领域，客户信息库中的数据分析功能已经成为制定营销策略不可或缺的工具。通过深入挖掘和分析客户数据，企业可以更加精准地把握市场需求，从而制订出更加有效的营销计划。企业可以根据客户的购买历史、偏好等信息，制订更加精准的营销计划，提升营销效果。

除了购买历史和偏好信息，客户信息库中可能还包含其他有价值的数据，如客户的地理位置、年龄和性别等。这些数据也可以为企业营销策略的制定提供支持。例如，企业可以根据客户的地理位置，制定区域化的营销策略，以提升营销效果。同时，企业还可以根据客户的年龄和性别，调整产品的设计和宣传方式，以更好地吸引目标客户。

3. 提高销售效率和业绩

客户信息库不仅能帮助销售团队更加高效地跟进销售线索，减少无效劳动，还能通过数据分析预测销售趋势，从而帮助企业更加精准地制订销售计划，提高销售业绩。

首先，客户信息库是一个集成了客户信息的数据库系统，可以帮助销售团队快速获取和整理客户数据。通过客户信息库，销售团队可以轻松了解客户的购买历史、需求偏好和购买意向，从而制定更加精准的营销策略。此外，客户信息库还可以帮助销售团队更好地管理销售线索，避免漏掉任何一个潜在的商机。通过自动化的线索分配和跟进功能，销售团队可以更加高效地分配工作，减少无效劳动，提高销售效率。

此外，通过数据分析预测销售趋势是企业提高销售业绩的重要手段之一。数据分析可以帮助企业了解市场趋势、客户需求和竞争对手情况，从而制订更加精准的销售计划。例如，通过对历史销售数据的分析，企业可以预测未来一段时间内的销售趋势，并可以据此调整销售策略和库存计划。

任务三　撰写和发送客户开发信

客户维护不是只对客户信息进行管理，还需要与客户进行有效的沟通往来。为吸引更多潜在客户，促进业务增长，Andy 计划学习客户开发信的基本组成要素，掌握客户开发信的撰写技巧和发送策略，希望通过掌握如何使用恰当的语言吸引潜在客户的注意力，锻炼自己的沟通与表达能力，提升职场竞争力。

一、客户开发信的基本要素

（一）称呼

称呼在客户开发信中扮演着至关重要的角色。使用客户的姓名或尊称，不仅能体现对客户的尊重，还能有效增加亲切感，从而拉近与客户的距离。

在称呼部分使用客户的姓名，可以使客户感受到被重视和关注。这种个性化的方式比使用泛泛的称呼更加贴心，能够让客户觉得信件是针对他们个人而写，而非群发的模板。此外，尊称的使用也是体现尊重的一种方式。根据客户的文化背景和习惯，可以选择合适的尊称，如"尊敬的××先生/女士"或"亲爱的××先生/女士"。这样的称呼既体现了礼貌，又传达出友好和亲切的情感。

通过个性化称呼，客户开发信能够更好地吸引客户的注意力，并激发他们的阅读兴趣。客户在收到信件时，会感受到被重视和关注，从而更愿意花时间去了解信件的内容。这为客户关系的建立和维护奠定了良好的基础。

（二）自我介绍

自我介绍是客户开发信中至关重要的一部分。客服人员可以通过简洁明了的自我介绍，展现个人和公司的专业性，凸显优势，进而提升客户对公司的信任度和兴趣。

自我介绍时，首先应明确突出个人在公司中的职位和角色，如"我是贵公司所在行业的资深专家，目前在[公司名称]担任[职位]。"这样的表述能够快速让客户了解发信人的身份和专业背景。

接着应简要介绍公司的基本情况，包括公司的历史、规模和行业地位等，如"[公司名称]成立于[创立年份]，经过多年的发展，已成为行业内颇具影响力的企业，拥有庞大的业务规模和优秀的业务团队。"这样的介绍能够展现公司的实力和信誉。

同时，应强调公司的专业性和优势，特别是在与客户需求相关的领域，如"我们专注于为客户提供[具体领域或技术]的解决方案，拥有丰富的经验和卓越的技术实力。我们的产品和服务在市场上享有很高的声誉，能够满足客户的多样化需求。"这样的表述能够突出公司的核心竞争力，吸引客户的关注。

此外，可以提及一些成功案例或客户评价，以进一步证明公司的实力和专业性，如"我们曾为多家知名企业提供了优质的服务，并获得了客户的一致好评。他们对我们的产品和服务给予了高度评价，认为我们专业、可靠、值得信赖。"这样的信息能够提升客户对公司的信任度。

最后，在自我介绍中应保持真诚、热情的态度，以表达对客户的尊重和期待合作的愿望，如"我非常期待能够与贵公司建立长期的合作关系，共同推动业务的发展。如果您对我们的产品和服务感兴趣，或者有疑问和需求，请随时与我联系。我将竭诚为您服务，期待与您携手共创美好未来。"这样的表述能够展现诚意和热情，为后续的沟通合作打下良好的基础。

常用句型：

● We are a … corporation, heading …

● We would like to take this opportunity to introduce ourselves as …

● Our company specializes in [product/service] and has been a leader in the [industry] for over [number] years.

（三）产品/服务介绍

产品/服务介绍是客户开发信中至关重要的一个环节。对产品/服务的核心特点和优势的清晰又准确的介绍，能够有效地吸引客户的注意力，并激发其购买欲。

首先，产品/服务介绍需要明确阐述其基本概念和特性。这包括产品/服务的定义、功能、性能参数等，以便客户能够对其有一个初步的了解。同时，要突出自身产品/服务的独特之处，即与市场上其他竞品相比，有何特别之处，为何能够脱颖而出。

其次，应着重介绍产品/服务的市场竞争力，包括分析目标市场的需求和趋势，产品/服务将如何满足这些需求。通过提供市场数据、用户反馈等信息，可以提升客户对产品/服务的信任度和购买力。

再次，对产品/服务的研发背景和技术优势的介绍也应该是必不可少的。这可以展示公司的技术实力和创新能力，以及产品/服务在技术层面的领先地位。客户往往更倾向于选择技术成熟、质量可靠的产品/服务，因此对这部分内容的介绍能够进一步提升客户对产品/服务的认可度。

最后，还应强调产品/服务的实际应用效果和客户价值。列举成功案例、分享客户的使用体验等，可以让客户更加直观地了解产品/服务的实际效果和带来的价值。同时，也应明确阐述产品/服务能够为客户解决哪些问题，以及带来的具体好处，从而激发客户的购买欲望。

常用句型：

● Our [product/service] offers [key benefits] that we believe would be of great value to [Recipient's Company Name].

● We are confident that our [product/service] can help [Recipient's Company Name] achieve [specific goals or needs].

（四）合作邀请

合作邀请是客户开发信中至关重要的一部分，不仅是表达合作意愿的桥梁，还是引导潜在客户走向下一步合作的关键步骤。

在合作邀请中首先要求明确表达希望与客户建立合作关系的意愿。这不仅是一种礼貌的表达，还是对潜在客户的一种尊重和认可。直接而真诚地表达合作意愿，可以迅速拉近与客户的距离，为后续的合作打下良好基础。

其次，在合作邀请中需要提出可能的合作方式和领域。这需要根据客户的行业特点、业务需求及公司的产品或服务优势来综合考虑。具有针对性的合作方案可以更好地满足客户的需求，同时也可以展示公司的专业性和实力。可能的合作方式可以包括产品供应、技术支持和市场推广等多种形式，而合作领域则可以结合公司的核心优势和客户的具体需求来确定。

在撰写合作邀请时，语言应简洁明了，态度应真诚热情，避免使用过于复杂的词汇或句式，以免让客户感到困惑或厌烦；同时，需要表达对客户的重视和尊重，以便让客户感受到公司的诚意和专业性。

最后，在合作邀请中还需要包含一些具体的行动建议或下一步的计划，如可以邀请客户参加公司的产品展示会或技术交流会，或者提出双方进行更深入的商务谈判等。这些具体的行动建议可以帮助客户更好地理解合作的可能性，并激发他们进一步了解和接触公司的兴趣。

（五）联系方式

在客户开发信中，联系方式的重要性不容忽视。它不仅是与潜在客户沟通的桥梁，也是展现公司专业性和可靠性的关键一环。

联系方式通常包括电话号码、电子邮箱和公司地址等基本信息。这些信息应该准确无误地呈现在开发信中，以便潜在客户在需要时能够迅速与相关工作人员取得联系。

在提供联系方式时，建议使用公司官方电子邮箱和电话号码，以体现公司的专业性。同时，如果可能的话，提供一个易于记忆的联系方式也是明智之举，这有助于潜在客户更快地记住并进行联系。

此外，在联系方式附近可以附加一些额外的信息，以进一步增加可信度，如可以提及公司的官方网站或社交媒体账号，让客户能够更多地了解公司和产品。同时，如果有其他客户案例或行业内的成功案例，也可以作为信任背书，以提升客户对公司的信任度。

二、撰写技巧

（一）语言简洁明了

简洁明了是撰写客户开发信的关键原则之一。为了使信件内容简短精练并突出重点，客服人员应当力求言简意赅，直截了当地阐述目的和合作价值。冗长而复杂的信件内容容易让客户失去阅读兴趣，因此客服人员要确保每句话都传达出重要的信息。

同时，使用简洁明了的句子和词汇也是至关重要的，应该避免使用过于专业或晦涩难懂的术语，以免让客户感到困惑或产生距离感。客服人员应该用通俗易懂的语言来阐述自己的产品或服务，让客户能够轻松理解并感受到产品或服务的价值。

（二）突出个性化

在撰写客户开发信时，个性化与定制化是至关重要的。不同的潜在客户有着不同的行业背景、企业规模和业务需求，因此开发信的内容应根据具体情况进行调整。通过深入了解客户的行业趋势、市场定位和潜在挑战，客服人员可以在信中提及相关信息，展现出对客户的关注和深刻了解。同时，避免使用过于模板化的语言是确保开发信个性化的关键。模板化的语言虽然方便，但缺乏针对性和独特性，难以引起客户的兴趣。相反，客服人员应该根据客户的具体情况，量身定制开发信的内容，使其显得独特而富有针对性。

为了实现个性化与定制化，客服人员可以采取以下策略。首先，在收集客户信息时尽可能详细，应该包括行业、规模和业务需求等关键信息；其次，在撰写开发信时，需要根据收集到的信息灵活调整内容，确保每封信都能与客户的实际情况相契合；最后，在语言和风格上，也应尽量贴近客户的文化习惯，以增强开发信的亲和力和说服力。

（三）强调价值

在撰写客户开发信时，客服人员应强调产品或服务能为客户带来的价值和好处。通过清晰地阐述这些价值点，能够吸引客户的注意力并激发其合作意愿。首先，客服人员需要深入了解客户的需求和痛点，以便精准定位自己的产品或服务。在此基础上，客服人员可以从多角度阐述产品或服务的价值，如可以提高效率、降低成本、增加收入和改善用户体验等。

为了增强说服力，客服人员可以使用具体的案例、数据或客户反馈来支持论点。这些实证材料能够让客户更加直观地感受到产品或服务的实际效果，从而增强合作信心，如客服人员可以分享一些成功案例，展示自己的产品是如何帮助其他客户实现业务目标的，或者提供一些行业数据，证明自己的服务在市场上的竞争力和优势。

（四）使用正式但友好的语气

在撰写客户开发信时，语气的选择至关重要。在信件中需要保持一种正式但友好的语气,这既展现出客服人员的专业素养,又传达出友好与诚意。

首先,客服人员应确保信件的整体语气是专业的。应使用准确、恰当的词汇和句式,避免使用过于口语化或随意的表达。同时,还要确保语法、拼写和标点符号没有错误和疏漏,从而展现出客服人员的专业态度。然而,在保持专业性的同时,客服人员还应注重友好性的表达,可以在信件中适当加入一些友好的语气词或问候语,如"您好""感谢您抽出宝贵时间阅读此信"等,以拉近与客户的距离,使信件内容更加亲切。

在表达合作意愿时,客服人员也需要注意语气的把握,既要明确表达合作愿望,又要避免给客户带来压迫感或不适,可以使用一些委婉、积极的表达方式,如"我们非常期待能够与您建立长期的合作关系""相信我们的合作将会为您带来全新的发展机遇"等。

客户开发信示例:

Dear [Recipient's Name],

I hope this email finds you well.

My name is [Your Name], and I am the [Your Position] at [Your Company Name], where we have been specializing in [brief description of your product/service] for over [number of years] years.

Having reviewed your company's impressive work in the [target customer's industry], we believe that our [product/service] could be a valuable addition to your portfolio and contribute to [specific benefit or goal].

Our [product/service] offers the following advantages:

- [List 1-3 key features or benefits of your product/service]
- [Additional feature or benefit]
- [Another feature or benefit]

We have successfully partnered with industry leaders such as [mention any notable clients or partners], and we are confident that our collaboration could bring mutual growth and success.

I would like to discuss how our [product/service] can meet your [specific need or goal of the customer]. Would it be possible to schedule a call or a meeting at your convenience to explore this further?

Please find attached a brief overview of our company and our offerings. I look forward to the opportunity to work together and explore how we can add value to your business.

Thank you for considering our proposal. I await your positive response and am happy to provide any additional information you may require.

Warm regards,

[Your Full Name]

[Your Position]

[Your Company Name]

[Your Contact Information]

[Company Website]

三、发送策略

（一）选择合适的发送时间

合适的发送时间对于确保客户开发信的有效传递和回复至关重要。客服人员可以通过以下几个方式确定合适的发送时间。

1. 了解目标客户的作息时间和工作习惯

（1）时区考虑。首先，确认目标客户所在地的时区，以确保电子邮件在他们的工作时间内被查看。

（2）工作日与工作时间。大多数客户在工作日的上午 9 点至下午 5 点之间较为活跃。尽量避开午休、工作日的开始和结束时段，这些时段他们可能正在处理其他紧急事务或准备下班。

（3）行业特性。某些行业可能在特定季节或特定时间段特别繁忙，如零售业的节假日或金融业的财报季，在这些时间段发送电子邮件时需要特别谨慎。

2. 选择最佳发送时间段

（1）早晨。一些研究表明，早晨是人们处理电子邮件的高峰时段。客户在开始一天的工作时，可能会优先查看和处理新收到的电子邮件。

（2）周二至周四。通常来说，周二至周四是一周中工作最为集中的时间段，客户更有可能在此时间段仔细阅读和回复电子邮件。

3. 避免不利时机

（1）节假日。节假日期间，客户可能正在休假或忙于个人事务，因此不宜发送开发信。

（2）月末与季末。这些时候，客户可能忙于处理财务报告、总结工作等，电子邮件回复率可能较低。

（3）客户忙碌时段。如果客户之前已经告知某个时段会非常忙碌，或者从其他渠道了解到客户有重要会议或活动，那么应避免在这些时段发送电子邮件。

（二）注意格式和排版

准备邮件内容时，邮件的格式和排版决定了邮件是否易于阅读和理解，是能否提升客户开发信效果的关键。

1. 标题

确保标题简洁明了，能准确反映邮件的主题。标题应该能够吸引客户的注意力，并激发他们阅读邮件的兴趣。

2. 正文

（1）段落设置。将信息分成短小的段落，每段不超过 4 行，便于客户快速浏览。

（2）字体和大小。使用常见的字体，如 Arial、Times New Roman 等，以确保在不同设备和平台上都能正常显示。字体大小应适中，避免过小或过大。

（3）颜色。避免使用过多的颜色或过于刺眼的颜色，确保文本颜色与背景色有足够的对比度，以提高可读性。

（4）列表和要点。使用列表或要点来突出关键信息，方便客户快速获取核心内容。

3. 图片和图表

（1）插入图片。可以插入与邮件内容相关的图片，以增加视觉吸引力。但图片不应过大，以免影响邮件加载速度。

（2）使用图表。对于需要展示数据或趋势的内容，可以使用图表来更直观地展示。

4. 链接

（1）添加链接。在需要提供更多信息或引导读者进行进一步操作时，可以添加链接。但需确保链接文本简洁明了，而且指向正确的目标页面。

（2）链接格式。链接文本应与其他文本有所区别，以便读者能够轻松识别。可以使用不同颜色或下画线来突出链接。

5. 结尾

（1）礼貌用语。在邮件结尾处使用适当的礼貌用语，如"谢谢""期待您的回复"等，以展现诚意和专业性。

（2）联系方式。提供联系方式，如邮箱地址、电话号码等，以便客户在需要时可以及时取得联系。

6. 格式检查

在发送邮件之前，务必进行格式检查，确保邮件没有排版错误、错别字或语法错误。

（三）跟进与反馈

跟进与反馈是客户开发信发送过程中至关重要的环节，直接关系到合作机会的把握和客户关系的建立。客服人员可以通过以下几种方式进行客户开发信的跟进与反馈。

1. 制订合理的跟进计划

（1）明确跟进时间。在发送开发信后，设定明确的跟进时间点。可以是在发送邮件后的几天或一周后，以确保客户有足够的时间阅读并考虑相关提议。

（2）规划跟进内容。每次跟进都应包含新的信息或价值，可以提及最近的行业动态、产品更新或客户可能感兴趣的其他话题，避免重复发送相同的内容。

2. 定期关注客户的回复情况

（1）定期查看邮箱。客服人员应定期查看邮箱，特别是用于接收客户回复的特定文件夹或标签，以便及时查看并回复客户的邮件。

（2）记录回复情况。建议记录每个客户的回复情况，包括回复时间、内容及需要进一步跟进的事项，以便更好地管理客户关系。

3. 针对未回复客户的再次联系

（1）适时再次发送邮件。对于未回复的客户，可以在一段时间后再次发送邮件，提醒他们关注。但应避免过度频繁地发送邮件，以免给客户造成骚扰。

（2）尝试其他沟通方式。如果邮件沟通效果不佳，可以尝试通过电话、社交媒体或其他途径与客户取得联系。这可能会增加客户的关注度，并获得更多了解他们需求和反馈的机会。

4. 收集和分析反馈

（1）收集客户反馈。无论是正面还是负面的反馈，都是宝贵的信息。客服人员可以通过邮件、问卷或电话等方式收集客户的反馈，以便了解他们对产品或服务的看法和建议。

（2）分析反馈并优化策略。对收集到的反馈进行深入分析，找出客户关注的焦点和改进的方向。根据这些分析结果，客服人员可以调整产品或服务策略，以及开发信的发送和跟进策略。

（四）定期更新和维护

定期更新和维护客户开发信是确保营销效果的关键环节。随着市场环境的不断变化和客户需求的更新，保持信息的时效性和准确性对于吸引客户的注意力至关重要。客服人员可以通过以下几种方式进行客户开发信的定期更新和维护。

1. 市场趋势分析

定期关注行业的市场动态和技术发展趋势，了解新兴技术、政策变化和竞争对手动态等信息。根据这些变化，适时调整邮件内容，确保信息的前沿性和相关性。

2. 产品与服务更新

如果公司推出了新产品、升级了现有服务或改进了功能，客服人员应及时更新客户开发信，向目标客户介绍这些更新内容。这有助于保持客户对公司的关注，并激发他们对新产品或服务的兴趣。

3. 客户反馈整合

积极收集客户对以往开发信的反馈意见，包括他们对邮件内容、格式、产品推荐等方面的建议。根据客户的反馈，对邮件进行相应的调整和优化，以更好地满足客户的期望和需求。

4. 定制化内容更新

根据目标客户的行业、需求和市场定位的变化，定期更新邮件中的定制化内容。确保邮件内容能够紧密贴合客户的实际情况，提高信息的针对性和吸引力。

5. 制订更新计划

制订一个定期更新客户开发信的计划，明确更新的频率、内容和目标，有助于客服人员有计划地进行更新工作，确保信息的时效性和准确性。

项目小结

随着全球化的加速和互联网的普及，跨境电子商务已成为推动国际贸易发展的重要力量。售前服务是跨境电子商务交易的关键环节，其重要性不言而喻。在这一环节中，客服人员扮演着多重角色，他们既是信息的收集者，也是市场的分析师，更是客户关系的维护者。

首先，客服人员需要深入研究与分析目标市场，通过数据库与资源平台广泛收集国外潜在客户资源，了解跨境电子商务市场的整体状况与竞争格局。在此基础上，客服人员需要运用在线营销和社交媒体营销等多元化的营销手段，将潜在的客户资源转化为实际的购买力。这不仅需要掌握各种营销技巧，还需要密切关注市场动态，及时调整策略，以确保营销活动的有效性。

其次，客服人员还需要建立并维护一个完善的国外客户信息库，对客户的信息进行整理、维护与管理。这一步骤不仅有助于提升信息库的应用价值，还能够维护客户的满意度和忠诚度，为后续的营销策略优化、销售效率提高及业绩增长奠定坚实的基础。

最后，客服人员需要充分掌握客户开发信的基本要素，结合撰写技巧和发送策略，完成客户开发信的整体撰写与发送流程。这不仅要求客服人员具备扎实的专业知识，还需具备敏锐的市场洞察力和良好的沟通技巧，以确保每封开发信都能精准地传达出企业的价值与优势，从而更好地与客户交流，为后续的合作关系奠定坚实的基础。

综上，售前服务在跨境电子商务中扮演着至关重要的角色。客服人员需要综合运用市场分析、CRM系统和在线营销等多种手段，以提升客户体验、促成交易为核心目标，不断优化和完善售前服务体系，从而为企业赢得更多的市场机会和发展空间。

习题测验

一、单项选择题

1. 以下哪项不属于在线营销策略？（　　）

A. Facebook 营销　　　　　　　　　B. 内容营销

C. SEO　　　　　　　　　　　　　　D. 付费广告推广

2. 以下哪项不是国外客户信息库中客户信息的主要分类？（　　）

A. 行业分类　　　　　　　　　　　B. 地区分类

C. 购买历史分类　　　　　　　　　D. 年龄分类

二、多项选择题

1. 客户开发信的撰写技巧包括（　　）。
A. 语言简洁明了   B. 突出个性化
C. 强调价值   D. 使用正式但友好的语气
2. 在建立国外客户信息库时，客服专员应该如何确保信息的准确性和完整性？（　　）
A. 核实和校验信息   B. 整合和比对信息
C. 保障信息安全与合规性   D. 持续更新与维护
3. 客服专员在发送客户开发信时，应该如何正确选择合适的发送时间？（　　）
A. 了解目标客户的作息时间和工作习惯
B. 选择最佳发送时段
C. 在客户午休时间发送
D. 避免不利时机

◎ 习题答案

一、1. A；2. D。
二、1. A、B、C、D；2. A、B、C、D；3. A、B、D。

◎ 能力实训

实训 1：根据收集到的客户信息建立客户信息库。
实训 2：根据以下信息和要求撰写一封客户开发信。

一、情境背景

1. 公司名称：温专电子贸易有限公司。
2. 行业领域：消费电子产品（智能手表、耳机等）。
3. 目标市场：欧洲市场，特别是德国。
4. 目标客户：德国的电子产品分销商和零售商。

二、公司优势

1. 拥有先进的技术团队，专注于创新产品开发。
2. 提供具有竞争力的价格和优质的售后服务。
3. 产品通过多项国际安全认证。
4. 拥有灵活的供应链，能够快速响应市场变化。

三、目标客户信息

1. 客户名称：Elektronik World。
2. 联系人：Hans Müller。
3. 职位：采购经理。

四、公司背景

Elektronik World 是德国一家知名的电子产品零售商，拥有多家线下门店和线上商城，正在寻找新的供应商以扩展其产品线。

五、客户开发信撰写目标

1. 介绍温专电子贸易有限公司的公司概况和产品特点。
2. 表达与 Elektronik World 建立商业合作关系的意愿。
3. 提供初步的合作方案，并邀请对方进一步沟通。

项目三　提供售中服务

● 知识目标

熟悉全球速卖通平台的订单管理页面；掌握订单的处理流程；掌握订单数据的分析；熟悉全球速卖通平台店铺产品的知识和特点；熟悉产品的推荐与搭配；掌握服务咨询的应对技巧；掌握服务质量提高策略；掌握客户购买额度引导技巧与策略；熟悉全球速卖通平台的购物车管理与结算。

● 技能目标

能够处理订单的各个环节流程；能够解答客户的商品咨询问题和服务咨询问题；能够引导客户购买店铺商品。

● 素养目标

具备良好的沟通能力和语言表达能力；具备客户至上的服务意识；具备良好的职业道德。

● 思维导图

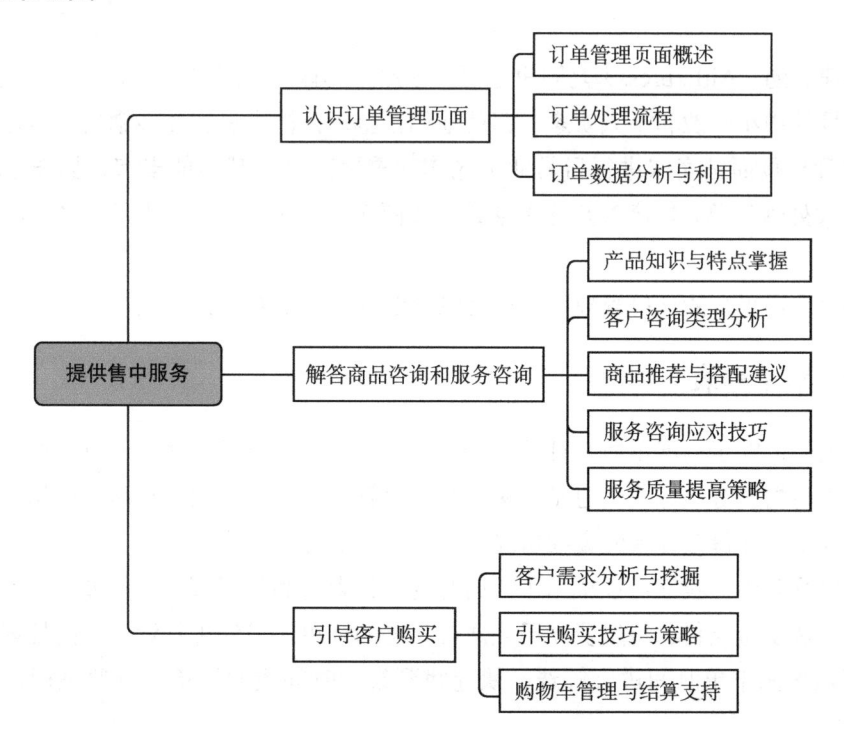

```
                                    ┌─ 订单管理页面概述
                    ┌─ 认识订单管理页面 ─┼─ 订单处理流程
                    │                   └─ 订单数据分析与利用
                    │
                    │                           ┌─ 产品知识与特点掌握
                    │                           ├─ 客户咨询类型分析
提供售中服务 ───────┼─ 解答商品咨询和服务咨询 ─┼─ 商品推荐与搭配建议
                    │                           ├─ 服务咨询应对技巧
                    │                           └─ 服务质量提高策略
                    │
                    │                   ┌─ 客户需求分析与挖掘
                    └─ 引导客户购买 ────┼─ 引导购买技巧与策略
                                        └─ 购物车管理与结算支持
```

● 项目背景

在温专公司的日常运营中，售中服务作为连接客户与产品的重要环节，对于提升客户满意度和忠诚度具有重要意义。Andy 作为公司的客服专员，负责处理客户的售中服务需求。因此，他需要不断提升自己的专业素养，熟悉平台的业务流程和产品知识，以便更好地为客户提供帮助和支持。Andy 在进行售中服务中，需要完成以下任务：

任务1：认识订单管理页面；
任务2：解答商品咨询和服务咨询；
任务3：引导客户购买。

任务一　认识订单管理页面

开展售中服务时，订单管理页面的学习是提高企业运营效率和提升客户满意度的重要一环。Andy 希望通过对全球速卖通平台订单管理页面的学习，能够更加熟练地处理订单，提高订单处理的效率和准确性，从而获得更多客户的信赖。

一、订单管理页面概述

全球速卖通（AliExpress）是阿里巴巴集团旗下的国际电子商务平台，主要服务于全球速卖通市场的中小企业和个人卖家，帮助他们在全球范围内进行在线销售。全球速卖通平台的订单管理页面是卖家进行日常业务操作的重要工具，其功能丰富、操作便捷，有助于卖家高效处理订单，提高客户服务质量，如图3-1-1所示是全球速卖通平台的订单管理页面。

全球速卖通平台的订单管理页面通常包含以下几个主要部分。

（一）订单列表

订单列表能够全面展示所有订单的概览信息，包括订单号、客户信息、产品信息、订单状态及支付情况等。这些信息是卖家进行订单管理的基础，通过对这些信息的了解，卖家可以清晰地掌握每个订单的详细情况，从而做出更为明智的决策。

在订单列表中，卖家可以根据不同的筛选条件查看和管理订单。例如，卖家可以根据订单状态筛选出待支付、待发货和已完成等状态的订单，以便进行针对性的处理。同时，卖家还可以按照下单时间进行筛选，快速找到某一时间段的订单，方便进行订单统计和分析。

项目三　提供售中服务

图 3-1-1　全球速卖通平台的订单管理页面

除了基本的订单信息展示和筛选功能，订单列表还具备一些高级功能，如批量处理和导出数据等。批量处理功能允许卖家一次性对多个订单进行相同的操作，如修改订单状态、打印发货单等，能够极大提高卖家的操作效率。而导出数据功能则可以帮助卖家将订单数据导出为 Excel 或其他格式的文件，便于进行进一步的数据分析和处理。

（二）订单详情

通过订单详情页面，买家可以实时查看订单的详细状态，而卖家则能够高效地进行订单管理。首先，订单详情页面为买家提供了便捷的信息查询服务。当买家点击具体订单后，系统将引导其进入订单详情页面。在这里，买家可以清晰地看到订单的详细信息，如产品名称、数量、单价和总价等。此外，买家留言、收货地址和物流信息等关键信息也一应俱全。通过这些信息，买家可以了解订单的最新状态，确保自己得到最佳的购物体验。

对于卖家而言，订单详情页面是一个强大的管理工具。在订单详情页面，卖家可以对订单进行一系列操作，如发货、退款和修改订单等。当买家下单后，卖家需要快速确认订单并安排发货。通过订单详情页面，卖家可以方便地查看待发货订单，并一键发货，大大提高了工作效率。同时，如果买家提出退款或修改订单的需求，卖家也可以在订单详情页面迅速响应，及时处理问题，以提升买家的满意度。

除了基本的订单信息管理功能，订单详情页面还具备一些高级功能，如卖家可以通过订单详情页面查看买家的购物历史、购买偏好等信息，从而更好地了解买家的需求，为其提供更加个性化的服务。此外，订单详情页面还支持多种支付方式，如信用卡、支付宝国际账户等，为买家提供了更加便捷的支付体验。

（三）发货管理

卖家收到订单后可以迅速登录全球速卖通平台，进入发货管理页面，如图 3-1-2 所示。在发货管理页面，卖家可以查看所有待处理的订单，包括订单号、产品信息和买家信息等。卖家可以根据订单状态、买家姓名进行筛选和排序，以便更快速地找到需要发货的订单。

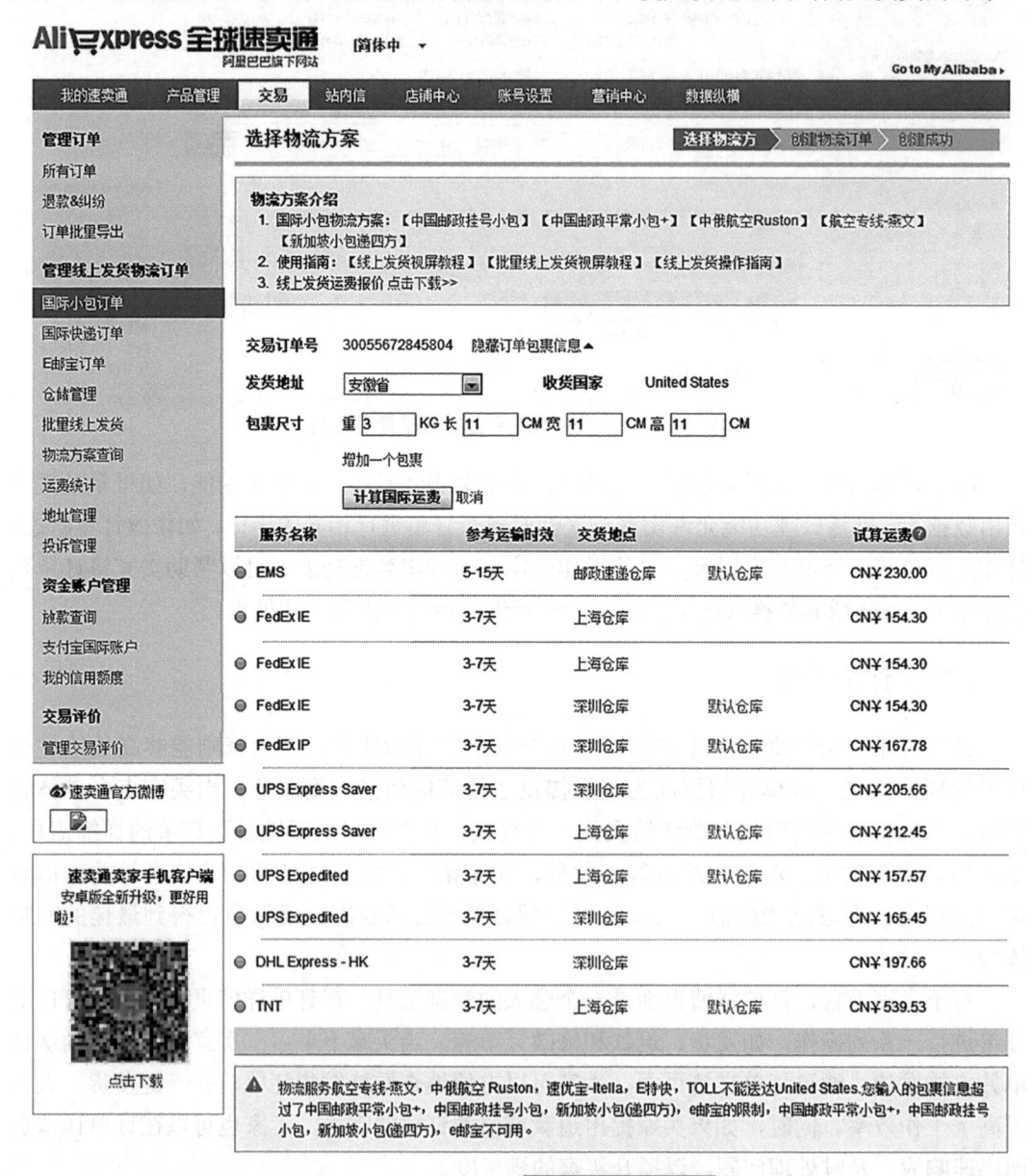

图 3-1-2 发货管理页面

接下来，卖家需要选择适当的物流方式，如图 3-1-3 所示是物流方式选择页面。全球速卖通平台与多家知名物流公司合作，为卖家提供了丰富的物流选择。卖家可以根据商品类型、目的地国家和买家要求等，选择最合适的物流方案。在选择物流方式的同时，卖家还需填写准确的物流信息，包括物流公司名称、运单号和发货人信息等，以确保物流信息能够准确传递给买家和物流公司。

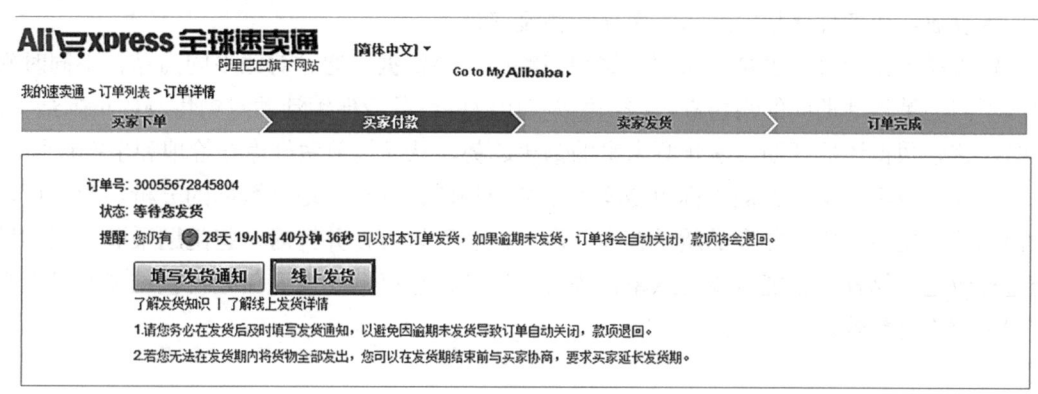

图 3-1-3　物流方式选择页面

完成物流方式选择和物流信息填写后，卖家就可以进行确认发货操作了。在全球速卖通平台上，卖家只需点击"确认发货"按钮，即可完成发货流程。此时，订单状态将自动更新为"已发货"，买家也会收到发货通知，增加了购物的透明度和信任感。

（四）退款与售后

当买家提出退款或售后申请时，卖家首先需要仔细了解买家的诉求和具体情况，包括与买家进行沟通，了解商品是否存在质量问题、物流是否延误等。通过与买家深入交流，卖家可以更好地理解买家的需求，为后续的处理工作奠定基础。

在处理退款申请时，卖家需要根据实际情况进行判断。如果商品确实存在质量问题或卖家在交易过程中存在过失，卖家应当积极与买家协商，尽快达成退款协议。在退款过程中，卖家需要遵守全球速卖通平台的规定，确保退款的及时性和准确性。然而，如果买家提出的退款申请缺乏充分的理由或证据，卖家有权拒绝这些申请。在这种情况下，卖家需要与买家进行沟通，解释拒绝退款的原因，并尽力达成共识。如果双方无法达成一致，买家可以通过全球速卖通平台的客服渠道进行申诉，平台将根据相关规定进行处理。

除了退款申请，售后服务也是全球速卖通平台关注的重要环节。买家在收到存在质量问题或与描述不符的商品后，卖家应积极提供售后支持，包括提供退换货、维修等服务。通过提供优质的售后服务，卖家可以赢得买家的信任和好评，进一步提升自己在平台的竞争力。

（五）数据分析

全球速卖通平台的订单管理页面不仅提供了基本的订单处理功能，还融入了强大的数据分析工具。这些分析工具通过收集、整理和分析大量的交易数据，为卖家提供了深入洞察市场、理解消费者行为和优化销售策略的宝贵机会。

数据分析功能让卖家能够直观地看到订单的分布情况。通过对订单地域、时间、产品类别等多个维度的分析，卖家可以了解到哪些地区、时间段或产品类型最受消费者欢迎。例如，如果某一地区或时间段的订单量持续增加，卖家可以考虑增加在这些地区或时间段的广告投放，或者优化相关产品的库存和物流安排。

销售额数据的分析也是卖家制定销售策略的重要依据。通过对比不同商品、不同时间段或不同促销活动期间的销售额，卖家可以找出哪些商品或促销活动对销售额的贡献最大。同时，这些数据还能帮助卖家预测未来的销售趋势，从而提前做好库存管理和生产计划。

此外，退款率这一关键指标也是卖家不能忽视的。通过对退款数据的分析，卖家可以找出退款的主要原因，如商品质量存在问题、发货延误等，并针对这些问题采取相应的措施进行改进。这样不仅能减少退款率，提升买家的满意度，还能避免因退款过多而对卖家信用造成不良影响。

二、订单处理流程

（一）订单确认与准备

当有新订单生成时，全球速卖通平台会迅速通过电子邮件或平台消息通知卖家。这种即时的通知机制确保了卖家能够迅速掌握订单的最新动态，从而及时做出响应。一旦收到通知，卖家需要立刻查看并确认订单信息，需要确认的订单信息包括但不限于商品数量、价格和收货地址等关键信息，这些都是确保订单准确无误的基础。在确认订单信息的过程中，卖家需要特别注意是否存在异常或错误，如商品数量是否与订单一致，价格是否计算准确，收货地址是否准确无误等。一旦发现有不符或疑问，卖家应立即与买家联系，确认并更正相关信息，以避免后续可能出现的纠纷和损失。

接下来，卖家需要根据订单详情准备商品。这一环节涉及商品的拣选、检查和包装等多个步骤。首先，卖家需要确保所售商品的质量符合平台标准和买家期望。这意味着卖家需要对商品进行严格的质量检查，确保没有瑕疵或损坏。同时，卖家还需要根据商品的特性和买家的要求，选择合适的包装材料和方法，确保商品在运输过程中不会受损。

除了商品本身的质量和安全，卖家还需要关注包装的外观和细节。一个精美的包装不仅能提升买家的购物体验，还能增加商品的附加值。因此，卖家可以在包装上加入自己的品牌标识、感谢信等个性化元素，让买家感受到卖家的专业和用心。

（二）订单处理与发货

当买家完成订单付款后，卖家需要立即验证买家的付款情况。全球速卖通平台为卖家提供了查看订单状态的便捷功能，使卖家能够实时掌握订单的支付状态。一旦确认付款成功,卖家需要迅速更新订单状态,将其标记为"待发货"或"已发货"。这一步骤不仅有助于卖家组织发货,还能让买家了解订单的最新进展。

在选择快递公司或邮政服务提供商时,卖家应充分考虑运输时效、运费成本和服务质量等因素,如对于价值较高或易碎的商品,应选择提供保险服务的快递公司;而对于体积或质量较大的商品,应选择邮政服务提供商。在填写收货地址和联系方式时,卖家应确保信息准确无误,以免因地址错误或信息不全导致快递无法准确投递。

在发货过程中,卖家还需记录运单号码,并更新订单信息,为买家提供可追踪的物流信息。这一做法不仅增加了交易的透明度,还有助于提升买家的信任度。同时,卖家还应及时通知买家订单已发货,以便买家了解货物的最新动态并做好接收准备。

(三)货物运输与跟踪

卖家在发出货物后需要密切关注订单的物流动态,确保货物能够按时抵达目的地。这一环节对于卖家而言至关重要,不仅关乎交易的成败,还直接影响买家的购物体验和满意度。

在跨境电子商务领域,物流速度和服务质量已经成为消费者选择购物平台的重要考量因素之一。因此,卖家在发货后,务必实时监控货物的运输状态,及时发现并解决可能出现的物流延迟问题,包括但不限于与物流公司保持密切联系,了解货物的实时位置和运输进度,在出现异常情况时迅速采取措施,确保货物能够尽快恢复正常运输。

在遇到物流延迟或其他不可预见的问题时,卖家需要展现出高度的专业素养和解决问题的能力。首先,卖家应尽快与买家取得联系,坦诚地告知订单的最新情况,并解释原因。通过与买家的有效沟通,不仅能减少买家的焦虑和不满,还能增加买家对卖家的信任和理解。其次,卖家需要积极主动地寻找解决方案,如提供替代运输方式、补偿买家因未按期收货而产生的额外费用等,以最大程度地减轻买家的损失。

此外,卖家在平台上及时更新订单的物流信息也是至关重要的。通过平台提供的物流跟踪功能,买家可以随时随地查看订单的运输状态,从而对自己的购物计划做出相应调整。这种透明化的交易流程不仅增强了买家的购物信心,也为卖家赢得了良好的口碑和信誉。

(四)买家签收与评价

当买家收到期盼已久的商品,并经过仔细检查确认没有问题后会进行确认签收。这一步骤标志着商品已经成功交付到买家手中,也意味着订单的主要处理流程已经完成。全球速卖通平台为买家提供了充分的权益保障。如果买家在收到商品后发现商品存在质量问题、与描述不符或其他问题,都可以在平台上申请售后服务,包括退货、换货和退款等,旨在确保买家能够买到满意的商品。

当买家完成确认签收后,订单即被视为完成状态。此时,买卖双方都有机会在 30 天内给对方做出评价。评价的内容可以是对商品的质量、卖家的服务态度和物流速度等各方面的反馈。这些评价不仅能帮助其他买家更好地了解商品和卖家,同时也是买卖双方积累信誉和积分的重要途径。

三、订单数据分析与利用

对订单数据进行分析与利用是一个复杂的过程，涉及多个方面，包括数据的收集、处理、分析和应用。

（一）订单数据收集

全球速卖通平台不仅为买家提供了便捷的购物方式，还为卖家提供了丰富的订单数据。这些数据涵盖了订单数量、订单金额、订单状态和买家信息等关键信息，对于卖家来说，这些数据是洞察市场动态、优化销售策略的重要依据。

此外，全球速卖通平台还提供了API接口，卖家可以通过编程方式批量获取订单数据。这种方式对于需要大量数据支持的卖家来说，无疑是一个巨大的福音。通过API接口，卖家可以实现数据的自动化采集，大大提高了数据收集的效率。

（二）订单数据处理

在全球速卖通平台上，卖家每日需要处理大量的订单数据，以便更好地了解销售情况、优化产品策略和提高运营效率。为了进行有效的数据分析，卖家需要对这些订单数据进行一系列的处理操作。这些操作包括数据标准化、数据聚合和数据转换，它们共同构成了订单数据处理的核心流程。

数据标准化是处理订单数据的关键步骤之一。由于订单数据可能来源于不同的渠道或系统，这些数据在格式、单位和质量标准上均可能存在差异。为了消除这些差异，卖家需要对数据进行标准化处理，如统一格式和单位等。这样一来，卖家就能在不同的订单数据之间进行比较和分析，从而更加准确地掌握销售情况和市场趋势。

数据聚合是处理订单数据的另一个重要环节。在收集到大量的订单数据后，卖家需要对相关数据进行汇总和分组，以便从整体上把握订单数据的特征和趋势。通过数据聚合，卖家可以了解哪些商品受欢迎、哪些地区销售较好、哪些时间段订单量较大等信息。这些信息对于卖家制定产品策略、调整销售策略和优化运营流程都具有重要的指导意义。

数据转换也是处理订单数据中不可或缺的一环。原始订单数据可能包含各种类型的信息，如订单号、商品名称、价格、数量等，然而，这些原始数据通常并不适合直接用于分析。因此，卖家需要对原始数据进行转换，将其转换为更适合分析的形式。例如，卖家可以计算订单的平均值、中位数、众数等统计量，以便更好地了解订单数据的分布情况。此外，卖家还可以利用数据可视化工具将数据转换成图表或报告，从而更加直观地展示订单数据的特征和趋势。

（三）订单数据分析

订单数据分析是全球速卖通平台运营中不可或缺的一环。经过处理的订单数据蕴含着丰富的商业价值，通过深入分析，可以为企业决策提供有力的数据支持。常见的订单数据分析方法有以下几种。

1. 趋势分析

趋势分析主要关注订单数量、订单金额等关键指标随时间的变化情况。这种分析方法通过运用时间序列图表，能够直观地揭示订单数据的增长或下降趋势，还可以观察是否存在周期性波动。

通过趋势分析，企业可以清晰地看到订单数量的增减情况。如果订单数量呈现稳步增长的趋势，那么这可能意味着企业的产品或服务在市场上得到了消费者的认可，市场需求正在不断扩大。反之，如果订单数量下滑，那么企业就需要及时反思，查找问题所在，可能是产品质量、服务水平或价格策略等方面出现了问题，需要及时调整。

通过趋势分析，企业可以了解订单金额的变化情况。如果订单金额持续上升，那么这可能意味着企业的产品或服务在市场上的定价策略是合理的，消费者对产品或服务的价值认可度高。而如果订单金额下降，那么企业就需要考虑是价格过高，还是产品或服务的质量未能满足消费者的期望，导致消费者降低了购买欲望。

2. 关联分析

关联分析作为一种重要的数据分析方式，能够帮助企业从海量订单数据中挖掘出潜在的模式和规律。通过对不同指标之间的关联关系进行深入研究，企业可以更好地理解消费者的需求，优化产品组合，制定更精准的营销策略。

在关联分析的过程中，企业可以首先关注不同产品之间的销售关联度。通过分析历史销售数据，企业可以发现，经常同时被购买的产品之间就存在销售关联度，如在购买婴儿奶粉的同时，很多消费者也会购买尿布。因此，企业可以在销售奶粉的同时，推出尿布促销活动，以提高销售额。

除了分析产品之间的销售关联度，企业还可以通过关联分析来发现消费者购买行为的其他规律，如企业可以通过分析购买时间、购买频率和购买金额等指标，发现消费者的购买偏好和消费习惯。这样，企业就可以根据消费者的需求和习惯，提供更加个性化的服务和产品，以提升消费者的满意度。

同时，关联分析还可以帮助企业优化产品组合。通过对不同产品之间的关联关系进行分析，企业可以了解哪些产品之间的组合最受欢迎，哪些产品之间存在竞争关系。根据这些信息，企业可以优化产品组合，提高产品的整体竞争力。

3. 地域分析

在当今全球化的商业环境中，了解不同地域的市场需求和消费者偏好至关重要。通过对订单的地域分布进行深入分析，企业可以更准确地把握不同地区的市场需求和消费者偏好,进而制定出更具针对性的市场策略。

地域分析首要关注的是订单的来源地。通过分析不同地区的订单数量、增长率和消费者购买力等数据,企业可以清晰地了解各地区的市场潜力和消费者需求,如在某些地区消费者可能更注重产品的性价比,而在其他地区消费者可能更看重产品的品质和服务。这些差异为企业在不同市场制定不同的产品定价策略提供了有力支持。地域分析还关注订单的发货地。通过分析发货地的地理位置、物流基础设施和运输成本等,企业可以优化物流配送策略,提高物流效率和降低运输成本。例如,针对远离发货地的地区,企业可以选择建立仓储中心或采用更高效的物流方式,以确保产品能够快速、安全地送达消费者手中。

此外,地域分析还需要关注物流路径。通过分析订单的物流路径、运输时间和运输过程中的损耗等,企业可以进一步优化物流配送网络,提高物流效率。同时,这也有助于企业识别潜在的风险,如运输过程中的损耗、延误等,从而采取相应措施,确保订单能够按时、按量、按质地送达消费者手中。

4. 消费者分析

消费者分析是订单数据分析中不可或缺的一个环节,这个环节的重要性不仅在于理解消费者的购买行为,还在于可以通过深度挖掘消费者的信息来全面掌握消费者的消费习惯和信用状况。这样的分析不仅能为企业提供宝贵的市场洞察结果,还能帮助企业优化营销策略,提高交易安全性,从而在市场竞争中占据更有利的位置。

消费者分析的核心是深入理解消费者的购买行为。购买行为包括购买的频率、数量、时间和偏好等。通过对这些数据的细致分析,企业可以了解消费者的需求和喜好,从而有针对性地调整产品或服务,以满足消费者的个性化需求。例如,如果消费者经常购买某一类产品,企业就可以针对这一特点推出更多相关产品。

(四)订单数据利用

订单数据的分析结果不仅是全球速卖通平台业务决策的重要依据,还是提升平台竞争力的关键所在。主要的应用场景如下。

1. 产品优化

在订单数据中,各类商品的销售情况是最直观的市场反馈。通过对比不同商品的销售数量、销售额和增长率等指标,企业可以清晰地看到哪些产品在市场上表现优异,哪些产品表现平平。这些数据为企业提供了调整产品策略的重要依据,如对于销售不佳的产品,企业可以考虑进行产品优化,改进设计或增加新功能,以满足消费者的需求;而对于市场表现优异的产品,企业可以加大生产力度,增加市场供应,以抓住市场机遇。

此外,消费者的反馈也是订单数据中不可或缺的一部分。消费者的评价、意见和建议直接反映了他们对产品的满意度和期望,通过分析这些反馈,企业可以深入了解消费者的需求和偏好,为产品研发和市场推广提供有力支持。

基于订单数据的分析结果,企业还可以进行定价策略的调整。通过对比不同产品的价格和销售情况，企业可以找出价格与市场需求之间的平衡点，确保产品价格既能覆盖成本，又能吸引消费者。这种定价策略的调整，有助于提高产品的市场竞争力，增加企业的盈利空间。

2. 营销策略的制定

订单数据蕴含了丰富的市场信息和消费者行为数据，可以为企业营销策略的制定提供有力支持。通过对订单数据的深入分析和挖掘，企业不仅可以洞察市场的动态变化，还可以预测未来的市场需求和消费者行为趋势，从而制定更加精准、有效的营销策略。

订单数据能够揭示市场的季节性变化规律。不同季节、不同节日，消费者的购买习惯和需求都会有所不同。通过对订单数据的季节性分析，企业可以把握消费者的购买节奏和需求变化，从而调整广告投放的时间和频率，确保在最佳时机触达目标消费者。例如，在节日期间，企业可以通过加大广告投放力度、优惠促销等活动吸引更多消费者，以提高销售额。订单数据还可以帮助企业发现市场的周期性变化规律。在某些行业，如快消品领域，市场的周期性变化尤为明显。通过对订单数据的周期性分析，企业可以预测市场的未来走向，从而提前调整库存、生产计划等，以避免市场波动对企业造成不利影响。

除了揭示市场的季节性和周期性变化规律，订单数据还可以为企业提供消费者行为数据。通过对消费者的购买记录、浏览记录等数据的分析，企业可以了解消费者的偏好、需求和购买能力等信息，进而制定更加个性化的推广方案。例如，对于经常购买某一类产品的消费者，企业可以推送相关产品的优惠信息，以提高购买转化率。

此外，订单数据还可以帮助企业进行消费者画像的分析。通过对消费者的购买行为、浏览行为和搜索行为等数据进行分析，企业可以勾勒出消费者的画像，了解不同消费者群体的特点和需求，从而制定更加精准的营销策略，如对于年轻群体，企业可以采用更加时尚、潮流的广告风格；对于中老年群体，则需要更加注重产品的实用性和性价比。

3. 库存管理

订单数据在库存管理中的重要性不容忽视。通过对订单数据进行深入细致的分析，企业可以洞察市场的需求和消费者的购买行为，从而精准预测未来的销售趋势和需求量。这种预测能力使得企业能够合理规划和调整库存水平，有效避免库存积压或缺货现象的发生。

库存积压不仅占用企业的资金和存储空间，还可能导致产品过时或损坏，进而增加企业的运营成本；而缺货现象则可能导致销售机会的丧失，影响企业的营收和品牌形象。通过对订单数据的分析，企业可以更加精准地掌握市场需求，并根据实际需求调整库存量，以确保库存始终保持在合理水平。

此外，订单数据还可以帮助企业提高库存周转率。库存周转率是指企业库存商品在一定时期内被销售出去的次数，是衡量库存管理效率的重要指标。通过对订单数据的分析，企业可以了解各类产品的销售速度和周期，从而有针对性地调整库存结构和补货策略，提高库存周转率，降低库存成本。

除了在库存管理方面的应用，订单数据还可以用于供应链的优化。企业可以利用订单数据分析供应商的表现和供货能力，与供应商建立更加紧密的合作关系，确保产品供应的稳定性和可靠性。通过与供应商的紧密合作，企业可以及时获取所需的原材料和零部件，以保证生产线的顺畅运行，从而满足市场需求。

4. 服务改进

订单数据是消费者购买行为的直接体现，其背后蕴含着丰富的信息，如消费者的购买习惯、信用状况和服务需求等。通过对订单数据的深入分析，企业可以更加精准地理解消费者的需求，从而进行有针对性的改进。

订单数据中的消费者反馈和投诉信息是企业了解消费者需求的直接渠道。这些反馈和投诉往往直接反映了消费者在购物过程中的不满和困惑。通过分析这些信息，企业可以迅速发现服务中存在的问题并及时改进。例如，如果消费者反馈某款商品的配送时间过长，企业就可以针对这一问题优化物流流程，提高配送效率，从而提升消费者的购物体验。

此外，订单数据还可以用于建立消费者信用体系。通过对消费者交易记录、支付行为等数据的分析，企业可以对消费者的信用等级进行评估。对于信用等级较低的消费者，企业可以加强风险管理和监控，确保交易的安全性和稳定性；对于信用等级较高的消费者，企业可以提供更为宽松和灵活的购物服务，以此鼓励消费者持续购买。

任务二　解答商品咨询和服务咨询

温专公司作为行业内的佼佼者，拥有庞大的客户群体和多样化的产品线。然而，由于不同国家和地区的文化差异、语言障碍和时差等，客户在购物过程中难免会遇到各种问题，需要专业的客服人员提供及时的解答和帮助。Andy主要负责解答客户商品咨询和服务咨询的相关问题，利用专业的知识和技巧，帮助客户了解产品的详细信息、使用方法、注意事项等，并解答客户在购物过程中遇到的问题。

一、产品知识与特点掌握

在跨境电子商务客服实务中，全球速卖通平台的商品咨询解答要求客服人员具备丰富的产品知识和对平台特点的深入理解。以下是一些关于全球速卖通平台产品知识与特点的掌握要点。

（一）产品分类和特点

全球速卖通平台的客服人员必须熟悉和掌握平台上各种产品的分类及其特点，这不仅有助于提供高效、准确的客户服务，还能为客户带来更好的购物体验。

客服人员需要全面了解全球速卖通平台上的主要产品分类,除了常见的服装、家居、数码和美妆等类别,全球速卖通平台还涵盖了鞋包、运动户外用品、汽车配件、母婴用品和保健食品等众多类别。每个类别都有丰富的产品种类和自身特色,客服人员需要不断学习和更新知识,以应对各种咨询需求。对于每个类别的产品,客服人员需要深入了解其基本特点、功能、用途和优劣势,如在服装类别中,客服人员需要了解不同款式、面料和尺码等细节,以便在客户咨询时能够提供专业的建议;在家居类别中,客服人员需要了解各种家居用品的材质、风格和适用场景等信息,以便为客户提供个性化的推荐。

此外,客服人员还需要关注产品的市场动态。随着科技的进步和潮流的更迭,全球速卖通平台上的产品也在不断更新换代。客服人员需要及时掌握新产品的特点和卖点,以便为客户提供最新、最热门的产品信息。

为了更好地服务客户,客服人员还应具备一定的产品鉴别能力,以便在客户咨询时能够根据产品的描述、图片等信息,快速判断产品的真实性和质量,为客户提供准确的购物建议。

(二)平台特点和优势

全球速卖通平台具有操作简单的优点。友好的界面设计和直观的操作流程使得即便是初次接触跨境购物的客户也能迅速上手。全球速卖通平台也提供了多种在线支付的方式,包括信用卡、借记卡、各种电子钱包等,提高了交易的灵活性。此外,全球速卖通平台与全球各大物流公司紧密合作,实现了商品的快速配送。

(三)商品详情页信息

在全球速卖通平台上,商品详情页不仅是商品的展示窗口,还是连接卖家与客户的桥梁。一份详尽且准确的商品详情页,对于提升购物体验和促进交易成功都起着至关重要的作用。因此,客服人员对商品详情页信息的熟悉程度直接关系他们能否为客户提供高效、专业的服务。

商品详情页信息通常包括以下内容。

(1)产品描述部分。该部分用简洁明了的语言描述了产品的核心卖点,客服人员需要深入理解这些描述,以便在客户咨询时能够准确传达产品的独特之处。

(2)规格参数部分。该部分详细列出了产品的各项技术指标,如尺寸、质量、材质和容量等。客服人员对这些参数的了解,可以帮助他们解答客户对产品性能的疑问,并能够根据客户需求精准推荐产品。

(3)使用方法部分。该部分提供了产品的操作步骤和注意事项,客服人员需要熟悉这些内容,以便在客户遇到使用问题时能够及时给予指导和帮助,避免客户因为操作不当导致不满。

(4)注意事项部分。商品详情页通常还会注明一些特殊的注意事项,如保修期限、退换货政策等。客服人员对这些信息的掌握,有助于更好地处理售后问题,维护客户的权益和满意度。

SuperFit Pro Smartwatch 的商品详情页示例如下。

SuperFit Pro Smartwatch

产品概述 Product Overview

SuperFit Pro Smartwatch 是一款结合了时尚设计和先进技术的智能手表，不仅能追踪您的健康和健身活动，还能通过智能通知让您随时保持在线状态。

The SuperFit Pro Smartwatch is a fusion of sleek design and cutting-edge technology. It not only tracks your health and fitness activities but also keeps you connected with smart notifications.

产品特点 Key Features

● 高级健康监测：24/7 心率监测、血氧饱和度检测、睡眠追踪。

Advanced Health Monitoring: 24/7 heart rate monitoring, blood oxygen saturation detection, sleep tracking.

● 多种运动模式：支持跑步、游泳、骑行等多种运动模式，自动运动识别。

Multiple Sports Modes: Supports various sports modes including running, swimming, cycling, with automatic exercise recognition.

● 智能通知：接收电话、短信、电子邮件和社交媒体通知。

Smart Notifications: Receive calls, texts, emails, and social media alerts.

● 长效电池寿命：一次充电可使用长达 7 天。

Long-lasting Battery Life: A single charge lasts up to 7 days.

● 防水设计：5ATM 防水等级，适合日常使用和水上活动。

Water Resistance Design: 5ATM water resistance suitable for everyday use and water activities.

规格参数 Specifications

● 显示屏：3.3 cm 高清触摸屏。

Display: 3.3-centimeter high-definition touch screen.

● 分辨率：360×360 像素。

Resolution: 360×360 pixels.

● 内存：16 GB 内部存储。

Memory: 16 GB internal storage.
- 兼容性：iOS 10.0 及以上/Android 6.0 及以上。

Compatibility: iOS 10.0 and above / Android 6.0 and above.
- 尺寸：46mm×46mm×10mm。

Dimensions: 46mm×46mm×10mm.
- 质量：约 50g。

Weight: Approximately 50 grams.

购买选项 Purchase Options
- 颜色选择：黑色、银色、玫瑰金。

Color Choices: Black, Silver, Rose Gold.
- 尺寸选择：标准尺寸、大尺寸。

Size Options: Standard, Large.

退换货政策 Return and Exchange Policy
- 我们提供 30 天无理由退换货服务。如果产品存在质量问题，我们将承担所有退换货费用。

We offer a 30-day no-questions-asked return and exchange service. If there are any quality issues with the product, we will cover all return and exchange costs.

（四）市场动态和竞争情况

对于客服人员来说，了解市场动态和竞争情况是他们做好本职工作的基本要求。市场动态是指市场上各种因素的变化情况，包括技术进步、消费者需求变化、政策法规调整等。客服人员需要密切关注这些动态，以便及时了解市场的最新趋势和变化。例如，当一个新的技术或产品出现时，客服人员需要快速了解其功能、优势和适用场景，以便能够向客户准确介绍并推荐。

竞争情况则是指市场上同类产品或服务之间的竞争态势。客服人员需要了解竞争对手的产品特点、价格策略和市场份额等信息，以便在与客户沟通时能够提供有针对性的建议和解决方案。例如，当客户质疑产品价格时，客服人员可以通过对比竞争对手的价格来为客户解释本企业产品的性价比优势。

了解市场动态和竞争情况对于客服人员来说具有诸多好处。首先，这有助于客服人员更好地了解客户需求，从而为客户提供更加个性化的产品推荐和购买建议。通过对市场动态的关注，客服人员可以了解客户的最新需求和偏好，从而为客户提供更加贴心和专业的服务。其次，这有助于客服人员提高工作效率和质量。通过对竞争情况的分析，客服人员可以了解市场上同类产品的优势和不足，从而更加精准地为客户解决问题。

为了更好地了解市场动态和竞争情况，客服人员可以采取以下措施：首先，定期参加行业会议、研讨会等活动，与同行交流，了解最新的市场趋势和变化；其次，关注行业媒体、专业网站等渠道，获取最新的市场信息和数据；最后，积极与客户互动，了解他们的需求和反馈，从而不断改进和提高服务质量。

二、客户咨询类型分析

(一) 常见咨询问题及解答策略

1. 产品咨询类问题

问题1：产品性能如何？

解答策略：详细介绍产品的主要性能，提供客观的数据支持，并分享其他客户的使用评价。

问题2：产品有哪些颜色或尺寸可选？

解答策略：提供详细的产品颜色和尺寸选项，并根据客户的需求推荐合适的选项。

问题3：产品信息中的尺寸、颜色、材质等与实际是否相符？

解答策略：准确提供产品信息，同时建议客户仔细查看商品详情页和图片；对于材质和颜色等可能存在差异的问题，可以提醒客户注意产品描述中的说明，并在必要时提供实物图片或视频供客户参考。

2. 价格与优惠类问题

问题1：产品价格能否优惠？能否使用优惠券或参与促销活动？

解答策略：根据平台政策和店铺活动，为客户提供最新的价格信息和优惠详情；同时，可以介绍店铺的会员制度或积分政策，鼓励客户参与以获得更多优惠。

问题2：如何使用优惠券或积分？

解答策略：详细解释优惠券或积分的使用方法和规则，确保客户能够享受优惠。

3. 支付与物流类问题

问题1：支持哪些支付方式？

解答策略：列出支持的支付方式，如信用卡、支付宝和 PayPal 等，并说明支付流程及安全性。

问题2：有哪些物流方式可以选择？运费如何计算？

解答策略：详细介绍平台提供的物流方式，包括平邮、快递等，并根据客户购买商品的数量和质量提供运费估算；同时，可以推荐一些经济实惠且时效较快的物流方式，以满足客户的需求。

4. 售后服务类问题

问题1：如何查询订单状态？订单何时发货？

解答策略：指导客户通过平台查询订单状态，并提供订单发货的大致时间，对于已发货的订单，可以提供物流单号以便客户查询物流信息。

问题2：产品收到后不满意或存在质量问题如何退换货？

解答策略：详细介绍平台的退换货政策，包括退换货的条件、流程和注意事项；同时，对于客户提出的质量问题，可以积极沟通并协商解决，以提升客户满意度。

问题3：产品出现问题怎么办？

解答策略：告知客户如何联系售后客服，以获得技术支持或维修服务。

5. 其他常见问题

问题1：如何修改订单信息？

解答策略：说明订单信息修改的条件和流程，如修改收货地址、联系方式等。

问题2：是否需要支付额外的关税或税费？

解答策略：客服人员应根据目的地国家的税收政策进行解答，并提醒客户在购买前了解相关税费信息。

（二）特殊产品问题与定制化解答

1. 特殊产品咨询

全球速卖通平台上的产品种类繁多，其中不乏一些具有特殊性质或用途的产品。客户在购买这些产品时，往往会有更多的疑问和顾虑。例如，某客户想购买一款特殊材质的饰品，他可能会询问关于材质的来源、加工工艺和保养方法等问题，此时，客服人员需要深入了解该产品的相关信息，并根据客户的实际需求提供详细的解答和推荐。

定制化解答策略：

（1）针对特殊产品，提前准备详细的产品知识库，包括材质、工艺和使用方法等方面的信息。

（2）与产品供应商或制造商保持密切联系，以了解产品的最新动态和特性。

（3）根据客户对产品的具体需求和顾虑，提供个性化的解答和建议，确保客户能够充分了解产品并做出明智的购买决策。

2. 定制化服务需求

有些客户在购买产品时，希望获得一些定制化的服务，如刻字、定制包装或特殊配送等。这些需求往往需要客服人员在订单确认后与客户进行深入的沟通和确认。客服人员需要耐心倾听客户的需求，并提供专业的建议和解决方案。

定制化解答策略：

（1）对于常见的定制化服务需求，制定标准化的操作流程和价格体系，以便快速响应客户需求。

（2）对于特殊的定制化服务需求，与客户进行深入沟通，了解具体需求和期望，并提供可行的解决方案和报价。

（3）在确认定制化服务细节后，及时与相关部门协调，确保服务能够按时、保质完成。

3. 跨境支付与税费问题

由于全球速卖通是跨境电子商务平台，涉及不同国家和地区的支付方式和税费政策，客户在购买商品时，可能会对支付方式、汇率转换和税费计算等产生疑问，因此客服人员需要了解并掌握相关的支付和税费政策，为客户提供准确的解答和指导。

定制化解答策略：

（1）对于不同国家和地区的支付方式和税费政策进行梳理和总结，形成知识库供客服人员查阅。

（2）根据客户的购买地区和支付习惯，推荐合适的支付方式，并解释相关的汇率转换和手续费问题。

（3）在计算税费时，根据产品种类、价值和目的地等进行精确计算，并向客户解释税费的构成和支付方式。

4. 文化差异与沟通障碍

由于全球速卖通平台的客户来自世界各地，文化背景和语言习惯可能存在较大差异，因此客服人员需要具备跨文化沟通的能力，尊重并理解客户的文化差异，避免因沟通障碍导致的误解和纠纷。

定制化解答策略：

（1）提供多语言服务，确保客户能够使用自己熟悉的语言进行沟通。

（2）对于涉及文化差异的问题，客服人员需要进行深入了解和研究，以便更好地理解客户的需求和疑虑。

（3）在沟通过程中，保持礼貌、耐心和专业的态度，积极寻求双方都能接受的解决方案。

三、商品推荐与搭配建议

（一）根据客户需求推荐商品

1. 深入了解客户需求

在与客户沟通时，客服人员需要特别注重收集产品的具体需求信息。首先，客服人员可以详细询问客户对产品功能的期望，包括了解客户希望产品具备哪些特定的功能和这些功能在日常使用中的重要性。通过深入了解客户的功能需求，客服人员可以为他们推荐能够真正满足其需求的产品。

价格也是客户非常关注的一个方面。客服人员可以主动询问客户的预算范围，以便在推荐产品时能够考虑到价格因素。这样，客户不仅能获得满足需求的产品，还能在预算范围内做出更明智的选择。

此外，品牌和材质同样是与客户沟通的重要内容。客服人员可以了解客户对品牌的偏好和对材质的特殊要求，从而为他们推荐那些符合品牌喜好和材质要求的产品。品牌信誉和材质质量都是影响客户购买决策的关键因素，因此客服人员需要格外重视这些方面的沟通。

同时，客服人员还需要关注客户对产品尺寸的需求。通过询问客户关于产品尺寸的具体要求，确保推荐的产品能够完美匹配客户的实际需求。无论是大型家电还是小型配件，客服人员都可以根据客户的尺寸要求来为他们推荐合适的产品。

除了应该关注产品的具体需求，客服人员还应该深入了解客户购买产品的目的和产品的使用场景。通过与客户沟通，在了解其购买产品的具体原因及产品在日常生活中的实际应用场景后，客服人员就可以为客户推荐那些最适合他们使用需求的产品了。例如：如果客户需要一款适合户外活动的产品，可以为他们推荐那些具有防水、耐摔等特性的产品；如果客户需要一款用于家庭装饰的产品，可以为他们推荐那些设计美观、材质优良的产品。通过深入了解客户需求和产品的使用场景，全球速卖通平台能够为客户提供更加精准、个性化的服务。

2. 分析产品特性与优势

在深入了解客户需求后，客服人员可以根据客户的具体需求，结合产品的性能、价格和品质等，为客户推荐最合适的产品。

首先，全球速卖通平台上的商品种类繁多，涵盖了电子产品、家居用品和服装鞋帽等多个领域，而且平台会定期更新商品信息，因此，客服人员需要确保对各类产品的特性有深入的了解。如对于电子产品，可以关注其性能参数、技术特点和用户体验等方面的信息；对于家居用品，可以关注其材质、设计和耐用性等方面的特点。

在了解产品特性的基础上，客服人员还可以对比不同产品的优缺点，包括对比同类产品在不同品牌、型号和价格等方面的差异，并分析这些差异对客户使用体验的影响。通过对比，客服人员能够更准确地把握各类产品的优势和不足，从而为客户推荐最合适的产品。

3. 推荐符合客户需求的产品

推荐符合客户需求的产品是提升客户满意度的关键步骤。根据客户的具体需求和预算，精心挑选并推荐合适的产品，客服人员可以同时提供多个选项，以便客户根据自己的喜好和预算做出最佳选择。

在推荐产品时，客服人员需要综合考虑客户的需求，强调产品的独特之处和竞争优势，帮助客户更好地认识产品的价值。如果客户需要一款性价比高的手机，客服人员可以推荐性能稳定、价格适中的手机；如果客户注重家居用品的品质和设计，客服人员可以推荐材质优良、设计美观的家居产品。

此外，客服人员还需要始终关注客户的反馈和意见。在推荐产品后，积极与客户保持沟通，了解他们对产品的满意度和使用体验。如果客户有疑问或建议，应及时给予回应和改进，以确保客户能够得到最好的服务。

推荐产品示例如下。

推荐与搭配建议 Recommendations and Pairing Suggestions

欢迎来到×××，您的时尚搭配顾问！
Welcome to ×××, Your Personal Fashion Consultant!

您选择的是我们春季新款女士连衣裙，这款连衣裙以其轻盈的面料和优雅的花卉印花设计，定会成为您衣橱中的亮点。为了让整体造型更加完美，我们为您推荐以下搭配：
The dress you've chosen is our new spring women's dress, known for its light fabric and elegant floral print design, which will surely become a highlight in your wardrobe. To make the overall look perfect, we recommend the following pairings:

配饰推荐 Accessory Recommendations

● 简约银色项链：能够为您的颈部增添一抹亮色，但不会与连衣裙的印花争夺注意力。Minimalist silver necklace: Adds a touch of brightness to your neckline without competing with the dress's print.

● 精致银色手链：与项链相呼应，能够为整体造型增添一份优雅气质。Delicate silver bracelet: Echoes the necklace, adding an elegant touch to the overall look.

鞋类推荐 Footwear Recommendation

● 白色皮质平底鞋：舒适而时尚，白色与裙子的清新感完美搭配。White leather flats: Comfortable and stylish, the white color perfectly matches the fresh feel of the dress.

外套推荐 Outerwear Recommendation

● 轻便牛仔夹克：在春季多变的气温中既保暖，又能增添一种休闲感。Lightweight denim jacket: To keep warm during the spring's varying temperatures and add a casual touch.

搭配效果 Styling Effect

● 穿上这条裙子，配上推荐的配饰和鞋履，你将穿出春天的优雅和温柔，牛仔夹克的加入则增添了休闲和自由的感觉。Wearing this dress with the recommended accessories and footwear, you will exude spring's elegance and gentleness. The addition of a denim jacket adds a sense of casualness and freedom.

我们的承诺 Our Promise

● 所有推荐产品均享受我们的无忧退换货政策。All recommended products come with our hassle-free return and exchange policy.

● 专业客服团队随时准备回答您的问题。Our professional customer service team is always ready to answer any questions you may have.

（二）商品搭配与套餐推荐

1. 分析商品关联度

商品关联度主要体现在互补性和替代性两个方面。互补性商品通常指那些在使用或消费过程中需要相互配合的产品。例如，手机和手机壳就是典型的互补商品，因为手机壳通常用于保护手机，所以二者在使用上相互依赖。对于这类商品，客服人员可以考虑在销售时进行捆绑销售或推荐购买，以满足消费者的整体需求。替代性商品则是指那些功能或用途相近，可以相互替代的商品。例如，不同品牌的洗衣粉或不同型号的电视机都可被视为替代性商品。在分析替代性商品时，客服人员需要关注商品的性能、价格和品牌等因素，以便为消费者提供多样化的选择。

此外，通过分析客户的购买历史和浏览记录，客服人员可以了解客户的偏好和需求。其中，购买历史可以揭示客户的购买习惯和消费能力，客服人员可以据此为客户推荐更符合需求的产品；浏览记录则可以揭示客户的兴趣和潜在需求，例如，如果客户频繁浏览某一类商品的页面，那么客服人员可以据此推断出客户对该类商品具有较高的关注度。

2. 推荐搭配套餐

为客户推荐符合其需求的搭配套餐是客服人员一项重要的服务。通过深入分析客户的购买历史、浏览记录和实时沟通情况，客服人员能够准确捕捉客户的偏好和需求，从而为他们量身打造理想的搭配套餐。在服装搭配方面，客服人员可以根据客户的体型、风格偏好和场合需求等为其推荐搭配套餐，如对于商务场合，可以推荐经典的衬衫与西装裤搭配，同时提供不同品牌、款式和颜色的选项，以满足客户的个性化需求；对于休闲场合，可以推荐更为舒适、时尚的搭配组合。在电子产品组合方面，客服人员可以根据客户的使用习惯、功能需求和预算限制等为其推荐搭配套餐，如对于需要高效办公的客户，可以推荐高性能的笔记本电脑搭配无线鼠标和键盘，以及必要的办公软件；对于游戏爱好者，可以推荐高性能的游戏主机、显示器和配套的游戏配件。

此外，客服人员需要始终关注客户的预算需求。在推荐搭配套餐时，应该提供不同价位的选项，让客户根据自己的预算进行选择。这样，客户既能在预算范围内找到满意的产品，又能享受到搭配套餐带来的便利和优惠。

3. 强调套餐优势

搭配套餐对于客户来说具有较强的吸引力，可以通过强调套餐的优势，确保客户能够充分了解并感受到套餐带来的实际好处。

由于搭配套餐在价格上具有显著的优势，客服人员可以为客户提供套餐与单独购买的价格对比，让客户能够直观地看到套餐的性价比。通过整合多个产品形成套餐，客服人员可以为客户争取更多的优惠和折扣，让客户在享受多样化产品的同时，还能节省不少费用。

搭配套餐的方便实用性也是一大亮点。对于客户来说，单独挑选和购买多个商品可能需要花费更多的时间和精力。而搭配套餐为客户提供了一站式购物体验，客户只需选择适合自己需求的套餐，即可轻松获得一系列相关商品，省去了烦琐的挑选和购买过程。

此外，搭配套餐还体现了商品的互补性和协调性。通过精心挑选和搭配，可以确保套餐内的各个商品能够相互补充、协调一致，从而发挥更好的整体效果，这对于追求生活品质和时尚感的客户来说，无疑是一个极具吸引力的选择。

四、服务咨询应对技巧

（一）倾听与理解客户需求

倾听与理解客户需求是售中服务中的核心技能，在倾听与理解客户需求时，客服人员可以通过以下技巧应对客户的咨询。

1. 倾听技巧

（1）保持积极倾听的态度。客服人员应时刻保持专注和耐心，积极倾听客户的问题和需求，避免中途打断客户，让客户能够充分表达自己的观点和疑虑。

（2）澄清与确认。听取客户诉求后，客服人员可以通过提问、复述等方式来澄清和确认客户的需求。这有助于确保双方对问题的理解是一致的，可以避免因为沟通不畅而导致的误解。

（3）观察客户情绪。在倾听时，客服人员还应注意观察客户的情绪变化。如果客户表现出不满或焦虑，客服人员应及时调整沟通方式，以更温和、更耐心的态度来回应客户。

2. 理解客户需求

（1）挖掘潜在需求。除了直接回答客户的问题，客服人员还可以通过倾听来挖掘客户的潜在需求。例如，客户虽然只问了一个简单的问题，但实际上可能需要更全面的解决方案。通过深入了解客户的实际需求，客服人员可以为客户提供更贴心、更个性化的服务。

（2）提供解决方案。在理解客户需求的基础上，客服人员应迅速给出解决方案或建议，并确保解决方案既符合客户的实际需求，又能够体现卖家的专业和优势。

（3）记录与反馈。为了更好地服务客户，客服人员应将客户的需求和问题记录下来，并及时向相关部门反馈。

3. 应对客户需求

（1）提供解决方案。客服人员应根据客户的需求和期望，提供合适的解决方案，包括调整价格或提供其他优惠。

（2）保持耐心和礼貌。即使客户的需求比较复杂或难以满足，客服人员也应保持耐心和礼貌，并应通过积极的态度和专业的建议，赢得客户的信任和满意。

（3）及时跟进。在提供解决方案后，客服人员应及时跟进客户的反馈。这有助于问题的顺利解决，并增强客户的信任感。

（二）专业解答与情绪安抚

专业解答是客服工作的基础。全球速卖通平台的客服人员需要熟悉平台政策、产品知识和交易流程，以便能够准确、快速地回答客户的问题。当客户咨询时，客服人员应仔细倾听客户的问题，了解客户的具体需求，然后根据自己的知识和经验给出专业的解答和建议。如果客服人员不确定某个问题的答案，应及时向相关部门或同事寻求帮助，确保为客户提供准确、可靠的解答。

情绪安抚在客服工作中同样重要。在跨境电子商务交易中，由于语言、文化和时差等存在差异，客户可能会遇到各种问题和困扰，进而产生不满或焦虑的情绪。此时，客服人员需要耐心倾听客户的问题，理解客户的需求，并以友善、专业的态度来安抚客户的情绪。客服人员可以运用一些沟通技巧，如表达同情、给予积极反馈和提供解决方案等，来缓解客户的紧张情绪，增强客户对平台的信任感。

在提供专业解答和情绪安抚的过程中，客服人员还需要注意以下几点。

1. 保持礼貌和耐心

无论客户的问题多么琐碎或复杂，客服人员都应保持礼貌和耐心，以积极的态度来回应客户。

2. 清晰明了地回答问题

客服人员应使用简单明了的语言来回答客户的问题，避免使用过于专业或复杂的术语。

3. 主动承担责任

如果客户的问题是由客服人员操作失误造成的，客服人员应主动承担责任，并向客户道歉，然后积极寻求解决方案，以弥补客户的损失。

4. 灵活应对

客服人员需要具备灵活应变的能力，能够根据客户的情绪和需求调整自己的沟通方式和策略。

五、服务质量提高策略

（一）反馈的收集与分析

收集客户反馈是提高服务质量的基础。客户反馈包括但不限于客户对购买体验、商品质量、物流速度和售后服务等方面的反馈。客服人员可以通过订单完成后的满意度调查、产品评价和直接与客户沟通等方式来收集反馈。

在收集反馈时，客服人员需要注意以下几点：（1）确保反馈渠道畅通，方便客户随时提出意见和建议；（2）通过设置奖励机制或提供优质的客户服务来鼓励客户积极参与反馈；（3）对反馈应及时回应，以便让客户感受到平台的关注和尊重。

此外，分析客户反馈可以帮助客服人员发现服务中存在的问题和了解客户的需求。通过对反馈数据的深入分析，客服人员可以发现问题的根源，从而制定针对性的改进措施。例如，如果发现多个客户对某一款商品的尺寸表示不满，那么可能需要重新评估该商品的描述或提供更详细的商品尺寸信息。在进行反馈分析时，客服人员可以从以下几个方面进行分析。

1. 服务质量分析

通过对客户的反馈进行分类和统计，客服人员可以了解客户对服务的整体满意度和对具体服务环节的评价，并发现服务中存在的问题和不足。这有助于找出服务中的短板，并制定相应的改进措施。

2. 客户需求分析

客户的反馈中往往蕴含着他们的需求和期望。通过对反馈进行深入分析，客服人员可以发现客户的潜在需求和市场趋势，从而为平台的服务创新提供有力的支持。

3. 竞争对手分析

除了分析自身的服务，还需要关注竞争对手的表现。通过对比客户的反馈和评价，客服人员可以了解竞争对手的优势和不足，从而调整服务策略，提升竞争优势。

（二）服务流程优化与创新

服务流程的优化与创新是提高服务质量的关键策略之一。客服人员可以通过以下几点对服务流程进行优化与创新。

1. 服务流程优化

（1）简化服务流程。服务流程的简化是提升客户体验的基础。全球速卖通平台应定期审查现有的售中服务流程，识别并去除那些冗余、重复或不必要的步骤。通过简化流程，可以确保服务更加高效、直接，满足客户的即时需求。

（2）标准化操作。制定统一的服务标准和操作流程对于确保服务质量的稳定至关重要。全球速卖通平台需要明确客服人员在处理客户问题时应遵循的具体步骤和遵守的规范，包括使用标准话术、遵循统一的解决问题的流程等。标准化操作不仅有助于减少因个人操作差异导致的服务质量问题，还能提高团队的整体效率。

（3）引入自动化工具。积极引入智能客服机器人、自动回复系统等自动化工具，以减轻客服人员的工作负担，提高服务效率。这些工具能够处理大量重复的问题，释放客服人员的时间和精力，让他们能够专注于处理更复杂、更具挑战性的问题。

（4）建立反馈机制。建立有效的反馈机制，定期收集客户对服务流程的意见和建议。通过不断完善服务流程，可以提升客户的满意度和对品牌的忠诚度。

2. 服务流程创新

（1）个性化服务。通过收集和分析客户的购买历史、浏览记录等信息，可以为每个客户量身定制服务推荐和解决方案。例如，当客户浏览某一类商品时，智能推荐相关的热销商品或优惠活动，以满足客户的潜在需求。同时，针对客户遇到的问题，可以提供个性化的指导和建议，帮助客户更好地享受购物过程。

（2）多渠道服务。应积极拓展服务渠道，包括社交媒体、在线聊天工具和移动应用等，以便客户能够随时随地进行咨询和反馈。这种多渠道的服务模式不仅可以提高服务的便捷性，还可以更加全面地了解客户的需求和反馈，为服务流程的优化和创新提供有力支持。

（3）增值服务。应围绕产品或服务为客户提供一系列有价值的信息，如产品知识普及、使用技巧分享和行业动态解析等。这些增值服务不仅可以帮助客户更好地了解和使用产品，还可以增强客户的信任和依赖。

（4）智能化服务。可以运用 AI 和大数据等先进技术，实现服务流程的智能化和精准化。例如，通过智能客服机器人和语音识别技术自动识别客户的问题和需求，并提供相应的解答和建议。同时，利用大数据分析技术还可以对客户的行为和需求进行深入挖掘和分析，为个性化服务和精准营销提供有力支持。

3. 注重跨部门协作

（1）建立跨部门沟通机制。为了确保客服部门与其他部门（如物流、仓储、技术等）之间保持紧密沟通，及时解决问题，提升服务响应速度，应该建立跨部门沟通机制，如通过使用内部通信工具或建立电子邮件系统来实时传递信息；设立跨部门协作小组，专门负责协调各部门之间的合作事宜。

（2）共同制定服务标准。各部门应该共同参与制定服务流程和标准，包括明确服务目标、服务流程和服务规范等方面的内容。通过共同制定服务标准，各部门可以形成统一的服务理念和操作规范，减少因沟通不畅或理解差异导致的服务质量问题，确保服务流程的一致性和连贯性。

任务三　引导客户购买

随着全球市场的不断拓展和消费者需求的日益多样化，跨境电子商务公司面临着巨大的挑战和机遇。在这一背景下，温专公司积极寻求提升售中服务水平的途径，以满足客户的个性化需求，提升市场竞争力。Andy 不仅负责处理客户咨询、订单处理等基本工作，还负责引导客户购买的工作，通常通过个性化推荐、优惠活动等方式，帮助客户了解产品特点，解决购买疑虑，以促进销售增长。

一、客户需求分析与挖掘

（一）客户需求分析

在全球速卖通平台上，客户需求分析是客服人员工作中的重要一环。为了确保能够满足客户的期望，客服人员首先会对平台上的客户进行详细而全面的需求分析。

这一分析过程始于深入了解客户的购物习惯。客服人员可以通过仔细研究客户的购买历史，包括他们经常购买的商品类别、品牌偏好和购买频率等来洞察他们的购物需求，并预测他们可能感兴趣的新产品或促销活动。

此外，客服人员还可以通过关注客户的浏览行为，分析他们的搜索记录、浏览轨迹和停留时间等来了解他们对不同商品和页面的感兴趣程度。这些行为数据有助于客服人员更准确地把握客户的购物偏好，从而为他们提供更加个性化的服务。

除了分析客户的购物习惯和浏览行为，客服人员还需重视客户的反馈和评价。客户的反馈和评价是了解产品优缺点、客户需求变化的重要渠道。客服人员需要认真阅读客户的评价，关注他们对产品性能、价格、包装和物流等方面的评价。通过分析这些评价，客服人员可以发现产品的不足之处。对于不足之处，客服人员应及时向相关部门反馈，以便进行产品的改进和优化。

（二）客户需求挖掘

在了解了客户的基本需求后，客服人员需要进一步挖掘客户的潜在需求。这包括了解客户的购物目的、使用场景和期望解决的问题等，以便为客户提供更加精准的产品推荐和解决方案。

具体来说，客服人员可以通过以下方式挖掘客户需求。

1. 主动询问

在与客户进行互动时，客服人员可以运用有效的沟通技巧，主动询问客户的购物目的、使用场景和期望解决的问题等。这不仅能直接获取客户的信息，还能让客户感受到被重视和关注，从而建立更好的信任关系。

2. 观察行为

客服人员可以通过细心观察客户的浏览行为、搜索的关键词和点击量等来发现客户的兴趣点和关注点。例如，客户在浏览某一类产品时若停留时间较长，或者频繁搜索某一类关键词，则表明客户对此类产品可能有潜在需求。

3. 数据分析

利用数据分析工具，客服人员可以对客户的购物历史、浏览行为等数据进行深入挖掘。通过分析客户的购买趋势、偏好和消费习惯等，客服人员可以发现客户的潜在需求，并为后续的推荐和营销提供有力的数据支持。

4. 深入了解产品

为了更好地挖掘客户的潜在需求，客服人员需要对自己销售的产品进行深入了解。只有充分了解产品的特点、功能、适用场景等，才能更准确地把握客户的需求，并为客户提供合适的解决方案。

二、引导购买技巧与策略

（一）强调产品优势

1. 精确捕捉并突出独特卖点

客服人员的首要任务是深入了解产品的核心优势，这包括但不限于产品的独特设计、创新功能和优良材质等。与客户沟通时，要巧妙地将这些独特卖点融入对话，确保客户能够迅速捕捉到产品的与众不同之处。通过突出这些独特卖点，客服人员可以成功吸引客户的兴趣，激发他们的购买欲望。

2. 全面展示详尽的产品信息

为了让客户更加全面、深入地了解产品，客服人员需要提供详尽的产品信息，包括清晰的产品描述、高分辨率的产品图片和详细的使用视频等。通过这些丰富的信息展示，客户可以直观地感受到产品的特点和优势。同时，客服人员应确保所提供的产品信息准确无误，避免因信息不准确或缺失给客户带来疑虑和困扰。

3. 强调产品价值与性价比

在与客户交流时，客服人员除了需要描述产品的高品质、高性能和高实用性等价值，还需要结合客户的需求和期望来展示产品将如何满足他们的实际需求。同时，客服人员还需要通过对比同类产品的价格和性能，突出自身产品的性价比优势。在描述过程中，应注意用通俗易懂的语言进行表达，确保客户能够充分理解并感受到该产品是值得购买的，由此增强客户的购买信心，提升客户的满意度和忠诚度。

常用句型示例：

● Our [product] stands out for its [unique selling points], making it the perfect choice for [target customers].

● What sets us apart is [mention unique features or benefits], which not only [describe the advantage] but also [mention another benefit or how it makes the customer's life easier].

（二）提供优质服务

1. 快速响应客户需求

客服人员需要始终坚守岗位，确保在第一时间回复客户的咨询和疑问。无论是产品功能、使用方法，还是订单状态、配送信息等，都应确保客户在询问后即能得到迅速且准确的答复。同时，应高度重视客户的投诉和反馈，积极处理并给出及时、有效的解决方案，确保客户的权益得到保障。

2. 提供专业的产品建议

客服人员需要经过严格的产品知识培训，以获取丰富的产品知识和经验，并在此基础上根据客户的需求和偏好，为客户提供专业的产品建议和推荐。这不仅可以帮助客户快速找到适合自己的产品，还可以提升客户的购买意愿和满意度。同时，客服人员还应通过为客户提供专业的产品建议，增强客户的信任感，从而与客户建立稳定的合作关系。

3. 提供个性化的购物体验

每个客户都是独一无二的，客服人员可以通过了解客户的购物历史和偏好，为他们推荐符合其兴趣的产品。此外，客服人员还可以根据客户的需求提供定制化的包装服务、专属的优惠活动等，让客户感受到用心和关怀。这样的个性化服务不仅可以提升客户的购物体验，还可以提升客户的忠诚度和满意度。

（三）运用营销策略

1. 限时优惠与促销活动

客服人员可以告知客户当前的限时优惠和促销活动信息，如打折、满减和赠品等，通过实实在在的优惠，激发客户的购买欲望。同时，还可以鼓励客户关注相关社交媒体账号或进行电子邮件订阅，以便他们能够在第一时间获取最新的优惠信息，不错过任何一次购物的好时机。

2. 会员专享优惠

为了提升会员客户的忠诚度和促使其回购，客服人员还可以为会员客户提供一系列专享的优惠政策和会员特权。这些优惠可以包括会员专享折扣、会员日特别优惠和积分兑换等。这些措施可以让会员客户感受到与众不同的待遇，可以提升其归属感和忠诚度，从而推动他们进行更多的消费。

3. 社交媒体营销

在当今社交媒体盛行的时代，客服人员可以利用社交媒体平台进行产品推广和宣传。应定期在这些平台上发布产品图片、视频和使用教程等内容，展示产品的特点和优势，吸引潜在客户的关注。同时，客服人员还应积极与粉丝互动，回答他们的问题，解答他们的疑惑，以建立良好的品牌形象和口碑，进而将社交媒体上的流量有效地转化为实际的销售成果。

常用句型示例：

• Act now and take advantage of our limited-time offer: [discount or promotion details].

• Don't miss out on this opportunity to [benefit or achieve a goal]. Secure your [product] today.

三、购物车管理与结算支持

（一）购物车管理

1. 添加商品到购物车

客户在浏览全球速卖通平台时，看到心仪的商品后，可以点击商品详情页面上的"加入购物车"按钮，将商品添加到购物车中。此外，全球速卖通平台还支持批量添加商品到购物车，极大地提高了购物效率。

2. 查看与修改购物车

客户可以在全球速卖通平台的购物车页面查看已选商品的信息，包括商品名称、价格、数量和规格等。如果客户需要修改购物车中的商品数量或删除某个商品，只需在购物车页面进行简单的操作即可。客服人员可以为客户提供详细的修改和删除步骤，确保购物流程畅通无阻。

3. 合并与拆分订单

针对拥有多个订单的客户，全球速卖通平台提供了便捷的订单合并功能。客服人员可以主动协助客户合并订单，这样不仅可以简化交易流程，还可以让客户享受更优惠的运费政策或更便捷的配送服务。此外，如果客户需要将一个订单拆分成多个订单，客服人员也可以提供专业的操作指导。拆分订单可能涉及重新计算运费、调整商品数量等操作，客服人员需要确保整个过程准确无误。

4. 库存查询与预留

为了确保客户能够购买到所需的商品，客服人员在协助客户购买时需要实时查询商品的库存情况。这可以确保客户购买的商品有货，避免因库存不足而导致交易失败。对于热销商品或库存紧张的商品，客服人员可以主动为客户提供库存预留的服务。这样，客户在支付时就能确保成功购买到所需商品，无须担心商品被抢光。

（二）结算支持

1. 支付方式说明

全球速卖通平台为了满足不同客户的支付需求，支持多种支付方式，客服人员需要对这些支付方式的操作流程了如指掌，并且能够根据客户的不同情况和需求，提供专业的支付建议。无论是支付安全、支付限额，还是支付效率，客服人员都应为客户提供满意的解答和帮助。

2. 汇率与税费解释

跨境电子商务涉及不同国家之间的货币转换和税费问题，这对于很多客户来说可能是一个复杂的领域。为此，客服人员需要经过专业培训，能够准确、清晰地解释和说明相关的汇率和税费政策。客户在结算过程中，如有相关于汇率或税费的疑问，客服人员应提供准确的解释和说明。

3. 运输方式的选择和运费的计算

运输方式的选择和运费的计算，对于跨境电子商务的购物体验同样至关重要。客服人员需能够详细介绍不同运输方式的运费计算规则，如平邮、快递和航空等，并帮助客户根据自己的需求和预算，选择最合适的运输方式。这样，客户在购物时就能知道自己的成本，从而做出合理的选择。

4. 结算流程指导

为了确保客户能够顺利完成结算，客服人员需要提供详细的结算流程指导。从选择支付方式、填写支付信息，到确认支付等每个步骤，都应进行详细的说明和演示。在客户操作过程中，如果遇到问题或困难，客服人员应及时提供帮助和支持，确保客户能够顺利完成结算。

5. 结算问题处理

客服人员应能够及时处理客户在结算过程中遇到的问题，如支付失败、订单信息错误等，确保客户能够顺利完成购物并收到商品。

在结算过程中，客户可能会遇到各种问题，如支付失败、订单信息错误等，这些问题如果不及时处理，可能会影响客户的购物体验和满意度。因此，客服人员需要具备快速响应和高效处理问题的能力，一旦客户遇到问题，就应协助客户解决问题，确保客户能够顺利完成购物并收到商品。

◎ 项目小结

售中服务是一个至关重要的环节，直接关联着客户的购物体验与满意度。在售中服务过程中，熟练掌握订单界面管理是客服工作的基础。客服人员需要快速且准确地处理订单、查看订单详情，包括订单状态、产品信息、物流信息和评价信息等。这有助于客服人员及时了解订单的动态，确保订单处理的准确性和及时性。同时，客服人员还需要对订单数据进行有效分析，并利用订单数据分析结果提升店铺的竞争力和优化用户体验。

解答客户的咨询是售中服务的重要环节，客服人员需要针对客户的产品和服务咨询提供有效的解答。在产品咨询方面，客服人员首先需要掌握产品的知识与特点，并根据客户咨询的类型为客户提供产品推荐与搭配建议，帮助客户更好地了解产品；在服务咨询方面，客服人员需要通过掌握服务咨询应对技巧，提高服务质量，确保客户在购物过程中无后顾之忧。

客服人员还需要采用多种方法引导客户购买产品。首先，客服人员需要了解客户的需求，通过巧妙的引导策略，提升客户的购买意愿。其次，客服人员需要利用产品的独特优势，结合优质的服务和店铺的营销策略，如限时优惠、会员专享等，进一步激发客户的购买欲望。此外，客服人员需要通过提供个性化的购物服务及帮助客户完成购物车管理与结算等方式，提升客户的信任感和满意度，从而促进交易的完成。

总之，售中服务是连接客户与店铺的重要桥梁。一个优秀的客服人员不仅需要熟练掌握订单管理界面，还需要具备良好的沟通能力和服务意识，积极解答客户的咨询，引导客户进行购买，为店铺创造更多的价值。

习题测验

一、单项选择题

1. 在应对客户的服务咨询时，以下哪一项不属于倾听的技巧？（   ）
   A. 保持积极倾听的态度　　　　　　　B. 使用不恰当的文字
   C. 澄清与确认　　　　　　　　　　　D. 观察客户情绪
2. 在引导客户购买产品时，客服人员不应该使用哪种技巧与策略？（   ）
   A. 强调产品优势　　　　　　　　　　B. 提供优质服务
   C. 随意推荐产品　　　　　　　　　　D. 运用营销策略

二、多项选择题

1. 在全球速卖通平台中，常见的订单数据分析方法有（   ）。
   A. 趋势分析　　　B. 关联分析　　　C. 地域分析　　　D. 客户分析
2. 客服人员为客户提供产品搭配与套餐推荐时，需要采取哪些方法？（   ）
   A. 分析产品关联度　　　　　　　　　B. 推荐搭配套餐
   C. 强调套餐优势　　　　　　　　　　D. 推荐价格昂贵的产品
3. 客服人员在挖掘客户需求时，可以使用哪些方式？（   ）
   A. 主动询问　　　B. 观察行为　　　C. 数据分析　　　D. 深入了解产品

习题答案

一、1. B；2. C。

二、1. A、B、C、D；2. A、B、C；3. A、B、C、D。

能力实训

场景一

公司名称：InnovaTech

主营业务：智能家居设备，包括智能恒温器、安全摄像头、智能灯泡等（Smart home devices, including smart thermostats, security cameras, smart bulbs, etc.）

产品名称：SmartHome Pro 恒温器（SmartHome Pro Thermostat）

产品特点：
- 可以通过手机应用进行远程控制（Can be remotely controlled via a mobile app）
- 学习用户习惯自动调节温度（Learns user habits to automatically adjust temperature）
- 节能环保，帮助减少电费支出（Energy-saving and helps reduce electricity bills）
- 与家中其他智能设备兼容（Compatible with other smart home devices）

李华访问了 InnovaTech 的官方网站，并在产品页面上找到了 SmartHome Pro 恒温器，看起来很有意思。他对这款产品非常感兴趣，并联系客服进行详细咨询。请根据以上信息，对李华的提问做出回答。

1. Li Hua: "Hello, I saw your SmartHome Pro Thermostat online, and it looks very interesting. Can it really be controlled remotely via a mobile phone?"

2. Li Hua: "How does it learn my habits? Is it complicated to set up?"

3. Li Hua: "How much can it help me save on electricity bills?"

4. Li Hua: "Is this thermostat compatible with other smart devices? I already have some smart bulbs and security cameras at home."

5. Li Hua: "If I want to purchase, what kind of after-sales service do you provide?"

场景二

公司名称：GreenGro

主营业务：有机食品和可持续农业产品（Organic food and sustainable agriculture products）

产品：有机混合蔬菜盒（Organic Mixed Vegetable Box）

目标客户：注重健康生活和环保的消费者（Consumers who focus on a healthy lifestyle and environmental protection）

营销目标：
- 提升有机混合蔬菜盒的知名度
- 提升客户购买意愿
- 建立品牌忠诚度

营销策略：
- 利用故事讲述来展示产品的来源和益处
- 提供限时折扣和首次购买优惠
- 强调健康和环保的生活方式

请根据以上信息撰写一封营销电子邮件。

项目四　提供售后服务

○ **知识目标**

掌握售后服务流程和规范；了解退换货政策；熟悉跨境电子商务平台的规则和流程；掌握跨境物流的运作方式；了解不同国家和地区的法律法规、贸易政策和关税等信息。

○ **技能目标**

具备良好的沟通能力和协调能力，能够清晰、准确地表达意思，并善于倾听客户的需求；具备良好的应变能力和抗压能力，在面对复杂问题时能够保持冷静和理性。

○ **素养目标**

具备良好的职业道德和责任心；具备较强的客户服务意识；尊重并理解不同国家和地区的文化差异和消费习惯。

○ **思维导图**

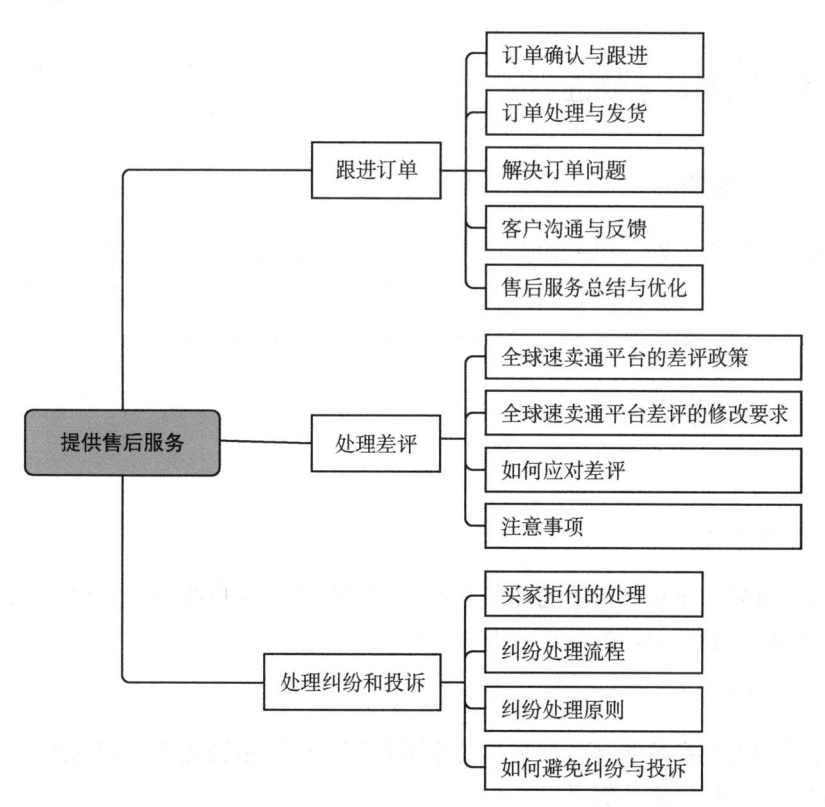

```
                            ┌─ 订单确认与跟进
                            ├─ 订单处理与发货
                  ┌─ 跟进订单 ─┼─ 解决订单问题
                  │          ├─ 客户沟通与反馈
                  │          └─ 售后服务总结与优化
                  │
                  │          ┌─ 全球速卖通平台的差评政策
                  │          ├─ 全球速卖通平台差评的修改要求
  提供售后服务 ─────┼─ 处理差评 ─┤
                  │          ├─ 如何应对差评
                  │          └─ 注意事项
                  │
                  │              ┌─ 买家拒付的处理
                  │              ├─ 纠纷处理流程
                  └─ 处理纠纷和投诉 ─┤
                                 ├─ 纠纷处理原则
                                 └─ 如何避免纠纷与投诉
```

项目背景

随着跨境电子商务行业的蓬勃发展，客户对售后服务的重视程度不断提高。温专公司作为业界的佼佼者，始终将客户体验置于首位，努力提供卓越的售后服务。Andy 在温专公司拥有多年的客服经验，积累了深厚的行业知识和掌握了必备的服务技巧，擅长解决各种售后问题，能够快速且准确地理解客户需求并提供有效解决方案。为此，温专公司特别指定 Andy 领导一项新的售后服务项目。Andy 在开展售后服务时，需要完成以下任务：

任务 1：跟进订单；

任务 2：处理差评；

任务 3：处理纠纷和投诉。

任务一　跟进订单

作为温专公司资深客服专员，Andy 以其卓越的服务技能和丰富的行业经验，被公司指定为订单跟进任务的核心负责人。Andy 不仅需要确保订单信息的准确性和完整性，还需要实时监控订单状态，及时响应并解决客户在订单处理过程中遇到的各种问题。

一、订单确认与跟进

（一）收到通知

全球速卖通平台的新订单通知系统非常便捷，能够帮助卖家迅速掌握订单动态，从而及时安排发货和处理相关问题。当有新订单生成时，全球速卖通平台会通过电子邮件或平台消息通知卖家，以确保卖家不会错过商机。客服人员应及时查看并确认订单信息。

（二）确认订单信息

客服人员应仔细核对订单信息，确保信息的准确性和完整性。

1. 商品名称与规格

客服人员首先应核对订单中的商品名称和规格是否与客户要求的一致，以避免因为商品名称或规格错误导致后续的发货或退货问题。

2. 数量与价格

核对订单中的商品数量是否与客户的要求相符，价格是否正确，特别是当涉及折扣或优惠活动时，要确保价格计算无误。

3. 收货地址

收货地址的准确性至关重要。客服人员需要仔细核对地址信息，包括省、市、区、街道、门牌号、收件人姓名及联系电话等。如果有模糊或不确定的地方，应及时与客户沟通确认，避免因地址错误导致包裹无法送达。

4. 支付信息

确认订单是否已经完成支付和支付方式是否正确。对于异常支付或未支付订单，要及时与客户沟通处理。

5. 特殊要求

如果客户在订单中提出特殊要求，如发货时间、包装方式等，客服人员要进行核对并确认是否能够满足这些要求。

6. 订单备注

查看并理解订单备注中的特殊要求或信息，确保这些要求得到满足。

（三）准备发货

根据订单详情准备商品并进行包装，确保商品质量良好，包装完整，并在内外包装上正确标明商品信息和收货地址。

1. 商品准备

根据订单详情，从库存中准确选取商品，确保数量、规格、颜色等完全符合订单要求。仔细检查商品质量，确保商品无损坏、无瑕疵，并符合销售时的描述和承诺。

2. 包装材料准备

选择适当的包装材料，确保商品在运输过程中能够安全无损。准备必要的填充物和固定材料，以防止商品在包装内部移动或碰撞。

3. 包装操作

仔细包装商品，使用适当的固定和防护措施，确保商品在运输过程中不会受到挤压、碰撞或破损。在外包装上标明商品信息，如名称、数量和规格等，方便客户和物流人员识别。确保收货地址清晰、准确地打印或填写在包装外部，避免因地址模糊而导致配送延误或错误。

4. 质量再次检查

在发货前，再次对商品进行质量检查，确保发出的商品符合客户的期望和描述。对于有质量问题或不符合要求的商品，应及时更换或处理，避免给客户带来不良体验。

5. 发货清单与记录

准备发货清单，详细列出订单号、商品信息和数量等，以便后续跟踪和核对。更新发货记录,确保系统数据与实际操作一致,方便后续查询和管理。

6. 发货通知

在商品发货后,及时通知客户发货信息,包括物流公司、运单号等,方便客户查询物流状态。

常用句型示例:

• The goods you need has been sent to you. It's on the way now. Please pay attention to the delivery and sign it as soon as possible. If you have any questions, please contact me in your free time.

(四)发货方式

根据客户选择的运输方式和速度,选择合适的快递公司或邮政服务提供商,以确保提供及时且可追踪的物流服务。

1. 了解客户的需求

有些客户可能希望选择速度快、可追踪的物流服务;而有些客户则可能对价格较为敏感,愿意选择成本较低的运输方式。因此,需要与客户进行充分的沟通,了解他们的期望和预算,从而选择合适的发货方式。

2. 选择合适的快递公司或邮政服务提供商

根据客户的需求和商品特性,选择合适的快递公司或邮政服务提供商,需要考虑以下几个因素。

(1)运输速度。不同的快递公司或邮政服务提供商的运输速度可能有所不同。对于追求快速物流的客户,可以选择提供快速服务的快递公司。如果客户对时间要求不是特别严格,或者商品本身不是急需品,那么选择邮政服务可能更为经济实惠。

(2)可追踪性。选择能够提供全程追踪服务的快递公司或邮政服务提供商,有助于客户实时了解货物的运输状态。这样,不仅可以增加客户的信任感,还可以及时处理可能出现的问题。

(3)成本。物流成本是卖家需要考虑的重要因素之一。在选择发货方式时,需要权衡运输速度和成本之间的关系,选择性价比最高的方案。

最后,根据所选的发货方式,及时与快递公司或邮政服务提供商联系,确认发货细节,并确保货物能够按时、安全地送到客户手中。

(五)跟进订单状态

跟进订单状态是确保客户满意度和交易流程顺畅的关键环节。在这一过程中,客服人员的角色至关重要,他们需要密切关注订单状态,并随时准备与客户进行沟通。为确保客服人员能够有效地跟进订单状态,具体建议如下。

1. 实时关注订单状态

客服人员应定期登录全球速卖通平台，查看并更新订单状态，包括检查订单是否已支付，商品是否已准备完毕和是否已安排发货等。

2. 更新订单状态

一旦订单状态发生变化，如从"待发货"变为"已发货"，客服人员应立即在全球速卖通平台上进行更新。这有助于客户实时了解订单的处理进度，也能提升客户的信任感。

3. 主动与客户沟通

在订单处理过程中，如果遇到问题或需要客户协助的地方（如提供额外的配送信息、确认订单详情等），客服人员应主动通过聊天工具、电子邮件或其他约定的方式联系客户。及时沟通可以避免因信息不对等或误解而导致的订单延误或取消。

4. 提供解决方案

如果订单出现问题，如物流延误、商品缺货等，客服人员应迅速与客户沟通，并提供可行的解决方案，包括更换商品、重新安排发货或提供折扣等。

5. 保持专业与耐心

与客户沟通时，客服人员应保持专业和耐心，尽量解决客户的问题和疑虑，对于客户的投诉或不满应认真倾听并尽快给出合理的回应。

6. 记录与反馈

客服人员应记录每个订单的处理过程和与客户的沟通内容，以便日后查阅和总结经验；同时，也应定期向上级或相关部门反馈订单处理中的问题和改进建议，以便优化整个订单处理流程。

二、订单处理与发货

（一）生成运单

根据客户提供的收货地址，在所选择的快递公司或邮政服务提供商的网站上生成运单。填写正确的收货地址和联系方式，确保快递公司能够准确投递。

在全球速卖通平台上，找到需要发货的订单，点击"操作"栏下的"发货"按钮。在弹出的"发货"页面中选择合适的物流方式，可以是全球速卖通的官方物流，也可以是第三方物流。具体选择哪种物流方式，应基于实际情况和客户的需求进行。

根据所选的物流方式，填写收货人信息和发货人信息。这些信息需要准确无误，以确保快递公司能够准确投递。

确认信息无误后，点击"生成运单号"按钮，系统会根据所填写的信息自动生成一个运单号，并在页面上显示出来。

卖家可以点击"复制"按钮，将运单号复制到剪贴板中备用。如果选择了第三方物流，需要登录到对应的第三方物流平台，找到对应订单，并粘贴之前复制的运单号。

接下来，根据物流平台的操作指引，完成物流处理，包括打印运单、包装商品等步骤。

（二）物流跟踪与通知

记录运单号码并在全球速卖通平台上更新订单。客服人员应定期查询物流信息，掌握订单的发货、运输和配送等具体情况，为客户提供可追踪的物流信息，并及时通知客户订单已发货。一旦有新的物流信息，客服人员应立即通知客户，让其了解订单的实时动态。

三、解决订单问题

（一）处理订单异常

如果订单出现异常情况，如延迟发货或商品损坏等，客服人员应及时与客户沟通，提供解决方案，并协助客户解决问题。

1. 延迟发货处理

（1）及时告知客户。客服人员一旦发现订单延迟发货，应立即告知客户，并说明具体原因，如物流延误、库存问题等。

（2）提供补偿方案。为了弥补客户因延迟发货带来的不便，客服人员可以提供一些补偿方案，如优惠券、积分或下次购物的折扣等。

（3）催促发货。客服人员应积极与供应商或物流方沟通，了解发货进度，并催促尽快完成发货。

示例：

👤 Good morning/afternoon, [Customer's Name]. This is [Your Name] from [Company Name]'s customer service team. I'm calling regarding your recent order, number [Order Number].

👤 Hi, yes, I've been waiting for my order. Is there an issue?

👤 I apologize for any inconvenience this may have caused you. I'm reaching out to inform you that we are currently experiencing a delay with your order.

👤 A delay? What's the reason for that?

👤 Yes, unfortunately, due to [supply chain issues/unforeseen circumstances/a higher volume of orders than anticipated], we've encountered a setback. However, I want to assure you that we're working diligently to resolve this as quickly as possible.

👤 How long will it take for my order to be shipped?

👤 We estimate that the new shipping date will be [estimated date]. I understand this is not the experience we want for our customers, and we're doing everything we can to expedite the process.

2. 订单丢失处理

（1）确认丢失情况。客服人员需与物流方核实订单是否真的丢失，避免因为信息错误或延误造成误判。

（2）全额退款或重发。一旦确认订单丢失，客服人员应立即与客户沟通，提供全额退款或重新发货的解决方案。

（3）调查原因并改进。针对订单丢失的原因，客服人员应进行深入调查，并反馈给相关部门，以便优化物流流程，避免类似问题再次发生。

示例：

👤 Hi, I've been trying to track my order, but it seems like it's lost. Can you help me with that?

👤 I'm really sorry to hear about the trouble you're experiencing with your order, number [Order Number]. I'll do my best to assist you. Let's take a look into this matter.

👤 After checking our system and the tracking information, it appears that we're unable to locate your package. I sincerely apologize for this inconvenience.

👤 This is really frustrating. What's going to happen now?

👤 I understand how important this order is to you, and I'm here to make things right. First, let's see if we can locate the package with the help of our logistics team. I'll initiate an internal investigation immediately.

👤 How long will that take?

👤 We'll do our best to expedite the investigation, and we should have more information within the next [timeframe, e.g., 24-48 hours]. In the meantime, I'd like to offer you a few options:

Option one is that we can expedite a replacement order for you at no additional cost. Option two is that we can provide a full refund to your original payment method. Which would you prefer?

3. 商品损坏处理

（1）收集证据并核实。客服人员应要求客户提供商品损坏的照片或视频等证据，并核实其真实性。

（2）协商解决方案。根据商品损坏的程度，客服人员可以与客户协商解决方案，如部分退款、换货或重新发货等。

（3）追究责任并改进。对于商品损坏，客服人员应追究责任，并反馈给相关部门，以便改进商品包装和物流流程，确保商品在运输过程中的安全。

在处理订单异常的过程中，客服人员应始终保持耐心和专业，积极与客户沟通，确保问题得到妥善解决。同时，速卖通平台也应加强对客服人员的培训和支持，以提高他们的服务质量和处理问题的能力。

示例：

👤 The product I received is damaged, or it doesn't work properly.

👤 We apologize for the inconvenience. Please provide photos of the damage and your order details. We will arrange for a replacement or refund as soon as possible.

（二）退换货处理

1. 退款处理

当客户提出退款申请时，全球速卖通平台会积极协助客户完成退款申请，并确保退款及时到账。具体步骤如下：

（1）客户提交退款申请，并填写退款原因、退款金额等信息。如果是商品质量问题导致的退款，客户需要上传相关图片或视频作为证据。

（2）卖家在收到退款申请后，会进行审核。如果审核通过，卖家会同意退款申请；如果不同意，客户可以进行申诉。

（3）一旦卖家同意退款，退款会迅速返还到客户的账户中，客户可以选择将退款提现到自己的银行账户。

2. 退货与换货处理

对于需要退货或换货的订单，全球速卖通平台会指导客户完成相关流程，确保客户的权益得到保障。具体步骤如下：

（1）客户提交退货或换货申请，并说明具体原因。如果是商品质量问题导致的退货或换货，客户需要上传相关图片或视频作为证据。

（2）卖家在收到申请后，可以与客户协商退货或换货的具体事宜，包括退货地址、换货商品等。

（3）不管是退货还是换货，客户都应按照协商好的流程，将商品退回卖家。

（4）卖家在收到退回的商品后，会进行检查。如果商品符合退货或换货条件，卖家将退款或寄出新的商品。

在退货或换货的过程中，全球速卖通平台会提供必要的支持和协助，确保流程顺利进行。同时，也会监督卖家和客户的行为，确保双方的权益得到保障。

示例：

👤 How do I return or exchange a product that doesn't fit?

👤 Thank you for reaching out. Our return and exchange process is straight forward. Please log in to your account, submit a return or exchange request, and follow the instructions to return the item.

（三）退款与纠纷处理

若遇到退款或纠纷，客服人员会根据全球速卖通平台的退款政策和纠纷处理指南与客户进行沟通，以便妥善解决问题并处理退款申请。

四、客户沟通与反馈

（一）保持与客户沟通

全球速卖通平台强调客服人员应主动与客户保持沟通，确保客户的需求和反馈得到及时关注和处理。具体做法如下：客服人员应定期查看客户留言和咨询，确保每条信息都得到及时回复；客服人员应主动向客户询问订单情况，了解客户的购买体验和满意度；当客户遇到问题或疑虑时，客服人员应耐心解答，并提供专业的建议和解决方案。

通过保持与客户的沟通，全球速卖通平台能够及时了解客户需求，优化服务流程，提升客户满意度。

（二）收集客户反馈

为了不断改进服务质量，提升客户满意度，全球速卖通平台会定期收集客户对订单和售后服务的反馈。具体措施如下。

1. 设立客户反馈渠道

全球速卖通平台提供了多种客户反馈渠道，如在线调查、客服热线和电子邮件等，方便客户随时提供反馈。

2. 定期收集并分析反馈

客服人员会定期汇总客户反馈，并进行深入分析，以识别服务中存在的问题和改进的空间。

3. 落实改进措施

针对客户反馈的问题和建议，全球速卖通平台会制定具体的改进措施，并落实到日常服务中。

通过收集客户反馈，全球速卖通平台能够及时发现服务中的不足，并针对性地进行改进，从而提高服务质量和提升客户满意度。

五、售后服务总结与优化

（一）提供售后支持

全球速卖通平台的售后服务政策清晰明了，包括退货、换货和维修等条款，并已在店铺设置中详细列出，确保买家在购物前就能了解售后规定。同时，全球速卖通平台鼓励卖家积极与买家协商，尽早达成协议，以减少平台的介入，提高纠纷解决效率。

当买家遇到商品质量问题或需要解决其他问题时，平台可以提供多种售后支持方式。买家可以通过在线客服、售后热线和电子邮件等联系方式与平台取得联系，平台的客服人员会及时响应并尽力解答买家的问题。如果买家对收到的货物不满意或存在质量问题，可以在规定的时间内申请退款或换货，平台会根据双方提供的证据进行裁决，确保买家的权益得到保障。

需要注意的是，平台上的卖家必须严格遵守服务质量承诺，以确保商品质量和服务水平。如果卖家存在违规行为或销售假冒商品行为，买家可以向平台投诉并获得相应的赔偿。

（二）提醒买家评价

对于卖家已发货的所有订单，在交易完成后的30天内，买卖双方都需要做出评价，超时之后将无法留评，系统不会自动给出评价。建议卖家在30天内及时联系买家给订单做出评价，即在订单处理完毕后，客服人员可以通过平台的消息系统或电子邮件提醒和鼓励买家参与评价，以提升店铺的可信度和声誉。

全球速卖通平台会通过其内置的消息系统向买家发送评价提醒。这些消息会在订单状态更新为已完成后自动发送，温馨提醒买家对购买的商品和服务进行评价。消息内容通常包括感谢买家的购买，并简要说明评价对店铺的重要性，同时附上评价的链接或指导，方便买家快速完成评价。

除了消息系统，全球速卖通平台还会通过电子邮件的方式提醒买家评价。在订单完成后，平台会自动发送一封包含评价链接的电子邮件给买家，邀请他们分享购物体验。电子邮件内容通常包括个性化的称呼、订单详情、评价的重要性说明和评价链接，确保买家能够轻松找到评价入口。

全球速卖通平台鼓励买家积极参与评价，不仅是为了提升店铺的可信度和声誉，也是为了让更多潜在买家了解商品的真实情况。因此，平台会定期举办评价活动，如"评价送积分""评价抽奖"等，以鼓励买家主动评价。

同时，为了确保评价的真实性和公正性，全球速卖通平台会对评价进行严格的监管。平台会过滤掉虚假的和恶意的评价，并对违规行为进行处罚。此外，平台还鼓励买家在评价时详细描述购物体验，包括商品质量、服务态度、物流速度等，以便为其他买家提供全面的参考。

示例1：

Dear buyer,

Thanks for your continuous support to our store, and we are striving to improve ourselves in terms of service, quality, sourcing, etc. It would be highly appreciated if you could leave us a positive feedback, which will be a great encouragement for us. If there's anything I can help with, don't hesitate to tell me.

Best regards,
Andy

示例 2：

Dear friend,

If you are satisfied, we sincerely hope that you can take some of your precious minutes to leave us a positive comment and 5-star Detailed Seller Ratings, which are vital importance to the growth of our small company.

Besides, PLEASE DO NOT leaves us 1,2,3 or 4-star Detailed Seller Ratings because they are equal to negative feedback. Like what we said before, if you are not satisfied in any regard, please tell us.

Best regards,
Andy

（三）维护客户关系

首先，全球速卖通平台应注重及时回复客户的消息。客服人员需保持在线状态，随时准备解答客户的疑问。无论是通过平台的消息系统和在线聊天工具，还是通过电子邮件，平台都应确保客户的问题能够在最短时间内得到解决，让客户感受到平台的关注和尊重。

其次，优质的售后服务是维护客户关系的另一个重要方面。平台不仅应提供完善的退换货政策，还应设立专门的售后服务团队，负责处理售后问题。无论是商品质量问题还是物流问题，都应积极与客户沟通，寻找最佳解决方案，确保客户的权益得到保障。

此外，平台还应通过个性化推荐来维护客户关系，应根据客户的购物历史、浏览记录和喜好推荐相关商品和优惠活动。这种个性化推荐不仅可以提高购物的便利性，还可以提升客户对平台的依赖度和忠诚度。

总之，全球速卖通平台可以通过及时回复客户消息、为客户提供优质的售后服务和个性化的推荐等多种方式，努力与客户建立良好的合作关系，以留住忠实客户，并鼓励他们再次购买商品。这些举措不仅可以提升客户的购物体验，也可以为平台的长远发展奠定坚实的基础。

（四）定期回访

全球速卖通平台深知客户关系的维护不止于交易，而是贯穿于客户使用产品的全过程。因此，平台特别重视定期回访这一环节，旨在深入了解客户使用产品的情况，以便为其提供必要的帮助和支持。

全球速卖通平台会设定明确的回访周期，确保对已完成订单的客户进行及时、有效的回访。此外，全球速卖通平台还会利用回访的机会，向客户推荐新品、推出优惠活动及相关服务。通过向客户介绍平台的新动态和优惠政策，平台不仅能吸引客户再次购买，还能提升客户对平台的关注度和信任度。

总之，全球速卖通平台通过定期回访，不仅能解决客户在使用过程中遇到的问题，还能深入了解客户的需求和反馈，为改进产品和服务提供有力支持。同时，回访还能提升客户对平台的信任度和忠诚度，为平台的长期发展奠定坚实基础。

示例：

👤 Good afternoon, Mrs. Smith. My name is Andy, and I'm calling from GreenGro Customer Service. I hope I'm not catching you at a bad time?

👤 Hello, Andy. No, it's fine. What can I help you with?

👤 Thank you for your time, Mrs. Smith. I'm calling to follow up on your recent purchase of our Organic Mixed Vegetable Box. We value your satisfaction, and I'd like to know how your experience has been with the product.

👤 Oh, the vegetables were fresh and delicious. I'm quite happy with them.

👤 That's wonderful to hear, Mrs. Smith! We're glad you enjoyed the freshness and quality of our vegetables. Did you find the variety in the box to your liking?

👤 Yes, there was a good mix, and I appreciated the inclusion of some less common vegetables.

👤 We're delighted that you found the variety appealing. We always aim to provide a diverse selection for our customers. Were there any parts of the service that could have been improved, or is there anything else we could do for you?

👤 Well, the delivery was a bit late, but other than that, everything was good.

👤 I apologize for the delay in delivery, Mrs. Smith. We take your feedback seriously, and I'll make sure to pass this along to our logistics team to look into possible improvements. We appreciate your understanding.

👤 We also have a new line of organic fruits that we think you might enjoy, based on your preference for our vegetable box. Would you be interested in trying them out?

👤 That sounds interesting. Can you tell me more about the fruits you offer?

👤 Of course, Mrs. Smith. We have a selection of organic fruits, including berries, tropical fruits, and seasonal favorites. They come in a variety of box sizes to suit your needs. I can email you more details if you'd like.

👤 Please do. And maybe include some offers or discounts if you have any.

👤 Absolutely, I'll send you an email with all the information and our current promotions. Additionally, we have a customer feedback survey that helps us improve our services. Would you be willing to participate?

👤 Sure, I can fill that out.

👤 Thank you for your time and valuable feedback, Mrs. Smith. We'll make sure to take your comments into account. Is there anything else you'd like to discuss or any questions I can help you with today?

- No, that's all for now. Thanks for reaching out.
- You're welcome, Mrs. Smith. It was a pleasure speaking with you, and we look forward to serving you again soon. Have a great day, and don't hesitate to contact us if you need anything.
- Goodbye, Andy. Thanks again.
- Goodbye, Mrs. Smith. Take care.

（五）总结服务经验

客服人员应定期总结售后服务经验，分析服务过程中的问题和不足，不断提升服务水平。

全球速卖通平台高度重视客服团队服务经验的总结与提升，这直接关系到客户体验的优劣和平台的长期发展。客服人员是与客户直接沟通的第一线工作人员，其服务态度和技能水平直接影响着客户对平台的印象和满意度。

为了不断提升服务水平，客服人员应定期进行售后服务经验的总结，包括回顾过去一段时间内的服务案例、分析服务过程中的问题和不足等。客服团队可以通过内部会议、小组讨论或在线协作工具，共同分享成功的服务经验和遇到的挑战。

在总结过程中，客服人员需要重点关注以下几个方面。

首先，是对客户需求的准确理解。客服人员应反思在沟通过程中是否能够迅速、准确地把握客户的真实需求及提供有效的解决方案。

其次，是服务态度和沟通技巧。客服人员应评估自己在与客户交流时是否保持耐心、友善和专业，是否能够用清晰、准确的语言回答客户的问题。

最后，是服务流程的顺畅性和效率。客服人员除了应思考在服务过程中是否存在不必要的延误或疏漏，还应思考如何优化服务流程以提高服务效率。

通过总结服务经验，客服团队可以识别出服务中的薄弱环节和改进空间。在此基础上，全球速卖通平台可以通过制订针对性的培训计划来提升客服人员的专业技能和服务意识。同时，平台还可以根据客户需求和市场的变化，不断完善售后服务政策，提升客户的满意度和忠诚度。

总之，定期总结售后服务经验是全球速卖通平台提升服务水平的关键举措。通过不断反思和改进，客服团队能够为客户提供更加优质、高效的服务，推动平台的持续发展。

（六）优化服务流程

根据客户的反馈和市场需求，客服团队应不断优化售后服务流程，提高服务效率和质量。

客服团队应始终将客户满意度放在首位，并重视优质的售后服务对于维持客户忠诚度和促进业务增长的重要性。客服团队应定期审视现有的售后服务流程，并根据客户的反馈和市场需求，不断优化服务流程，以提高服务效率和质量。

在优化服务流程的过程中，需要关注以下几个方面。

首先，应深入分析客户在售后服务中遇到的问题和困扰，了解客户的真实需求和期望。通过收集和分析客户的反馈，从而能够识别出服务流程中的瓶颈问题和不足，有针对性地制定改进措施。

其次，应关注市场趋势和竞争对手的服务策略，以了解行业最佳实践和新兴技术。通过借鉴和学习其他优秀企业的经验，可以不断完善自己的服务流程，提高服务质量和效率。

最后，应通过制定具体的优化方案，包括改进服务流程、优化服务渠道和提高客服人员能力等来提高服务效率和质量，如客服人员可以通过引入自动化工具和技术来简化服务流程，提高处理效率；可以通过增加在线客服、电话客服等多种服务渠道来方便客户随时随地获取帮助；可以通过加强对客服人员的培训和考核来确保他们具备专业的知识和技能，从而能够为客户提供优质的服务。

在实施优化方案后，应密切关注服务效果和客户反馈，及时调整和优化服务流程。通过持续改进和优化，可以不断提高服务效率和质量，提升客户的满意度和忠诚度。

任务二　处理差评

作为温专公司资深客服专员，Andy 被赋予了一项重要任务：处理并回应客户的差评。Andy 深知这些差评背后可能隐藏着客户对公司产品或服务的不满和期望，因此他必须迅速、准确地识别问题所在，并采取有效措施进行解决。

一、全球速卖通平台的差评政策

全球速卖通平台对于差评的移除政策是比较严格的，主要基于保障交易的透明性和公平性，避免信息被篡改。根据全球速卖通平台的官方规定，卖家和买家都无法直接删除评价。

然而，在特定情况下，评价的删除或修改可能会由全球速卖通平台的客服人员进行处理。这些情况通常包括以下几种。

（一）虚假评价

如果卖家或买家发现评价中包含虚假信息、恶意攻击等，可以向全球速卖通平台客服投诉，请求删除或修改评价。

（二）侵权问题

如果评价中存在侵权问题，如侵犯他人的知识产权，可以申请让全球速卖通平台客服进行处理。

（三）违规内容

如果评价中存在违规内容，如涉及色情、暴力等内容，可以申请删除。

（四）交易纠纷

当出现交易纠纷时，双方可以联系全球速卖通平台客服，请求删除或修改与纠纷相关的评价。

然而，如果卖家采用不正当手段删除差评，如贿赂买家、恶意刷评价等，一旦被平台发现，可能会受到警告、限制账户功能，甚至封禁账户等处罚。这些处罚将对卖家的经营产生不利影响。

二、全球速卖通平台差评的修改要求

全球速卖通平台强调评价的真实性和公正性，不允许卖家随意修改评价。如果买家给出差评，卖家首先应该与买家沟通，尝试解决问题，争取让买家修改评价。如果确实是卖家的问题，卖家应该积极承担责任，提供解决方案，以赢得买家的理解和信任。

（一）修改时间

卖家可在评价生效后 30 天内，在"生效的评价"里修改对买家的评价。超过这个时间范围，评价将无法修改。

（二）修改次数

修改评价的机会仅限 1 次，不能多次修改。

（三）修改方法

在全球速卖通平台上选择"管理交易评价"，在"生效的评价"中选择需要修改的评价，点击"修改评价"按钮，进入修改页面，选择修改原因及修改评分，提交修改。

此外，如果卖家发现买家给出的评价存在虚假、恶意攻击等不当行为，可以向全球速卖通平台客服投诉，请求平台介入处理。平台会根据相关规定进行调查，并根据实际情况采取相应的处理措施。所以卖家需要遵守平台的规则，以诚信、公正的态度处理评价问题。

三、如何应对差评

（一）迅速响应

迅速响应是处理差评的第一步，也是卖家展现其专业性和诚信度的重要表现。在全球速卖通平台上，买家留下的每条评价，无论好坏，都应当引起客服人员的足够的重视。当收到差评时，客服人员的首要任务是在第一时间进行回应。这种迅速响应不仅仅是为了展现对买家的尊重与重视，也是为了及时解决问题，避免不满情绪的积累。

想象一下，买家在购物后遇到问题，已经积累了一定的不满，如果此时客服人员未及时回应，买家的不满情绪可能会进一步升级，甚至可能影响他们对店铺的整体印象。因此，迅速响应不仅是对买家的一种尊重，也是对店铺声誉的一种保护。

（二）了解问题

了解问题不仅是处理差评的必要步骤，也是提高服务质量和满足买家需求的重要途径。在处理差评的过程中，深入了解问题的本质是至关重要的。首先，客服人员应该仔细阅读买家留下的差评内容，从中寻找线索，分析具体原因。差评中可能包含了关于产品质量、物流速度、服务态度和售后服务等方面的反馈，需要仔细甄别并理解其中的要点。

除了阅读差评内容，与买家取得联系并进一步了解问题的详情同样关键。通过与买家直接沟通，客服人员可以获取更详细、更准确的信息，有助于更全面地了解问题发生的背景和原因。在与买家沟通时，应保持耐心和礼貌，认真倾听买家的反馈，避免打断或质疑买家的陈述。

在与买家交流的过程中，客服人员可以采取一些技巧来引导对话，如使用开放式问题来鼓励买家提供更多的信息，或者通过询问细节来澄清某些不清楚的地方。同时，还需要注意记录买家反馈的关键信息，以便进行后续的处理和分析。

通过仔细阅读差评内容和与买家取得联系，客服人员可以更准确地了解问题的具体情况，从而为后续解决问题提供有力的支持。

常用句型示例：

● Could you please provide more details about what happened? We want to address this issue properly.

● To ensure we can address your concerns effectively, could you elaborate on what occurred?

● We want to understand your situation fully. Could you describe what happened in more detail?

（三）真诚道歉

在处理买家差评的过程中，真诚道歉是不可或缺的一环。当买家提出不满或投诉时，客服人员首先要认识到可能是自己店铺在产品质量、服务流程或沟通方面存在疏漏，给买家带来了不便或困扰，因此，必须向买家表达最真挚的歉意。

道歉时，应当避免使用空洞、机械化的道歉语句，而应当真诚地表达对买家的理解和同情。客服人员可以从买家的角度出发，想象他们遇到问题时的心情，并据此来组织道歉语言。例如，可以说："非常抱歉给您带来了不愉快的购物体验，这是我们工作中的失误，我们深感愧疚。"

同时，应注意道歉的语气和态度。除了口头道歉，还可以采取其他的方式来表达诚意。例如，可以向买家提供一些小礼品或优惠券作为补偿，以表达歉意和感激。这些额外的补偿措施可以让买家感受到诚意和被重视，从而更容易接受道歉和解决方案。

（四）积极解决

客服人员需要根据买家提出的问题，快速分析并找到可能的解决方案。这需要客服人员深入了解产品的特性、服务流程，甚至需要与供应商或物流合作伙伴进行沟通。无论问题出在哪个环节，客服人员都需要承担起解决问题的责任，给出明确的解决方案。

如果问题比较简单，可以直接给出解决方案并尽快实施，如对于买家对产品质量不满意这种情况，可以提供退换货服务；对于物流速度过慢这种情况，可以提供补偿或升级物流服务。在给出解决方案时，客服人员要确保方案的可行性和有效性，并清晰地告知买家操作方法。

然而，有些问题可能比较复杂，需要客服人员与买家进行深入的沟通和协商。这时，客服人员应保持耐心和开放的心态，认真听取买家的意见和建议，共同寻找解决方案。客服人员可以提出几个可行的解决方案供买家选择，或者根据买家的具体需求定制个性化的解决方案。在协商过程中，应尊重买家的选择，并尽量满足他们的合理需求。

无论问题大小，客服人员都应以积极的态度去面对和解决。同时，也应从每次的问题中吸取教训，不断完善产品和服务，以避免类似问题的再次发生。

常用句型示例：

- We'd like to offer you [compensation/a replacement/a refund] as a gesture of our commitment to your satisfaction.

（五）跟进处理

在给出解决方案并着手实施后，客服人员的工作并没有结束。为了确保问题真正得到妥善解决，客服人员需要及时跟进处理进度，这不仅是对买家负责，也是对自身工作质量的检验。

首先，客服人员应设立明确的跟进机制。这可以是一个简单的进度表，也可以是更为复杂的项目管理工具。无论采用何种方式，关键是应确保能够清晰地追踪到每个步骤的完成情况，从而确保整个解决方案能够按照计划顺利进行。

在跟进过程中，客服人员应密切关注每个细节。这包括与供应商、物流合作伙伴等方面的沟通协调，还包括对买家反馈的收集和分析。如果发现存在可能影响解决方案实施的问题或障碍，客服人员应立即采取行动，以确保问题能够得到及时解决。

当解决方案实施完毕后，应及时将处理结果告知买家，可以通过全球速卖通平台的消息系统、电子邮件或电话等方式进行。在告知处理结果时，应确保信息的准确性和完整性，以便让买家能够清楚地了解到问题的处理情况和结果。

同时，客服人员还应主动询问买家对处理结果的满意度。这不仅可以了解买家对解决方案的认可程度，还可以进一步找准改进的方向和拓宽改进的思路。如果买家还有不满或建议，客服人员应认真听取，并尽快给出解决方案。

常用句型示例：

● I wanted to provide you with an update on the situation regarding your [order/product/issue]. Since we last spoke, we have [describe the actions taken] to address your concerns. We have determined that [describe the outcome or next steps], and we will proceed with [next action].

（六）请求修改评价

在成功解决了买家的问题并得到了满意的反馈后，客服人员可以考虑礼貌地请求买家修改之前留下的差评。这一步骤不仅有助于恢复店铺的声誉，也是对买家满意度的再次确认。

不过，必须明确的是，请求修改评价应当完全基于买家的意愿，绝不能强求或施加任何压力。买家有权根据自己的购物体验和感受来给出评价，这是他们的权利，应该给予尊重。

当买家表示对解决方案满意时，客服人员可以以礼貌和诚恳的态度向他们提出修改评价的请求。例如，可以这样表达："非常感谢您的理解和支持，我们已经解决了您的问题。如果您愿意，是否可以考虑修改一下之前的评价呢？这将对我们会有很大的帮助。"

在提出请求时，应注意语气和措辞，避免给买家带来任何不适或压力，应让买家感受到真诚和感激，而不是逼迫他们做出某种决定。

如果买家同意修改评价，可以提供必要的指导和帮助，确保他们能够顺利地完成修改；如果买家拒绝修改评价，也应尊重他们的决定，并再次表达感谢和歉意。

常用句型示例：

● If you feel that our resolution of the issue meets your expectations, we kindly ask you to consider updating your review.

● We would be honored if you could reflect the positive outcome in your review once you've had a chance to experience the resolution we've implemented.

（七）记录与反馈

在处理完买家的差评后，客服人员还需要将差评及其处理过程详细地记录在案。这一步不仅是为了存档备查，也是为了后续能够深入分析问题的原因，从而改进工作中的不足。

首先，应确保对差评及其处理过程的记录是准确无误的。这包括买家反馈的问题，卖家对此提出的解决方案、实施情况、处理结果及买家的最终满意度等。通过查阅记录，可以清晰地了解整个处理过程。记录的信息还可以为后续的分析和改进提供可靠的依据。

其次，客服人员应对记录的信息进行整理和分析。这包括分析差评产生的主要原因，如产品质量问题、服务流程问题或沟通问题等。同时，还应分析在处理过程中是否存在不足之处，如响应速度是否快、解决方案是否有效等。客服人员应通过深入分析，找到问题的根源，为后续的改进找准方向。

在找到问题的根源后，客服人员应将买家的反馈和建议整理、反馈给相关部门或上级，以便他们能够及时了解情况并采取相应的措施。这些反馈和建议是宝贵的资源，可以帮助卖家改进产品或服务，提升买家的满意度。

此外，记录和分析的结果还可以用于内部培训和分享。分享处理差评的经验和教训，可以提高整个客服团队的服务意识和处理问题的能力，从而减少差评的发生。

（八）持续沟通

在解决了差评问题并完成了相应的记录与反馈后，客服人员还应积极寻求与买家建立更深层次的沟通的方法。采用这种持续沟通的方法不仅能更全面地了解买家的需求，还能提升买家对店铺的信任和忠诚度。

客服人员应认识到持续沟通的重要性。即使差评已经得到妥善解决，买家可能仍有一些后续的需求或建议。通过与买家保持联系，可以及时了解这些需求和建议，从而可以为买家提供更贴心、更个性化的服务。

在持续沟通的过程中，客服人员应注意以下几点。

1. 主动关心

定期向买家发送问候或关怀信息，询问他们是否还有其他需要帮助的地方。这种主动的关心能够让买家感受到卖家的真诚和用心。

2. 倾听反馈

认真倾听买家的反馈和建议，了解他们对产品或服务有哪些改进意见。这些反馈和建议是宝贵的资源，可以帮助卖家不断提高产品和服务质量。

3. 及时回应

对于买家提出的问题或需求，应及时给予回应。无论是提供解决方案还是给出建议，都应让买家感受到卖家服务的专业和高效。

4. 建立信任

通过持续沟通，可以与买家建立一种相互信任的关系。这种信任关系不仅能提升买家的满意度，还能促进他们再次购买产品或服务。

最后，应明确持续沟通的目的不仅仅是解决当前的问题，也是为了与买家建立长期的合作关系。通过持续沟通，能更好地了解买家的需求和市场趋势，从而制定更合理、更精准的销售策略和服务方案。

（九）遵守平台规则

首先，应明确差评处理的重要性。差评是买家对交易不满意的直接体现，也是卖家改进产品和服务的重要依据。因此，面对差评，不能采取逃避或漠视的态度，而应积极面对，寻找问题所在，并采取有效措施进行解决。

在处理差评时，应严格遵守全球速卖通平台的相关规则和政策。这些规则和政策包括但不限于评价管理规则、交易纠纷处理规则等。客服人员应确保自己的处理方式符合平台规定，不得采取任何不正当手段来诱导或威胁买家修改评价。

具体来说，客服人员应避免以下几种行为。

1. 诱导修改评价

不得以任何方式诱导买家修改评价，包括但不限于提供优惠、赠品等利益诱惑，或者通过私下沟通、承诺等方式要求买家修改评价。应尊重买家的真实感受，不得干涉或影响买家的评价行为。

2. 威胁买家

不得以任何方式威胁或恐吓买家，强迫其修改评价。这种行为不仅违反了平台规则，还可能导致法律纠纷。应以诚信、公正的态度处理差评问题，不得采取任何不当手段。

（十）提高服务质量

首先，对于收到的差评，不能简单地将其视为负面反馈而置之不理，相反，应该将其视为宝贵的改进机会。客服人员应仔细阅读每条差评，分析买家提出的问题和不满，并思考这些问题背后的原因，如服务态度不佳、发货速度慢、产品质量问题和售后处理不当等。

其次，针对分析出的问题，应制定具体的改进措施，如对于买家普遍反映的发货速度慢的问题，可以考虑优化物流渠道，提高发货效率；对于买家对产品质量提出的质疑，可以通过加强产品质量检测来确保每件商品都符合质量标准；对于因售后处理不当而导致的买家不满的问题，可以通过加强售后团队的培训，提高售后服务的专业性和效率来解决。

此外，卖家还需要建立长效的服务质量提升机制，包括定期收集和分析买家反馈，及时调整和优化服务流程；加强员工的培训和教育，提高员工的服务意识和专业素养；建立健全买家服务体系，为买家提供更加便捷、高效、专业的服务。

最后，卖家应认识到提升服务质量是一个持续不断的过程，需要时刻保持警觉，不断发现并解决问题，以确保提供的服务能够满足买家的需求和期望。

四、注意事项

在全球速卖通平台上处理差评时，有几个关键的问题需要客服人员牢记。

（一）保持冷静和礼貌

面对差评，首先应保持冷静，不要过于激动或情绪化。同时，应以礼貌和专业的态度回复买家，避免与买家发生争执或冲突。

（二）仔细分析差评内容

认真阅读差评内容，了解买家提出的具体问题和不满。这有助于准确判断问题的性质和原因，从而采取合适的解决措施。如果怀疑是恶意差评，应收集相关证据。

（三）遵守平台规则

在处理差评时，必须遵守全球速卖通平台的相关规则和政策。不要采取任何不正当手段来诱导或威胁买家修改评价，这可能会导致更严重的后果。

（四）注意保护隐私

在处理差评时，应注意保护买卖双方的隐私信息，不泄露任何敏感信息。

（五）避免直接反驳或否认

即使认为买家的评价有误或不合理，也应避免直接反驳或否认。相反，可以通过提供事实依据或解释来澄清问题，同时应表达对买家的理解和尊重。

（六）避免过度承诺

在解决问题时，应给出可行和能够实现的承诺，不要为了安抚买家而过度承诺，以免后续因无法实现而引发更大的问题。

任务三　处理纠纷和投诉

在温专公司不断提升客户满意度和提供卓越服务的过程中，偶尔会遇到一些客户纠纷和投诉的情况。这些纠纷和投诉可能源于产品质量问题、物流延误和服务不当等，对温专公司的品牌形象和客户忠诚度构成了一定的挑战。处理客户纠纷和投诉的任务对于Andy来说，不仅是一项重要的职责，也是提升客户满意度、维护公司形象的关键环节。Andy深知每次纠纷和投诉都是客户对公司产品和服务的一次反馈，是改进和优化的重要机会。

一、买家拒付的处理

拒付，也称为退单或撤单，是指买家要求信用卡公司撤销已经结算的交易，是买家根据信用卡组织的规则和时限，向其发卡银行提出的要求撤销已经结算的交易的行为。这是信用卡公司给予持卡人的一种权利，并不是通过全球速卖通或支付宝等第三方支付平台提出的。这通常发生在买家对购买的商品或服务不满意，或者认为交易存在欺诈或错误的情况下。

在拒付的争议处理过程中，裁决最终由信用卡公司做出。当买家提出拒付时，信用卡公司会进行调查，并根据调查结果来决定是否撤销交易。如果信用卡公司认定拒付请求合理，那么原本支付给卖家的款项将被退回给买家，同时卖家需要承担由此产生的损失。

（一）常见的拒付类型

常见的信用卡拒付类型主要有盗卡类、货物类和其他，具体的拒付原因如表 4-3-1 所示。

表 4-3-1　买家拒付的类型及原因

拒付类型	拒付原因	释义
盗卡类	使用未经授权的信用卡	买家的信用卡被盗用
货物类	未收到货物	买家付款后没有收到货物或未在约定的时间内收到货物
货物类	货不对板	买家付款后收到的商品与期望的严重不符
货物类	未收到退款	买家未收到货物退款或曾取消订单
其他	重复扣账	买家对同一商品付了两次款
其他	金额不符	买家的付款金额与商品实际金额有出入

对于卖家来说，接受信用卡付款就需要承担拒付风险。拒付是接收信用卡做国际贸易时一种不可避免的成本，许多卖家已将这种成本纳入其业务的风险模式之中。

（二）处理拒付的流程

对于通过国际信用卡付款的拒付，处理过程如图 4-3-1 所示。

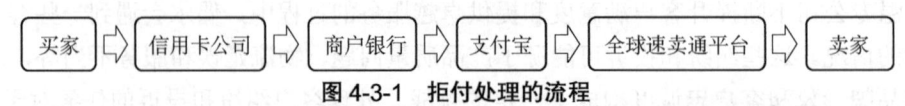

买家 ⇨ 信用卡公司 ⇨ 商户银行 ⇨ 支付宝 ⇨ 全球速卖通平台 ⇨ 卖家

图 4-3-1　拒付处理的流程

（1）当买家对交易存在异议时，他们会向自己的信用卡公司提出正式的拒付申请。

（2）随后，买家的信用卡公司会将这一拒付情况通报给全球速卖通平台的卖家银行，并从卖家账户中扣除与拒付交易相对应的金额。

（3）收到拒付通知后，全球速卖通平台会立即暂停或冻结与该拒付交易相关的资金流动，以确保在争议解决期间资金的安全。

（4）全球速卖通平台会迅速通过电子邮件的方式通知卖家，并要求他们提供与拒付交易相关的附加信息,以便对买家的拒付申请进行抗辩。

(5)在仔细审查了卖家提供的信息和买家的拒付理由后,全球速卖通平台会对拒付的承担方做出判断。如果判断卖家没有责任,平台会立即解除之前冻结的交易,并将资金释放给卖家;如果判断卖家有责任,平台会协助卖家提起抗辩,并等待买家的信用卡公司对这一抗辩的反馈。根据信用卡公司的最终裁决,平台会采取相应的措施来确保交易的公平性和合规性。

(三)应对拒付的技巧

全球速卖通平台一旦收到银行发出的拒付通知,会立即对涉及的订单进行冻结,并同步向卖家发送拒付通知信息。面对拒付通知,卖家必须高度重视并迅速采取行动。卖家应尽快查阅站内信中的相关通知内容,主动与买家取得联系,结合双方的沟通情况及其他信息,分析拒付原因,并积极寻求解决方案,以最大限度地减少或避免资金损失。

若信用卡公司要求卖家提供资料以对此笔拒付进行判责,为了降低自身损失,卖家应迅速点击站内信中的申诉链接,按照页面指引提供尽可能详尽的相关资料,以配合信用卡公司完成对此笔订单的拒付调查。此申诉流程必须在 3 个工作日内完成,逾期未提交或未回复,银行将默认卖家放弃该订单的申诉权利,拒付款项将直接退还给买家。

为了增加在拒付抗辩中获胜的机会,卖家除了应按照拒付通知邮件中的要求提供基本资料,还应积极提供对自身有利的额外材料及附加信息,以全面展现交易的真实情况,提高申诉的成功率,如表4-3-2所示。

表4-3-2 增加拒付抗辩获胜机会的申诉材料及附加信息

拒付原因	具体情况	需提供的申诉材料	可提供的附加信息
未收到货物	未在规定时间内收到货物	提供能够证明买家拒付的时间点还在双方约定的投递期限范围内的证据	货物是在双方约定的时间内投递的或遵循平台给出的该种物流方式下寄往目的国或地区的预计妥投日期
	非本人签收	提供官网妥投证明、物流妥投截图	尽量提供有签收人信息的官网物流信息截图
	只收到部分货物	提交能够说明按照订单要求全部发货的证明	货物重量证明
	买家已经退货给卖家	如果卖家尚未收到退货,可提供退货物流信息截图,证明货物尚未妥投	卖家商品描述退款政策中的相关条款,说明卖家需收到货后才能退款
货物与描述不符(货不对板)	收到的货物与订单的商品描述不符	提供商品的详细信息,证明商品与描述相符,同时依据是否收到退货提出退货要求	发货前商品的图片,或者发货前买家对商品信息确认的截图

续表

拒付原因	具体情况	需提供的申诉材料	可提供的附加信息
货物与描述不符（货不对板）	商品是假货	提供第三方商品质量检验证明，如CE 认证；提供购买同商品的其他买家对商品质量认证的评价	若无其他可提供的相关信息，可接受拒付
未收到退款	买家已经将货物退回，但卖家未按照约定退款	如果卖家未收到退货，需提供退回物流信息截图证明物流尚未妥投	卖家商品描述退货政策中关于收到货后才会退款的相关说明
	在卖家发货前就已经取消了订单	提供物流信息截图或与买家沟通的记录截图，证明在买家取消订单之前货物已经发出	可根据商品描述中的退款政策进行说明；定制商品一般不接受下单后取消订单的请求
金额不符	支付金额与订单金额不符	提供能够证明买家已付款金额与下单金额相符的证明	订单金额详情截图
	订单金额与约定不符，曾协商改价	若订单已经改价，则应通过提供相关截图来证明；若没有改价，则根据协商内容决定是否接受拒付	如果订单已经改价，需要提供买家与卖家协商的沟通记录截图
重复扣账	两笔不同订单号，同一运单号	强调两笔均是买家主动下单，并非重复；提供发货底单或物流公司出具的重量证明；提供物流信息	提供两笔订单都是买家主动下单，并且买家并未说明只想下一个订单的证据
	两笔不同订单号，不同运单号	强调两笔订单都是买家主动下单并非重复	提供两个运单的发货底单和物流公司出具的重量证明，证明货物已经全部发货
	两笔不同订单号，一笔已经退款成功	提供其中一笔已经退款的证明	如果其中一笔已经退款成功，应提供退款时间

（四）如何减少拒付

信用卡拒付确实是跨境电子商务中难以完全避免的挑战，然而，卖家可以通过采取一系列措施，最大限度减少拒付情况的发生，从而降低由此带来的潜在损失和风险。

1. 确保商品描述准确

应提供详尽、准确的商品信息，包括尺寸、颜色、材质和功能等，避免买家因商品与描述不符而提出拒付。

2. 提供高质量的商品

确保所售商品的质量符合描述和行业标准，避免因商品质量问题而导致的拒付。

3. 优化物流选择

选择可靠的物流服务商，确保商品按时、安全地送达买家手中。同时，应及时为买家提供物流信息，让他们能够实时追踪订单状态。

4. 加强客户服务

建立高效的客户服务团队，及时响应客户的问题和投诉，积极解决订单中的纠纷，提升客户满意度。

5. 合理定价与促销策略

避免定价过高或过低，以及不合理的促销策略，以减少因价格问题导致的拒付。

6. 遵守平台规则

严格遵守全球速卖通平台的交易规则和政策，确保自身经营行为的合规性。

7. 及时处理买家反馈

对于买家的反馈和评价，应及时查看并处理；对于存在的问题应尽快解决，以减少潜在的拒付风险。

8. 保留相关证据

保留与交易相关的所有证据，如订单信息、物流信息和聊天记录等，以便在出现拒付时能够提供有力的证据支持。

9. 定期分析拒付原因

定期分析拒付的原因和趋势，找出问题所在并制定相应的改进措施，以降低拒付率。

10. 与买家保持良好沟通

与买家保持积极的沟通，了解他们的需求和期望，尽可能满足他们的要求，减少因沟通不畅而导致的拒付。

二、纠纷处理流程

在全球速卖通平台的交易过程中，一旦遇到纠纷，卖家应立即采取行动，积极与买家取得联系，深入了解并确认问题的实质。当买家提供反馈时，卖家应迅速响应，以开放和合作的态度与买家进行沟通协商。这不仅有助于卖家全面把握买家的具体问题，还有助于其为买家提供更具针对性的帮助和解决方案。

如果双方无法就纠纷达成有效共识或沟通协商无果，建议卖家及时将纠纷升级到全球速卖通平台，由平台官方介入处理。平台作为中立的第三方，可以凭借其丰富的经验和专业的处理能力，协助买卖双方公正、合理地解决纠纷，确保交易公平和顺利地进行。

在开始着手解决跨境电子商务的纠纷之前，首先需要搞清楚跨境电子商务平台的纠纷解决规则，如图 4-3-2 所示是全球速卖通平台纠纷处理流程图。

（一）买家提起退款/退货退款申请

从卖家方面来说，买家提交退款申请的原因主要有两大类：一是收到的商品与约定不符，即货不对板；二是买家未收到货。具体原因见表 4-3-3。

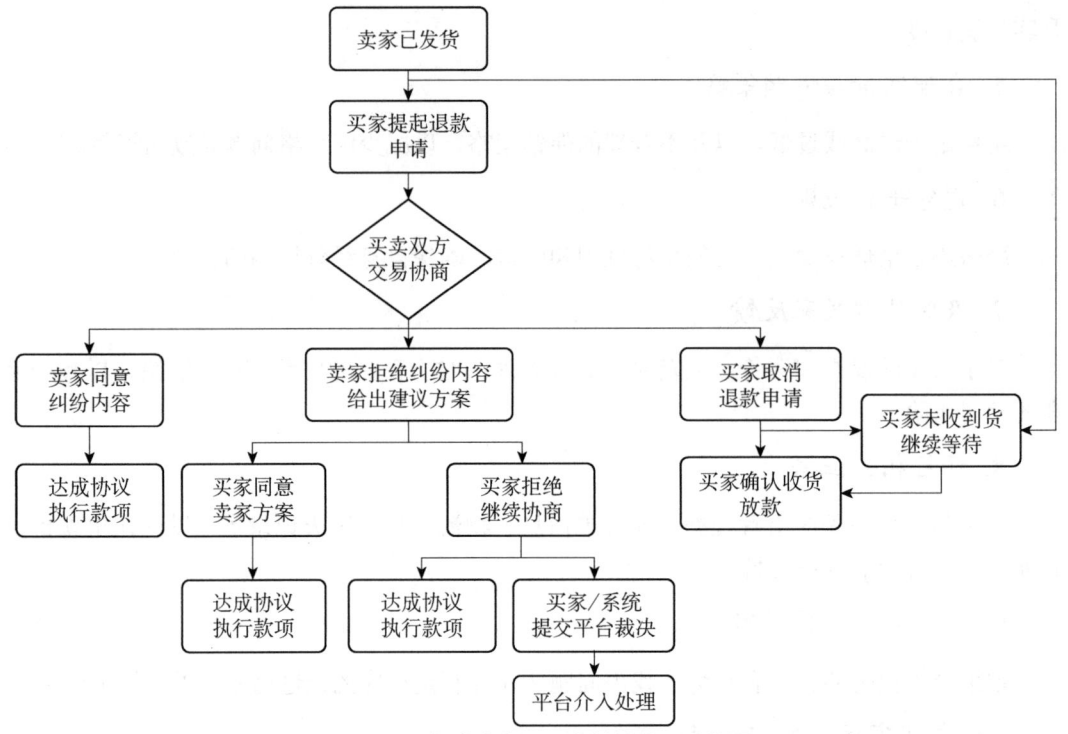

```
                    ┌─────────────┐
                    │  卖家已发货  │
                    └──────┬──────┘
                           │
                    ┌──────┴──────┐
                    │ 买家提起退款 │
                    │    申请     │
                    └──────┬──────┘
                           │
                    ╱─────────────╲
                   ╱  买卖双方     ╲
                  ╱   交易协商      ╲
                   ╲               ╱
                    ╲─────────────╱
```

图 4-3-2 全球速卖通平台纠纷处理流程图

表 4-3-3 常见的纠纷类型及导致纠纷的原因

常见的纠纷类型	具体表现	导致纠纷的原因
买家收到的商品与约定不符	商品型号不符	买家收到的商品型号与在网上看到的型号不符
	漏发或少发商品	商品在发出前未经核对，导致漏发或少发商品，买家收到的商品与实际购买数量不符
	商品做工粗糙	商品做工差，造成买家购买体验差
	商品破损	由于运输问题或卖家在发货前未检查，造成买家收到的商品是破损的
	销售假货	卖家所销售的商品是盗版的、非实际材质的
	对商品颜色有争议	商品实物与图片存在色差
	商品标价错误	标错商品的价格，误导买家购买
买家未收到货	海关扣关	物流显示商品已经被递交到海关，或者商品长期处于等待清关（具体滞留原因不可知）的状态。商品被海关扣押，这与当地国家或地区的政策和商品属性有关
	未发货	卖家由于疏忽而漏发货或虚假发货
	包裹退回	商品到达买家所在国家后，由于地址不详，商品被退回
	包裹丢失	商品在运输途中丢失
	无法查询物流信息	商品发出后，因为物流问题无法查询物流信息
	商品未在规定时间运达	在商品运输的承诺时效内，买家未收到货

续表

常见的纠纷类型	具体表现	导致纠纷的原因
买家未收到货	发错地址	地址填写错误,造成商品送错了地方,没有送达买家手中
	买家拒签	买家指定一种物流配送,卖家以另一种物流发货,买家拒签

卖家发货并填写发货通知后,买家如果没有收到货物或对收到的货物不满意,可以在卖家全部发货 10 天后申请退款(若卖家设置的限时达时间小于 5 天,则买家可以在卖家全部发货后立即申请退款),买家提交退款申请时纠纷即生成。

(二)买卖双方协议

1. 买家提交退款/退货申请

在订单详情页中,买家可以看到"Open Dispute"按钮,点击这个按钮可以提交退款或退货申请。提交后,纠纷即产生。

2. 卖家确认并响应

卖家可以在纠纷列表页面中看到所有的纠纷订单,对于尚未做出响应的纠纷,卖家可进入纠纷详情页查看纠纷的详细情况,包括买家提起纠纷的时间、原因、证据,以及买家提供的协商方案等信息,并可以选择接受或拒绝买家的退款/退货申请。

如果卖家接受买家的申请,双方可以进入下一步的协商阶段;如果卖家拒绝,需要给出拒绝的理由,并可以提出自己的协商方案。

买家提起退货/退款申请后,卖家必须在 5 天内"接受"或"拒绝"买家提出的纠纷,若逾期未响应,系统会根据买家提出的退款金额自动退款。

3. 双方协商

买卖双方可以在平台上进行协商,讨论退款金额、退货方式等具体细节。

全球速卖通平台鼓励买卖双方自主沟通解决纠纷,平台会在协商阶段给予双方一定的时间来解决纠纷。

对于买家发起的纠纷,卖家可采取以下应对措施。

1) 同意协商方案

买家提起退款申请后,如果卖家接受该申请,应点击"同意"按钮进入正式的纠纷解决阶段。在这一阶段,卖家需根据买家的退款申请类型做相应处理。

(1) 仅退款。卖家同意退款申请后,系统会提示卖家确认退款方案。若卖家对方案无异议,则退款协议即刻达成,款项将按照双方协商一致的方案退还。

(2) 退货退款。若买家要求退货退款,卖家在接受申请后需确认收货地址。系统默认使用卖家注册时填写的地址(请确保地址全部使用英文填写)。

若默认地址不正确或需要变更,卖家可点击"修改收货地址"按钮进行地址的修改。

2）新增或修改证据

在纠纷处理过程中，如果卖家不认同买家上传的证据，或者希望提供更多支持自己立场的信息，卖家有权利上传自己的证据。通过上传相关证据，卖家可以更全面地呈现纠纷的实际情况，有助于公正解决纠纷。

3）新增或修改协商方案

如果卖家拒绝买家提起的退款申请，可以在纠纷详情页中通过单击"新增方案"按钮来提出自己的解决方案。这个方案可以包含退款金额、拒绝退款的理由等详细信息。卖家最多可以提出两个互斥的方案，以供买家考虑和选择。这有助于避免纠纷升级，同时增加了纠纷解决的灵活性和可能性。

4）买家撤销申请

在买卖双方协商的过程中，买家有时可能会改变决定。如果买家决定撤销退款申请，他们可以选择在纠纷详情页中执行相关操作。一旦买家撤销退款申请并确认收货，该交易即视为结束，进入放款阶段。这表示买家对收到的货物表示满意，并愿意按照原始交易条款完成付款。若买家因其他原因撤销退款申请，如双方达成其他形式的补偿协议，也应通过平台操作来确保双方权益得到保障，并准确记录交易的最终状态。

4. 平台介入

当买卖双方在协商阶段无法达成一致时，为了确保纠纷得到公正、有效的解决，买家可以选择将纠纷提交给全球速卖通平台。全球速卖通平台拥有专业的纠纷处理团队，他们被称为"纠纷小二"。

一旦买家提交了纠纷处理申请，"纠纷小二"会立即开始处理。在买家提交纠纷处理申请后的 7 天内（包括第 7 天），"纠纷小二"会仔细审查案件情况。在参考买卖双方提供的证据（包括但不限于物流信息、商品照片和聊天记录等）的基础上，"纠纷小二"会根据平台的规则和政策，以及双方的权益，给出一个公正、合理的解决方案。这个解决方案可能是全额退款、部分退款、换货或退货等，具体取决于纠纷的性质和双方提供的证据。"纠纷小二"会在处理过程中与买卖双方保持沟通，确保买卖双方都能理解并接受解决方案。

5. 查看和接受方案

买卖双方在纠纷详情页面可以看到买家、卖家和平台三方的方案。

如果接受对方或平台给出的方案，可以点击"接受此方案"按钮。此时买卖双方对同一个方案达成一致，表明纠纷处理完毕。

6. 执行退款/退货

如果协商结果为退款，卖家需要在规定时间内执行退款操作；如果协商结果为退货，买家必须在 10 天内将货物发出，否则款项会返还给卖家。买家退货并填写退货运单号后，需要等待卖家确认。卖家有 3 种选择，即"确认收到退货""放弃退货"或"上诉仲裁"。

三、纠纷处理原则

在跨境电子商务运营中，纠纷在所难免。面对纠纷时，卖家应该秉持以下原则。

（一）及时回应

在跨境电子商务交易中，当客户对订单的执行或货物的质量产生疑虑、不满或投诉时，客服人员应迅速且积极地做出回应。这是建立客户信任、维护品牌形象和客户关系的重要一环。全球速卖通平台对于纠纷的响应有严格的时间限制。如果卖家超过规定时间未对客户的投诉或纠纷申请做出回应，可能会导致平台直接介入并做出对卖家不利的裁决，如要求卖家直接退款给客户。因此，客服人员必须时刻保持警惕，确保及时、有效地处理客户的问题。

（二）有效沟通

在处理客户纠纷时，有效的沟通技巧至关重要。客服人员首先应关注客户的心理变化，理解客户的情绪和期望，通过友善、耐心的沟通来引导客户朝着能够保留订单的方向进行协商。同时，客服人员还需要关注客户的实际需求，并尽量满足客户的合理要求。有效的沟通可以减少客户的误解和不满，提升客户的满意度和忠诚度。

（三）以客户为中心

在处理客户问题时，客服人员应始终坚持客户第一的原则。这意味着客服人员需要站在客户的角度考虑问题，了解客户的需求和期望，并努力为客户提供满意的解决方案。当出现问题时，客服人员应该积极寻找解决方案，并与客户一起协商解决。这种以客户为中心的服务态度，可以提升客户的信任感和满意度，促进交易顺利进行。

（四）查找问题根源

对于不同类型的纠纷，客服人员需要有针对性地查找问题根源。例如，如果客户投诉收到的货物与描述不符或存在质量问题，客服人员需要了解具体情况，并尽快与供应商或仓库核实。一旦确定了问题根源，客服人员应立即采取相应措施，如道歉、退款和换货等，以尽快解决客户的问题。针对问题根源处理纠纷的方式，可以提高解决问题的效率和质量，减少客户的投诉和不满。

（五）公平公正

在处理纠纷时，客服人员应公平、公正地对待买卖双方。客服人员应仔细审查双方的证据和陈述，并根据平台的规则和政策做出裁决。客服人员应确保裁决结果的公正性和准确性，以维护平台的公信力和交易秩序。同时，客服人员还需要尊重买卖双方的权益和利益,确保双方的合法权益得到保障。

(六)寻求第三方协助

如果买卖双方无法就纠纷处理达成一致意见,客服人员可以引导双方寻求第三方协助。这些第三方可以是电子商务平台、仲裁机构或消费者权益保护组织等。引入第三方协助,可以为买卖双方提供一个更加公正、权威的解决纠纷的渠道;同时还可以为买卖双方提供专业的法律建议和解决方案,帮助买卖双方更好地维护自己的权益。

四、如何避免纠纷与投诉

(一)清晰准确的产品描述

1. 提供详细、准确、真实的产品描述

(1)尺寸信息的详尽性。尺寸信息对于客户的购买决策非常重要,因此,客服人员应仔细核对每件产品的尺寸数据,确保长度、宽度、高度等关键信息准确无误。同时,客服人员还应将这些数据详细列出,帮助客户在购买前准确判断产品是否适合自己的需求。

(2)颜色的真实描述。颜色是客户选择产品时非常关注的一个因素。客服人员应使用标准的颜色名称来描述产品,并附上实际产品的彩色照片。客服人员还应特别注意产品的颜色在不同光线下的表现,以便为客户提供最真实的参考。这样,客户在购买前就能对产品的颜色有清晰的认识,从而可以避免因色差问题导致的纠纷。

(3)材质的详细说明。客服人员应详细了解产品的材质信息,并向客户解释这些材质的特点和优势。客服人员应根据产品的实际材质,如实描述其耐用性、舒适度等,以帮助客户更好地了解产品的品质和价值。

(4)功能的全面介绍。客服人员应仔细研究产品的功能,并详细列出每项功能及其使用方法。客服人员应特别注意产品的使用限制和注意事项,并在描述中明确标注。这样,客户在购买前就能全面了解产品的功能和性能,从而避免因使用不当或功能不符导致的投诉。

2. 使用高质量的图片展示产品

图片对于客户了解产品非常重要,因此,客服人员应选择高质量的图片来展示产品。这些图片应该是经过精心拍摄和后期处理的,能够真实地展现产品的外观、细节和质感。客服人员应确保图片与实际产品相符,避免使用夸大或误导性的图片。客户可以通过这些图片直观地了解产品的真实情况,从而做出明智的购买决策。

3. 避免使用夸大或误导性的语言

客服人员应始终坚持真实、准确的描述原则,应明白夸大或误导性的语言只会失去客户的信任。因此,在与客户沟通时,应避免使用夸大或虚假的言辞,学会用客观、真实的语言描述产品，确保客户对产品有清晰的了解。

（二）保证产品质量

1. 发货前的仔细检查

在发货前需要对每件产品进行仔细检查。逐一查看产品的外观、功能、尺寸等，确保产品无损坏、无瑕疵，并与产品描述相符。这一步骤不仅能帮助卖家发现潜在的质量问题，还能确保客户收到的产品符合其期望。在检查过程中，客服人员应特别注意以下几个方面。

（1）外观检查。客服应仔细检查产品的外观，确保没有划痕、破损或污渍等。对于包装类产品，还应检查包装是否完好，确保没有破损或变形。

（2）功能测试。对于带有功能的产品，客服人员应进行功能测试，确保产品能够正常工作。客服人员应按照产品说明书上的操作步骤进行测试，并检查产品的各项功能是否齐全、性能是否稳定。

（3）尺寸核对。客服人员应核对产品的实际尺寸与描述是否一致，确保客户收到的产品符合其购买的尺寸要求。

2. 问题的及时处理

如果在发货前的检查过程中发现产品存在质量问题，客服人员应及时告知客户，并提供相应的解决方案。

（1）与客户沟通。需主动联系客户，说明发现的问题，并询问客户的意见和建议。积极听取客户的想法，并根据客户的要求提供相应的解决方案。

（2）提供解决方案。针对发现的问题，提供多种解决方案供客户选择，如可以为客户提供换货服务，确保客户能够收到符合要求的产品；或者，如果问题较小且不影响使用，也可以提供一定的折扣或优惠作为补偿。

（3）跟踪处理进度，确保问题得到及时解决。与客户保持沟通，及时告知处理结果和进度，确保客户对解决方案满意。

（三）透明的定价和运费策略

1. 设定明确的定价策略

客服人员应该参与并帮助平台制定定价策略，确保产品价格既不过高也不过低。过高的价格可能导致客户流失，而过低的价格则可能影响产品的品质和平台的声誉。

（1）市场调研。客服人员应该积极参与市场调研，了解同类产品的市场价格和竞争态势。这样可以帮助平台制定合理的定价策略，确保产品价格具有市场竞争力。

（2）价格透明。客服人员应该向客户清晰解释产品价格背后的价值和依据，如产品材质、工艺和品牌等。这样可以帮助客户理解产品价格的合理性，减少因价格问题产生的疑虑和纠纷。

2. 清晰地列出运费和可能的额外费用

在交易过程中，运费和可能的额外费用往往成为客户关注的焦点。客服人员应该确保这些费用在购买前就被清晰地列出，以便客户能够全面了解所有费用。

（1）运费明细。客服人员应该根据产品的重量、体积和运输距离等因素，合理计算运费。同时，还应该解释不同运输方式（如快递、平邮等）的运费差异，帮助客户选择合适的运输方式。

（2）额外费用提示。除了运费，还可能存在一些额外的费用，如关税、税费等。客服人员应该提前向客户说明这些费用的可能性和计算方式，确保客户在购买前就能够全面了解所有费用。

3. 及时解答客户疑问

在客户对定价和运费策略有疑问时，客服人员应该及时解答，耐心、细致地解释定价和运费策略的合理性，以及费用计算的依据和过程。这样可以帮助客户更好地理解平台政策，减少误解和疑虑。

4. 持续优化定价和运费策略

客服人员还应根据客户的反馈和市场的变化，持续优化定价和运费策略；关注客户的购买行为和需求变化，以及竞争对手的策略调整，及时调整平台的价格和运费策略，确保平台始终具有竞争力。

（四）准确的发货和物流信息

1. 提供准确的发货时间

客服人员与客户沟通时，应当明确告知客户发货时间。这不仅能让客户对订单的处理进度有一个清晰的了解，还能减少因发货时间不明确而产生的疑虑和纠纷。为了确保发货时间的准确性，客服人员应当与仓库或物流部门保持紧密沟通，实时了解库存情况和发货进度。

2. 发货后及时更新物流信息

发货后客服人员应当及时更新物流信息，确保客户能够实时了解货物的运输状态。这不仅能提升客户的信任度，还能减少因物流信息不准确而产生的疑虑和投诉。

3. 选择可靠的物流合作伙伴

一个可靠的物流合作伙伴不仅能提供稳定的物流服务，还能在出现问题时及时解决，减少客户的损失和投诉。在选择物流合作伙伴时，客服人员应当注意以下几点。

（1）了解信誉。在选择物流合作伙伴时，客服人员应当了解其信誉和口碑，选择具有良好声誉的物流公司。

（2）考察能力。客服人员应当考察物流公司的运输能力、处理能力和解决问题的能力，确保其能够满足平台的需求。

（3）建立合作关系。客服人员应当与物流公司建立稳定的合作关系，确保在需要时能够得到及时的支持和帮助。

（五）良好的客户服务

为客户提供服务时，客服人员需要展现出快速响应的能力。当客户遇到问题时，他们通常希望能够立即得到解答。因此，客服人员应当时刻关注客户动态，以确保在第一时间为客户提供所需的帮助，不让客户等待过久。

除了响应速度，专业性也是客服人员不可或缺的品质。无论是产品知识还是服务流程，客服人员都需要了解。只有这样，才能在解决客户问题时准确无误地为客户提供满意的答复。

此外，友好的态度也是客服人员成功的关键。在与客户沟通时，客服人员应当始终保持礼貌和耐心，用温暖的语言和真诚的微笑来传递企业的关怀和尊重。这样不仅能让客户感受到被重视，还能增强客户对企业的信任和好感。

当客户提出咨询或投诉时，客服人员应当认真倾听，并耐心处理。面对客户提出的咨询和投诉，客服人员应当积极寻求解决方案，确保客户的问题能够得到妥善解决。同时，客服人员还需要及时跟进客户的反馈，确保客户对解决方案满意。

（六）明确的退换货政策

首先，应制定清晰、详细的退换货政策。这一政策不仅应明确退换货条件，还应详细列出退换货的时间限制、操作流程及所需材料等信息。客服人员应当对这一政策进行深入研究，确保自己能够准确地向客户解释和说明。

在购物流程中，全球速卖通平台同样会向客户明确告知退换货政策。例如，在下单前，系统会弹出一个提示框，提醒客户仔细阅读退换货政策，并告知客户如何申请退换货。客服人员也会在客户下单后，通过短信、电子邮件或电话等方式与客户取得联系，再次确认客户是否了解退换货政策，并解答客户可能存在的疑问。

当客户提出退换货申请时，客服人员应迅速响应，仔细核实订单信息，并根据退换货政策判断客户的申请是否符合条件。如果符合条件，客服人员应立即启动退换货流程，协助客户完成相关操作。在处理退换货过程中，客服人员应保持公平、公正的态度，确保客户的权益得到保障。

（七）尊重和保护客户隐私

首先，客服人员应严格遵守全球速卖通平台的客户隐私保护政策。这项政策详细规定了客户个人信息的收集、存储、使用和传输等各个环节的标准和流程，旨在确保客户信息的保密性、完整性和可用性。客服人员必须认真学习和掌握这一政策，确保在日常工作中能严格按照规定操作。

其次，客服人员必须始终牢记保护客户隐私的重要性，不得泄露或滥用客户个人信息，包括客户的姓名、地址、电话和电子邮箱等敏感信息。无论是在与客户沟通的过程中，还是在处理客户订单、退换货等事务时，客服人员都必须严格保护客户隐私，不得将客户信息用于任何与工作无关的事项。

为了确保客户隐私得到更好的保护，全球速卖通平台也采取了一系列技术和管理措施，如通过加密技术保护客户信息的传输过程，防止信息被非法截获或篡改；建立完善的客户信息管理系统，确保客户信息的存储安全；对客服人员进行定期培训和考核，提高他们保护客户隐私的意识和能力。

（八）杜绝假货

全球速卖通平台将第三方知识产权的保护置于重要位置，致力于为所有客户创造一个安全、可靠的交易环境，坚决反对任何形式的非法使用或侵犯他人知识产权的行为。若客户因怀疑产品真实性而向卖家提起纠纷投诉，而卖家无法提供有效的产品授权证明，平台将直接判定卖家承担全部责任。这意味着卖家不仅面临经济损失，还会受到平台规定的相应处罚。所以卖家在全球速卖通平台上销售商品时，务必确保不侵犯任何第三方的知识产权，并能够提供充分的授权证明。对于代理授权的商品，卖家必须直接从原供应商处采购，并确保拥有明确的品牌授权书。这不仅是维护客户权益的必要措施，也是卖家维护自身信誉和可以持续经营的关键所在。

◎ 项目小结

在跨境电子商务中，优质的售后服务不仅是解决客户问题的关键，还是提升客户信任度和忠诚度的重要手段。通过及时、专业和高效的售后服务，企业能够赢得客户的口碑和信任，进而促进业务的持续增长。

订单跟进是跨境电子商务客服的核心工作之一。在订单跟进的过程中，客服人员需要密切关注订单状态，确保客户能够及时收到货物。这不仅要求客服人员对订单管理系统有深入的了解，还应具备良好的沟通能力和应变能力，以便在出现异常情况时可以及时与客户沟通并解决问题。

差评是电子商务业务中难以避免的问题。在处理差评时，客服人员需要保持冷静和耐心，应先了解客户给出差评的原因，再针对性地提出解决方案。同时，客服人员还需要注意沟通的方式和语气，避免引起客户的不满或误解。在处理差评的过程中，客服人员还需要积极收集客户反馈，以便不断改进产品和服务。

跨境电子商务交易中，由于涉及不同国家和地区的法律法规、文化差异等，纠纷问题较为常见。在处理纠纷时，客服人员需要全面了解纠纷的成因，并根据相关法律法规和公司政策，提出公正、合理的解决方案。在解决纠纷的过程中，客服人员应该保持中立、公正的态度，并尊重双方的权益。同时，客服人员还需要具备良好的谈判技巧和沟通能力，以便在纠纷解决过程中取得双方的信任和满意。

投诉是客户对产品或服务不满的直接表达。在处理投诉时，客服人员需要认真倾听客户的诉求和不满，并尽快给出解决方案。在处理投诉的过程中，客服人员需要保持耐心和礼貌，避免与客户发生争执或冲突。同时，客服人员还需要关注客户的情感需求，并为其提供情绪上的支持和安慰。对于重大或复杂的投诉，客服人员应该及时向上级领导或相关部门汇报，以便获得更多的支持和找到更好的解决方案。

○ 习题测验

1. 跨境电子商务客服人员在跟进订单时，首要关注的是（　　）。
A. 订单金额　　　　B. 订单数量　　　　C. 订单状态　　　　D. 订单来源
2. 当跨境电子商务客服人员收到客户的差评时，应首先（　　）。
A. 忽视并继续其他工作　　　　　　　B. 立即删除差评
C. 联系客户了解原因　　　　　　　　D. 向公司上级汇报
3. 跨境电子商务客服人员在处理客户纠纷时，应遵守的原则是（　　）。
A. 尽可能满足客户需求　　　　　　　B. 坚决维护公司利益
C. 迅速解决以避免麻烦　　　　　　　D. 公正、合理地解决问题
4. 跨境电子商务客服人员在处理客户投诉时，最不应该的做法是（　　）。
A. 忽略客户的情绪　　　　　　　　　B. 迅速给出解决方案
C. 耐心倾听客户诉求　　　　　　　　D. 记录投诉信息以便后续处理

○ 习题答案

1. C；2. C；3. D；4. A。

○ 能力实训

场景一

公司名称：TechGadgets
主营业务：销售最新科技产品，包括智能手机、平板电脑、智能手表等
产品：最新型号的智能手表
目标客户：科技爱好者和早期采用者
根据以上信息处理以下情况。

1. 张先生一周前购买了一款智能手表，但订单状态迟迟未更新为"已发货"。他对订单的延迟发货感到不满，希望能够得到一个确切的发货日期。

2. 李小姐购买了一款平板电脑，收到货后，发现平板电脑屏幕存在磨损，她希望更换一台新产品。

场景二

公司名称：EcoClean
主营业务：环保清洁产品，包括生物降解清洁剂、可重复使用的清洁工具等
产品：一款高评价的生物降解洗碗液
客户：李女士
差评情况：李女士在商品评价区留下了差评，提到收到的商品包装破损，而且她认为

商品效果不如预期

请根据以上信息进行以下操作。

1. 向李女士了解具体情况；
2. 给出解决方案；
3. 问题解决后，请求修改差评。

项目五　管理客户关系

○ **知识目标**

掌握 6 个维度分析法；掌握如何进行客户识别与细分；掌握客户沟通与互动的技巧；掌握维护老客户的策略；掌握挽回流失客户的步骤。

○ **技能目标**

能精准识别客户价值；能理解客户的需求和期望；能与客户开展有效的沟通。

○ **素养目标**

具备较强的守法意识；具备较强的沟通能力；具备较强的风险意识。

○ **思维导图**

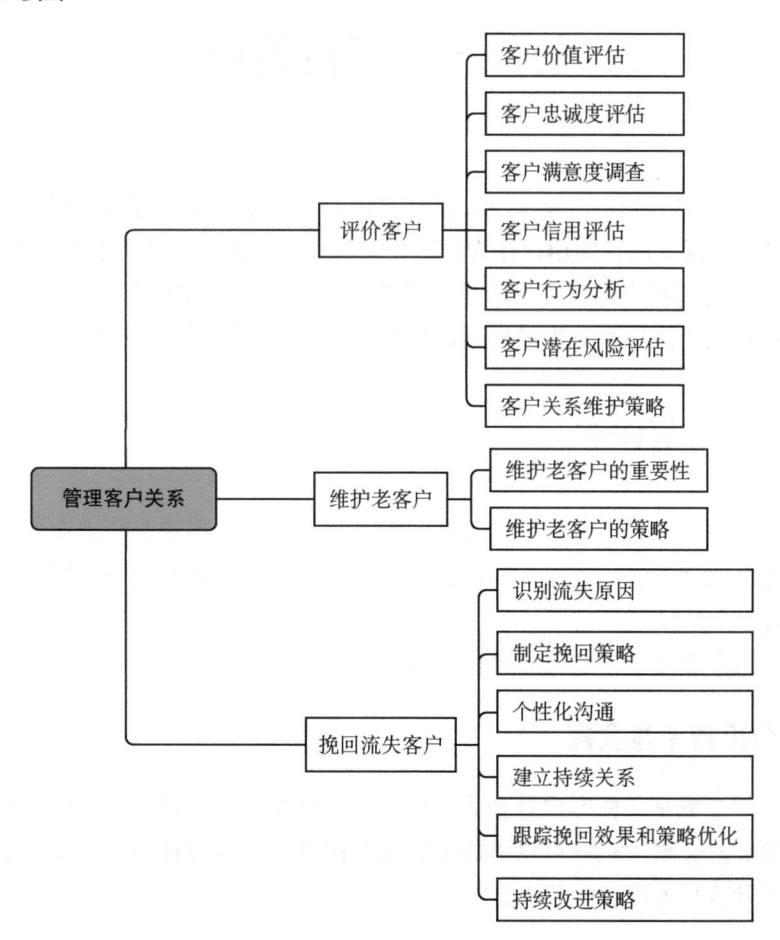

```
                                    ┌── 客户价值评估
                                    ├── 客户忠诚度评估
                                    ├── 客户满意度调查
                          评价客户 ──┼── 客户信用评估
                                    ├── 客户行为分析
                                    ├── 客户潜在风险评估
                                    └── 客户关系维护策略

管理客户关系 ──────────── 维护老客户 ──┬── 维护老客户的重要性
                                     └── 维护老客户的策略

                                    ┌── 识别流失原因
                                    ├── 制定挽回策略
                                    ├── 个性化沟通
                        挽回流失客户 ──┼── 建立持续关系
                                    ├── 跟踪挽回效果和策略优化
                                    └── 持续改进策略
```

● 项目背景

随着全球电子商务市场的不断扩张和竞争的日益激烈,温专公司作为一家跨境电子商务企业,面临着越来越多的客户管理和服务挑战。客户关系的有效管理不仅关乎公司的声誉和品牌形象,还直接关系到业务的稳定增长和市场份额的拓展。

在温专公司,Andy 作为一名跨境电子商务客服专员,肩负着管理客户关系、提供优质服务的重要职责。然而,在日常工作中,Andy 发现当前的 CRM(Customer Relationship Management,客户关系管理)模式存在一些问题和不足,如客户反馈响应不及时、服务流程不够优化和客户满意度参差不齐等。这不仅影响了客户的购物体验,也制约了公司的业务发展。

因此,为了提升客户关系管理水平及客户的满意度和忠诚度,温专公司决定启动一项管理客户关系的项目,主要包括以下任务:

任务 1:评价客户;
任务 2:维护老客户;
任务 3:挽回流失客户。

任务一 评价客户

评价客户是 CRM 的一个至关重要的环节,是一个多维度、综合性的过程,涉及客户的价值、忠诚度、满意度、信用、行为、潜在风险和关系维护策略等多个方面。Andy 需要通过 6 个维度分析和利用客户评价信息,更深入地了解客户的需求和行为,为制定更有效的营销策略和提供个性化服务提供依据,从而实现客户关系的持续优化和企业的长期发展。

一、客户价值评估

客户价值是指客户为企业带来的收益和利润。企业需要根据客户的购买历史、消费习惯和市场规模等来评估客户价值。高价值客户通常是企业的重要利润来源,需要给予更多的关注和服务。

客户的价值主要从以下两方面进行评估。

(一)购买频率与金额

购买频率与金额是评估客户对企业贡献度的重要指标。通过深入了解客户在一定时间内的购买次数和总金额,企业可以更加全面地掌握客户的消费行为,从而制定更加精准的营销策略,提升客户的满意度和忠诚度。

首先，购买频率反映了客户对企业的产品或服务的认可和信赖程度。如果客户经常购买，说明他们对企业的产品或服务感到满意，而且愿意长期合作。这种情况下，企业可以通过提供更多的优惠和服务来进一步巩固客户关系，提升客户的忠诚度。

其次，购买金额也是评估客户贡献度的重要因素。客户的购买金额越高，说明他们对企业的产品或服务的需求越大，同时也意味着客户愿意为企业的产品或服务支付更多的费用。这种情况下，企业可以通过提供更多的定制化产品和个性化服务来满足客户的需求，以提升客户的满意度和忠诚度。

最后，通过分析客户的购买频率和金额，企业还可以发现潜在的市场机会和竞争优势。例如，如果某个客户的购买频率和金额都很高，说明其对企业的产品或服务非常认可。企业可以通过深入了解客户的需求和反馈，不断改进产品和服务，提高市场竞争力。

（二）潜在价值

客户潜在价值分析是企业预测客户未来购买潜力的重要过程。通过对客户的潜在价值进行深入分析，企业能够发现潜在的市场机会和竞争优势，从而制定相应的策略来最大化这种价值。

以下是进行客户潜在价值分析的一些步骤和考虑因素。

1. 客户细分

首先，需要将客户群体划分为不同的细分市场。这可以通过各种因素来完成，如地理位置、行业、公司规模和购买行为等。每个细分市场都有其特征和需求，因此理解这些差异对于确定潜在价值至关重要。

2. 识别关键客户特征

在每个细分市场中，识别那些与潜在价值相关的关键客户特征。这包括他们的购买历史、忠诚度、推荐意愿和增长潜力等。

3. 评估客户生命周期价值

计算每个客户的 LTV（Life Time Value，生命周期价值），该值等于客户在整个生命周期内为企业带来的预期收入减去与该客户相关的成本。LTV 可以帮助企业确定哪些客户最具潜在价值。

4. 分析客户增长潜力

可以通过分析客户的市场增长、产品使用情况、购买频率等因素来评估他们未来的增长潜力。

5. 确定客户保留和获取策略

基于分析，针对不同客户群体制定保留和获取策略。对于具有高潜在价值的客户，企业可能需要投入更多的资源和努力来保持他们的满意度和忠诚度。

6. 持续监控和调整

客户潜在价值是一个动态的概念,需要定期监控和调整。随着市场和客户行为的变化,企业可能需要不断更新分析方法和策略。

二、客户忠诚度评估

客户忠诚度反映了客户对企业和产品的信任度和依赖度。高忠诚度的客户更有可能持续购买企业的产品或服务,并为企业带来稳定的收入。企业可以通过客户回购率、推荐新客户等指标来评估客户忠诚度。

(一)客户回购率

客户回购率直接反映了客户对企业产品或服务的忠诚度和满意度。当客户对企业的产品或服务感到满意时,他们更有可能再次选择该企业,从而提高回购率。因此,客户回购率可以作为衡量企业产品或服务质量、CRM 水平和客户满意度的重要指标。

要提高回购率,企业需要从多个方面入手。

首先,企业应该提高产品和服务的质量,确保客户在使用过程中能够获得良好的体验和感受。

其次,企业应该改进营销渠道,提升品牌知名度和美誉度,以吸引更多的客户。

此外,企业还应该为客户提供合理的价格和优质的服务,以满足客户的需求和期望。

除了提高回购率,企业还应该关注回购率高低背后的原因。

回购率高可能意味着企业的产品和服务质量高、CRM 水平高或客户满意度高等;回购率低则可能意味着企业的产品或服务存在一些问题,或者企业在 CRM 和客户满意度方面还有提升的空间。

因此,企业需要对回购率进行深入的分析和研究,找出影响回购率的问题所在,并采取相应的措施进行改进。

(二)推荐意愿

推荐意愿即客户是否愿意将企业的产品或服务推荐给其他人,是衡量客户忠诚度的重要指标,也是一个重要的营销指标。该指标直接影响产品或服务的口碑传播和潜在客户的获取。当客户对某个产品或服务感到满意,并愿意向他人推荐时,这种积极的口碑可以吸引更多的潜在客户,并增加销售机会。

要提高推荐意愿,企业需要关注以下几个方面。

1. 产品质量

提供高质量的产品或服务,满足客户的期望和需求。

2. 客户服务

提供卓越的客户服务，包括及时响应、解决问题和提供个性化体验。

3. 用户体验

优化产品或服务的用户体验，使产品更易于使用，从而使客户感到更便利和愉快。

4. 社交媒体和口碑营销

通过社交媒体和其他在线平台积极推广产品或服务，鼓励客户分享他们的积极体验。

（三）客户忠诚度评估表

客户忠诚度评估表在评估和提升客户忠诚度方面发挥着关键的作用。

在客户忠诚度评估表（见表5-1-1）中通过设定具体的指标和评分标准，客户忠诚度这一抽象概念可以转化为可衡量的数值或等级。这些指标涵盖回购率、推荐意愿和客户满意度等多个方面，企业可以据此全面、客观地评估客户的忠诚度。通过量化客户忠诚度，企业能够更准确地了解客户的忠诚水平，为制定精准有效的营销策略提供有力支持。

表 5-1-1　客户忠诚度评估表示例

客户名称	购买次数/次	购买金额/元	购买频率	客户满意度	推荐意愿/%	忠诚度评分/分
客户 A	10	10000	每月 1 次	非常满意	90	90
客户 B	5	5000	每季度 1 次	满意	80	70
客户 C	3	3000	每年 1 次	一般	50	50

三、客户满意度调查

客户满意度调查是评价客户关系的核心指标。客户满意度可以通过问卷调查、客户反馈和投诉处理等方式进行收集和分析。企业需要关注客户对产品和服务的质量、价格、交付时间和售后服务等方面的满意度，以便及时发现问题并改进。

在进行客户满意度调查时，可以采用多种方式，如问卷调查、电话访谈和面对面访谈等。问卷调查是最常用的一种方式，可以覆盖广泛的客户群体，而且便于数据收集和分析。

在进行问卷调查时，需要注意以下几点。

（1）问卷设计应合理，问题应清晰明了，避免设置容易产生歧义或具有引导性的问题。

（2）问卷内容应覆盖客户关心的各个方面，如产品质量、服务态度、售前咨询和售后服务等，以全面了解客户的满意度。

（3）问卷应易于填写，避免过多的填空题和选择题，以免让客户感到烦琐而不愿意参与。

（4）在进行数据分析时，需要对数据进行清洗和整理，以排除无效数据和异常值，确保分析结果的准确性。

通过客户满意度调查，企业可以获得宝贵的客户反馈和建议，为改进产品和服务提供有力的支持。同时，企业也需要积极回应客户的反馈和建议，加强与客户的沟通和互动，提升客户的满意度和忠诚度，从而实现持续发展。

如下是客户满意度调查表示例。

跨境电子商务客户满意度调查
Cross-Border E-Commerce Customer Satisfaction Survey

尊敬的客户：

感谢您最近在我们的网上商店购物，我们希望收集您的反馈意见以改进我们的服务。您的意见对我们很重要，完成本调查大约需要 5 分钟。感谢您的宝贵时间和反馈意见。

Dear Valued Customer,

We appreciate your recent purchase from our online store and would like to gather your feedback to improve our services. Your opinions are important to us, and this survey should take approximately 5 minutes to complete. Thank you for your time and feedback.

第 1 部分：一般信息（General Information）

1. 居住国（Country of Residence）

2. 年龄范围（Age Range）

☐≤18　　　　　　　　　　　　　　☐35～44

☐18～24　　　　　　　　　　　　　☐≥45

☐25～34

3. 性别（Gender）

☐男性 Male　　　　　　　　　　　☐不愿透露 Prefer not to say

☐女性 Female

第 2 部分：产品满意度（Product Satisfaction）

4. 您对产品质量的满意度如何？（How satisfied were you with the product quality?）

☐非常满意 Very Satisfied　　　　　☐满意 Satisfied

☐一般 Neutral　　　　　　　　　　☐不满意 Dissatisfied

☐非常不满意 Very Dissatisfied

5. 产品是否符合您的期望？（Did the product meet your expectations?）

☐完全符合 Yes, completely　　　　☐不符合 No

☐部分符合 Partially　　　　　　　☐完全不符合 Not at all

6. 您特别喜欢产品的哪些方面？（What specifically did you like about the product?）

7. 如果产品存在质量问题，请加以说明。（If there were any quality issues with the product, please describe them.）

第 3 部分：服务满意度（Service Satisfaction）

8. 您对客户服务的满意度如何？（How satisfied were you with the customer service you received?）

☐非常满意 Very Satisfied　　　　　☐满意 Satisfied

□一般 Neutral □不满意 Dissatisfied
□非常不满意 Very Dissatisfied

9. 我们的客户服务是否反应迅速、乐于助人？（Was our customer service responsive and helpful?）

□非常 Yes, very responsive and helpful □有点 Somewhat responsive and helpful
□一般 Neutral □不 Not very responsive or helpful
□一点也不 Not responsive or helpful at all

10. 您如何评价浏览我们网站的便捷程度？（How would you rate the ease of navigating our website?）

□非常简单 Very Easy □简单 Easy
□一般 Neutral □困难 Difficult
□非常困难 Very Difficult

第 4 部分：交付经验（Delivery Experience）

11. 您对送货速度的满意度如何？（How satisfied were you with the delivery speed?）

□非常满意 Very Satisfied □满意 Satisfied
□一般 Neutral □不满意 Dissatisfied
□非常不满意 Very Dissatisfied

12. 产品包装是否适当和安全？（Was the packaging of your product adequate and secure?）

□非常安全 Yes, very secure □安全 Yes, secure
□一般 Neutral □不安全 No, not very secure
□一点也不安全 No, not secure at all

13. 派送过程中有什么问题吗？（Did you face any issues during delivery?）

□没有 No issues □小问题 Minor issues
□大问题 Significant issues □重大问题 Major issues

第 5 部分：定价和价值（Pricing and Value）

14. 您觉得我们的产品价格是否合理？（Did you find our prices to be reasonable for the products?）

□非常合理 Yes, very reasonable □合理 Yes, reasonable
□一般 Neutral □不合理 No, not very reasonable
□非常不合理 No, not reasonable at all

15. 您觉得产品是否物有所值？（Did you feel that the product was worth the price you paid?）

□完全 Yes, definitely □一定程度上 Yes, to some extent
□一般 Neutral □不 No, not really
□完全不 No, not at all

第 6 部分：总体体验和反馈（Overall Experience and Feedback）

16. 您有可能向他人推荐我们的网上商店吗？（How likely are you to recommend our online store to others?）

□非常可能 Very Likely　　　　　　□可能 Likely
□一般 Neutral　　　　　　　　　　□不可能 Unlikely
□完全不可能 Very Unlikely

17. 我们可以做些什么来改善您的购物体验？（What could we have done to improve your shopping experience?）

18. 您还有其他意见或建议吗？（Do you have any additional comments or suggestions?）

感谢您抽出时间完成本调查。您的反馈意见非常宝贵，将帮助我们改进服务，更好地满足客户的需求。

Thank you for taking the time to complete this survey. Your feedback is invaluable and will help us enhance our services to better meet the needs of our customers.

四、客户信用评估

客户信用评估是一个非常重要的环节，涉及对潜在或现有客户的信用状况的评估，以确定其交易风险，从而为企业制定合适的销售策略和风险控制措施提供依据。

（一）客户信用评估的重要性

1. 降低交易风险

通过对客户信用状况的评估，企业可以识别出高风险客户，避免与其进行交易，从而降低坏账风险。

2. 提高销售效率

对信用状况良好的客户，企业可以给予更优惠的销售政策和更灵活的支付方式，从而促进销售增长。

3. 维护企业声誉

良好的客户信用评估体系有助于企业筛选出优质客户，提升客户的满意度和忠诚度，进而维护企业的声誉和品牌形象。

（二）客户信用评估的方法

1. 查阅信用报告

利用专业的信用评估机构或征信系统，获取客户的信用报告，了解其历史信用记录、还款能力等信息。

2. 分析交易记录

通过对客户的历史交易记录进行分析，了解其交易习惯、支付能力等方面的信息。

3. 调查客户背景

通过实地访问、电话沟通等方式，了解客户的经营状况、财务状况和行业地位等信息。

（三）客户信用评估的流程

1. 收集客户信息

收集客户的基本信息、交易记录和财务报表等相关资料。

2. 评估信用风险

运用合适的评估方法和模型，对客户的信用风险进行量化评估。

3. 制定信用政策

根据评估结果，制定相应的信用政策，包括信用额度、账期和担保措施等。

4. 监控信用状况

定期对客户的信用状况进行监控和更新，及时发现和处理潜在风险。

（四）客户信用评估的注意事项

1. 确保评估的公正性和客观性

在评估过程中，应遵守公正、客观的原则，避免主观臆断和个人偏见。

2. 保护客户隐私

在收集和处理客户信息时，应遵守相关法律法规，确保客户隐私得到保护。

3. 及时调整信用政策

随着市场环境的变化和客户状况的改变，企业应及时调整信用政策，以适应新的风险挑战。

通过客户信用评估，跨境电子商务企业可以更好地了解客户的信用状况，为制定销售策略和风险控制措施提供依据。同时，这也有助于提高企业的销售效率和提升客户的满意度，进而促进企业的健康发展。

五、客户行为分析

客户行为分析是一项至关重要的工作。企业需要通过市场调研、客户沟通等方式来深入了解客户的购物习惯、需求和偏好等，从而制定更有效的营销策略和提升客户体验，以便提供符合客户期望的产品和服务。

（一）购买渠道与决策过程

跨境电子商务的客户购买行为受到多种因素的影响，其中购买渠道是一个关键因素。大部分客户更倾向于直接通过电子商务平台购买，这一趋势近年来不断加强。在购买决策的制定过程中，客户通常会经历需求识别、信息搜索、评估比较、购买决策和后续行为等阶段。其中，信息搜索是关键环节，客户会通过搜索引擎和社交媒体等途径获取有关产品的信息，并进行评估比较。

（二）消费偏好与习惯

消费者的购买决策往往受其消费偏好的影响。在跨境电子商务中，消费者更倾向于购买知名品牌和价格相对优惠的产品，而且偏好购买服装、数码产品等。此外，跨境网购的时间分布也呈现一定规律，白天上班时间和深夜都是跨境网购频繁发生的时间段。

（三）客户评价与反馈

客户评价在跨境电子商务中扮演着重要的角色，不仅可以为消费者建立信任感，增加对品牌的好感度，还可以提供产品质量和性能的真实反馈。积极的客户评价有助于塑造品牌形象，吸引更多潜在消费者；而负面的评价则可以帮助企业及时发现并改进产品和服务中存在的问题。

（四）数据收集与分析方法

为更深入地了解客户行为，跨境电子商务企业可以采用多种数据收集和分析方法，如利用网页分析工具收集客户在网页上的行为数据（页面浏览量、停留时间和点击量等），利用埋点技术跟踪客户在页面上的具体行为，通过客户调研获取更加全面的客户行为数据等。

综上所述，对客户行为进行深入分析，有助于企业更好地了解客户需求和市场趋势，以便制定更精准的营销策略和优化客户体验。

六、客户潜在风险评估

客户潜在风险是指客户可能给企业带来的损失或不利影响。企业需要对客户的信用记录、财务状况和行业风险等进行评估，以便及时发现潜在风险并采取相应措施。客户潜在风险评估可以从以下几方面进行。

（一）了解客户的背景

深入调查客户的公司历史、股东背景、业务范围和财务状况。这些信息有助于判断客户的实力、稳定性和发展潜力，进而评估与其合作的潜在风险。

（二）评估市场情况

分析客户所处的市场环境，包括市场规模、竞争态势和未来发展趋势。通过了解市场的整体状况，可以预测客户的业务前景和潜在风险，从而制定合适的合作策略。

（三）评估客户信用

检查客户的信用记录、信用评级和还款能力。这有助于判断客户在合同履行、货款支付等方面的可靠性，降低因客户信用风险导致的损失。

（四）了解客户的管理水平

考察客户的管理层、组织架构和管理流程。一个高效、专业的管理团队和健全的管理体系往往能够降低潜在风险，提高合作的成功率。

（五）评估客户的合作意愿

通过与客户沟通交流，了解其对合作的态度和意愿。一个积极、诚信的合作态度能够降低沟通成本和合作风险，提高双方的合作效率。

（六）注意法律法规差异

不同国家和地区的法律法规存在差异，可能导致合同执行、知识产权保护等方面的问题。因此，在评估客户时，应充分考虑法律法规因素，确保合作是合法合规的。

（七）关注汇率风险

跨境电子商务涉及不同货币之间的交易，汇率波动可能导致成本增加或收益减少。因此，在评估客户时，应考虑汇率风险对合作的影响。

（八）重视售后服务和退换货政策

跨境电子商务中的售后服务和退换货政策可能因地域差异而有所不同。客服人员应深入了解政策细节，确保与客户所在地的售后服务政策相协调，以减少售后纠纷，降低退货风险。

综上所述，客户潜在风险评估是一个复杂而重要的过程，企业应结合自身实际情况和需求，制定合适的评估方法和策略，以降低合作风险及提高业务成功率。

七、客户关系维护策略

客户关系维护策略是企业为确保与客户之间的长期合作关系，提升客户的满意度和忠诚度而采取的一系列行动和措施。

(一)建立客户档案

详细记录客户的基本信息、购买记录和需求偏好等,以便更好地了解客户,提供个性化的服务。

(二)定期沟通

通过电话、电子邮件和社交媒体等多种渠道与客户保持联系,了解他们的需求和反馈,及时解决他们的问题。

(三)提供优质服务

确保产品或服务的质量,提供快速、准确、周到的服务,以满足客户的期望。

(四)制订客户忠诚度计划

通过积分、折扣和会员特权等方式,激励老客户回购并推荐新客户。

(五)举办客户活动

定期举办客户答谢会、新品发布会等活动,增进与客户的感情,增强客户黏性。

(六)处理客户投诉

建立有效的投诉处理机制,认真听取客户的意见和建议,积极改进产品和服务。

(七)利用数据分析优化策略

利用客户数据分析工具,深入挖掘客户需求和行为模式,为制定更精准的客户关系维护策略提供依据。

实施这些策略可以与客户建立长期稳定的合作关系,提升客户的满意度和忠诚度,从而为企业带来持续的业务增长和竞争优势。同时,还需要根据市场变化和客户需求调整策略,以确保其始终保持有效性和针对性。

任务二 维护老客户

在高度竞争的市场环境中,客服人员不仅需要关注新客户的获取,还需要重视老客户的维护和深化合作。老客户是企业稳定的收入来源和口碑传播的重要渠道。因此，Andy 需要学习如何建立一个系统性的维护老客户机制，确保客户满意度，提升客户忠诚度，进而实现企业的持续发展。

一、维护老客户的重要性

（一）老客户是企业生存的基础

开发新客户的成本通常是维护老客户成本的数倍。新客户的开发需要经过从市场调研、产品推广到客户洽谈等多个环节，每个环节都需要企业投入大量的人力、物力和财力。而在与新客户初步建立信任关系后，企业还需持续投入时间和精力去维持这种关系，确保其转化为稳定客户。相比之下，维护老客户则相对简单，只需定期沟通、提供优质服务，便能维持甚至提升客户忠诚度。

（二）老客户能为企业节省时间成本

由于老客户已经对企业的产品或服务有了了解和信任，他们在购买产品或服务的过程中通常不会反复确认产品或服务的信息，或者犹豫不决。这使得交易过程更加迅速和高效，为企业节省了宝贵的时间成本。

（三）老客户能产生循环效应

老客户会向亲朋好友推荐令人满意的产品或服务，从而为企业带来更多的新客户。这种口碑传播的力量是巨大的，有助于企业扩大市场份额和品牌影响力。

综上所述，维护老客户对于跨境电子商务企业而言具有重要意义。企业应当通过提供优质的产品和服务、保持与老客户的良好沟通等方式，努力维护和巩固与老客户的关系，以实现长期稳定的发展。

二、维护老客户的策略

（一）建立客户档案

（1）记录客户的基本信息，包括姓名、性别、年龄和联系方式等。
（2）收集客户的购买历史，包括购买的产品种类、数量、金额和购买频率。（3）深入了解客户的喜好和需求，如他们偏好的产品风格、颜色等。

在全球速卖通平台上，可以对客户进行分组设置。

自定义人群可以根据买家属性圈选目标人群，对其进行商品或优惠券的精准推送。具体操作流程为：进入卖家后台→"营销"→"客户营销"→"新建自定义营销计划"→"自定义人群集"→"选择人群集"→"新建人群集"。

1. 新建人群集

首先，输入人群集名称，便于日后筛选人群的统一名称。然后，点击"新增指标规则"按钮，如图 5-2-1 所示。

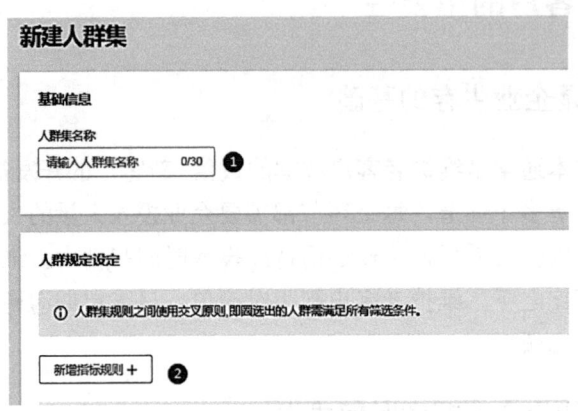

图 5-2-1　新建人群集设置示意

2. 选择圈选人群的规则指标

例如，圈选近 30 天内收藏且加购过商品的人群，找到两个对应的核心规则指标，如图 5-2-2 所示。

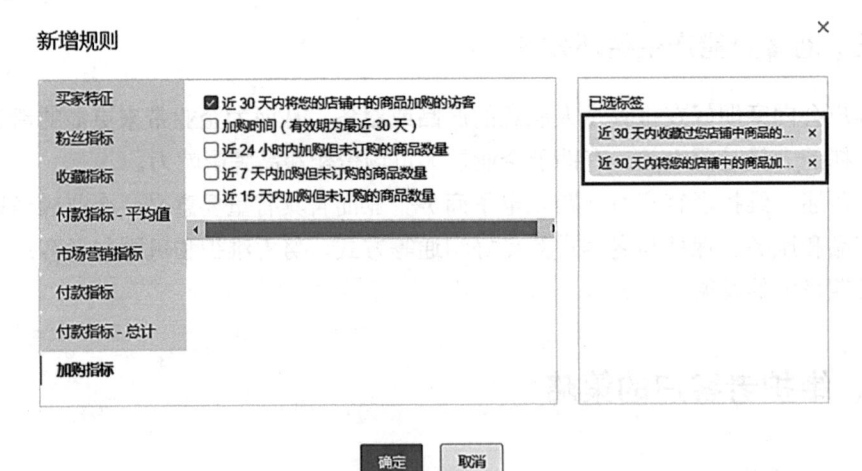

图 5-2-2　设置新增人群集特征

3. 增加满足条件

设置该类客户需要满足的条件区间，点击"保存并返回"按钮后，客户分组完成，如图 5-2-3 所示。

（二）建立良好的客户关系

在与客户交流时，应始终保持友好、专业的态度，并尽可能了解他们的需求和偏好。

通过定期与客户沟通，建立信任和忠诚度，从而让他们更愿意与企业保持联系。

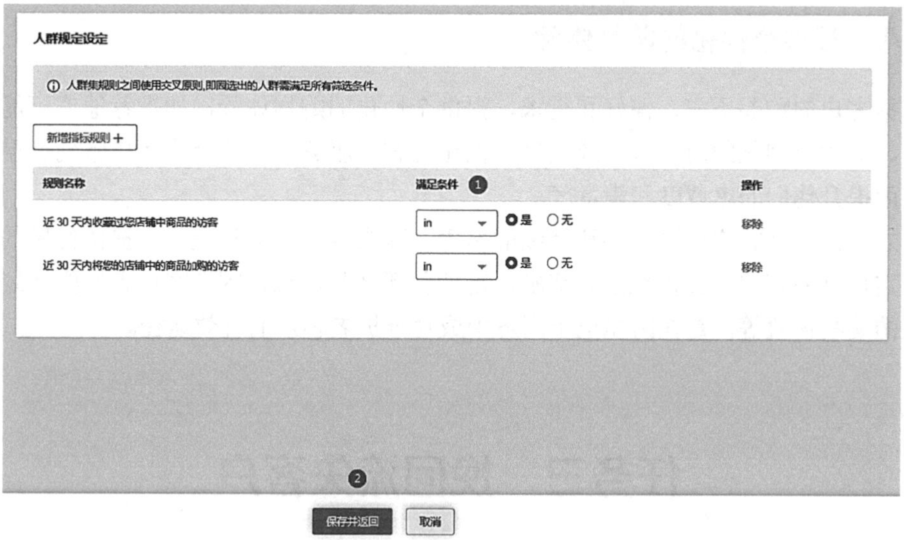

图 5-2-3　设置新增人群集规则

（三）提供优质的产品和服务

确保产品质量可靠，符合客户的期望。同时，提供优质的客户服务，包括快速响应客户的问题和投诉及提供个性化的购物体验。这将有助于建立客户的满意度和忠诚度。

（四）定期联系客户

客服人员可以通过电子邮件、社交媒体或电话等方式定期联系客户，以了解他们的最新需求和偏好。客服人员还可以发送定制的促销信息、新品推荐或感谢信等给客户，以保持与客户的联系和互动。在重要节日或客户生日时，客服人员还应发送祝福和问候，以增加情感联结。

（五）提供优惠和奖励

客服人员应为客户提供一些优惠和奖励，如折扣、积分、礼品等，以激励他们继续购买产品。同时，客服人员还应为长期客户提供一些专属的优惠和奖励，以表达对他们的感激。

（六）定期更新产品信息

客服人员应及时向客户传达产品的最新信息，如新功能、改进或升级等。这有助于保持客户对企业产品的兴趣和关注，并促进他们再次购买。

（七）制订客户忠诚度计划

制订一个客户忠诚度计划，以奖励那些回购率高的客户。这可以是一个积分系统、VIP

会员或优惠券等，以鼓励客户保持忠诚并增加他们的购买频率。

（八）提供个性化的购物体验

根据客户的购买历史、偏好和需求，提供个性化的购物体验，如推荐他们可能感兴趣的产品、提供定制化的商品包装或提供个性化的客户服务等。这会让客户感到被重视和理解，从而提升他们的忠诚度和满意度。

总之，维护老客户需要耐心和持续的努力。建立良好的客户关系、提供优质的产品和服务、定期联系客户、提供优惠和奖励、定期更新产品信息、制订客户忠诚度计划和提供个性化的购物体验等，是在跨境电子商务中成功维护老客户的有效途径。

任务三　挽回流失客户

温专公司业务从传统国际贸易转型为跨境电子商务后，凭借独特设计和优质产品赢得了全球消费者的青睐。然而，市场竞争加剧和客户需求多样化导致客户流失严重。跨境电子商务客服专员 Andy，作为公司与客户之间的桥梁，发现公司长期存在客户流失问题。

Andy 主动与流失的客户沟通，发现主要问题在于产品更新速度慢和客户服务响应不及时。面对挑战，Andy 制订了挽回计划，包括加速产品研发、提高服务质量和建立售后支持体系。他希望通过这些措施重新赢得客户信任，让他们再次选择温专公司，以维护公司品牌形象和稳固公司市场地位。

一、识别流失原因

在当今竞争激烈的市场环境中，客户流失是每个企业都可能面临的问题。了解客户流失的原因对于企业的持续发展至关重要，因为这可以帮助企业识别问题并采取相应措施来防止进一步的客户流失。

（一）初步分析

首先，客服人员需要收集并整理与客户流失相关的数据，包括流失客户的基本信息、购买历史和服务记录等。通过对这些数据的初步分析，可以初步判断客户流失的一些可能原因。

（二）服务质量分析

服务质量是影响客户满意度和忠诚度的重要因素之一。客服人员可以通过以下方式，分析服务质量对客户流失的影响。

1. 投诉和反馈分析

查看流失客户以前的投诉和反馈记录，了解他们是否对服务质量有过不满或抱怨。

2. 服务流程审查

审查公司的服务流程，判断是否存在可能导致客户不满的环节。

3. 员工绩效评估

评估服务人员的绩效和态度，看是否存在服务不专业或态度不佳的情况。

（三）产品问题分析

产品问题也是客户流失的一个重要原因。客服人员可以通过以下方式，分析产品问题。

1. 产品退换货率

查看流失客户的产品退换货率，了解产品是否存在质量问题或不符合客户期望的情况。

2. 产品满意度调查

通过调查或访谈了解流失客户对产品的满意度和反馈。

3. 产品更新迭代

分析产品的更新迭代情况，检查是否存在功能落后或无法满足客户需求的问题。

（四）价格因素分析

价格是客户选择产品或服务时考虑的一个重要因素。客服人员可以通过以下方式，分析价格对客户流失的影响。

1. 价格敏感度分析

分析流失客户对价格的敏感度，了解他们是否因为价格原因而选择离开。

2. 竞争对手价格对比

对比竞争对手的价格策略，洞察自身价格是否具有竞争力。

3. 折扣和优惠活动效果评估

评估之前的折扣和优惠活动对防止客户流失的效果如何。

（五）竞争对手吸引力分析

竞争对手的吸引力也是客户流失的一个重要原因。客服人员可以通过以下方式，分析竞争对手的吸引力。

1. 竞争对手市场份额

了解竞争对手在市场上的份额和增长情况。

2. 竞争对手产品和服务特点

分析竞争对手的产品和服务特点，及其是否存在吸引客户的优势等。

3. 流失客户的选择

调查流失客户在离开后选择了哪些竞争对手的产品或服务。

（六）客户反馈收集

直接收集客户的反馈也是识别客户流失原因的重要手段。客服人员可以通过以下方式收集客户反馈。

1. 在线调查

通过电子邮件、短信或 App 推送等方式邀请流失客户参与在线调查。

2. 电话访谈

对部分流失客户进行电话访谈，深入了解他们的需求和不满。

3. 社交媒体监测

监测社交媒体上关于公司和产品的讨论和反馈。

（七）综合分析

最后，客服人员需要对以上各方面的分析结果进行综合分析，找出导致客户流失的主要原因。根据这些原因，可以制定相应的策略和措施来防止客户流失。

二、制定挽回策略

在识别了客户流失的具体原因之后，企业需要根据这些原因制定有效的挽回策略。以下是一些具体的建议。

（一）针对服务问题的挽回策略

如果分析结果显示服务质量是客户流失的主要原因，那么企业可以采取以下措施来改进。

1. 培训员工

为客服人员提供客户服务技巧和产品知识培训，确保他们能够专业、高效地解答客户疑问。

2. 优化服务流程

对服务流程进行优化，以减少客户等待时间，提高服务效率。

3. 建立客户反馈机制

设立专门的客户反馈渠道，定期收集和分析客户反馈情况，及时改进服务不足之处。

（二）针对产品问题的挽回策略

如果产品问题是客户流失的关键原因，那么企业可以考虑以下挽回策略。

1. 提升产品质量

针对客户反馈的产品问题，进行产品改进和优化，提升产品质量和性能。

2. 加强产品创新

根据市场需求和客户反馈，推出新产品或新功能，满足客户不断变化的需求。

3. 提供产品试用或体验活动

免费的试用或体验活动可以让客户重新了解并认可企业的产品。

（三）针对价格问题的挽回策略

如果价格是客户流失的重要原因，那么企业可以考虑以下挽回策略。

1. 推出优惠活动

针对流失的客户，推出特别优惠活动，如折扣、满减等，降低客户购买成本。

2. 调整价格策略

根据市场情况和竞争对手的价格策略，适当调整产品价格，确保价格具有竞争力。

3. 推广价值型产品

开发并推广具有高性价比的产品，让客户感受到物超所值的购买体验。

（四）针对竞争对手吸引力的挽回策略

如果竞争对手的吸引力也是客户流失的原因之一，那么企业可以采取以下措施来应对。

1. 强化品牌建设

通过提升品牌知名度、美誉度和忠诚度，增强客户对品牌的信任和依赖。

2. 提供差异化服务

根据客户需求和竞争对手的优劣势，提供具有差异化竞争优势的服务，吸引客户回归。

3. 关注竞争对手动态

密切关注竞争对手的市场动态和产品创新，及时调整自身策略，保持竞争优势。

(五)提供特别优惠、奖励或增值服务

除了针对具体原因制定挽回策略,企业还可以采取以下通用措施来吸引流失客户回归。

1. 推出回归奖励计划

为流失客户提供一定的回归奖励,如积分、优惠券等,以激励他们重新选择企业的产品或服务。

2. 提供增值服务

根据客户需求,提供免费的增值服务,如产品升级、个性化定制等,增强客户黏性。

(六)定期沟通与维护

通过电子邮件、短信或电话等方式,定期与流失客户保持沟通,了解他们的需求和反馈,提供针对性的解决方案。

综上所述,挽回流失客户需要根据具体原因制定相应的策略。同时,提供特别优惠、奖励或增值服务也是吸引客户回归的有效手段。在实施这些策略时,客服人员需要保持灵活性和创新性,并根据市场变化和客户需求不断调整和优化策略,以提高挽回成功率。

三、个性化沟通

在制定挽回策略时,个性化沟通是至关重要的环节。通过深入了解流失客户的个人偏好、交易历史和需求,客服人员可以制定出更具针对性和吸引力的沟通策略,从而提高挽回成功率。

(一)分析客户数据

首先,客服人员需要收集并整理流失客户的个人数据,包括购买记录、浏览行为和反馈意见等。通过对这些数据的分析,客服人员可以进一步了解客户的消费习惯、偏好及潜在需求,从而可以为后续的个性化沟通提供有力支持。

(二)制定个性化沟通内容

根据客户的个人特点和需求,客服人员可以制定个性化的沟通内容,如对于注重价格的客户,可以强调优惠活动和折扣信息;对于关注产品质量的客户,可以突出产品的性能优势和品质保障。同时,还可以根据客户的兴趣爱好和关注点,提供定制化的推荐和服务,以激发客户的兴趣和增强客户的黏性。

(三)使用自然语言处理技术

为提升沟通的自然度和友好度,客服人员可以利用自然语言处理技术,如 WPSAI 或类似的 AI 工具。这些工具可以根据预设的沟通策略和客户反馈,自动生成符合语境和情感的

回复，使沟通更加流畅和自然。

（四）选择合适的沟通渠道

在选择沟通渠道时，客服人员需要考虑客户的偏好和习惯，如对于年轻的客户，可以选择通过社交媒体或短信进行沟通；对于年长的客户，可以选择通过电话或信件进行沟通。同时，还可以根据客户的反馈和互动情况，适时调整沟通渠道，以提升沟通效果。

（五）定期跟进与反馈

个性化沟通不是一次性的，而是需要持续跟进和反馈的过程。在与客户沟通的过程中，客服人员需要密切关注客户的反应和态度，及时调整沟通策略和内容。同时，还需要定期收集客户的反馈意见，以便不断优化挽回策略和提高服务质量。

通过实施个性化沟通策略，客服人员可以更好地了解流失客户的需求和期望，提供更具针对性的解决方案和服务，从而增加客户回归的可能性。同时，这种策略也有助于提升客户对公司的信任和满意度，为公司的长期发展奠定坚实的基础。

四、建立持续关系

为了与客户保持长期且稳定的联系，客服人员需要采取一系列措施来建立和维护这种关系。以下是一些具体的策略和建议。

（一）定期沟通

定期沟通是建立持续关系的基础。客服人员可以通过以下方式与客户保持联系。

1. 电子邮件或短信营销

定期发送个性化的电子邮件或短信，内容可以包括新品上市、促销活动和行业资讯等信息，确保客户可以了解公司的最新动态。

2. 电话回访

针对重要客户或长时间未购买的客户，进行电话回访，了解他们的需求和反馈，提供针对性的服务。

3. 社交媒体互动

在社交媒体平台上发布有趣、有价值的内容，鼓励客户参与讨论、分享和点赞，增加与客户的互动频次。

示例：

Subject: ✸ Introducing Our New Eco-Friendly Dish Soap — Special Offers Inside!

Dear [Customer's Name],

We're thrilled to unveil our latest addition to the EcoClean family — "Pure Home," a line of cleaning products dedicated to making your home cleaner and greener.

◆ New Arrival — Biodegradable Dish Soap
- 100% Natural Ingredients
- Powerfully Removes Stubborn Stains
- Safe and Residue-Free for Sensitive Skin

🎉 Special Limited-Time Offer

To celebrate our new launch, we're offering an exclusive discount for the first 100 customers:
- Enjoy 20% off your purchase of "Pure Home" Dish Soap
- Complimentary Gift Wrapping Service

📰 Industry News

At EcoClean, we're committed to sustainability and environmental protection. Our latest research report, "The Green Home: The Science of Eco-Friendly Cleaning," is now available, delving into the positive impact of eco-friendly cleaning agents on homes and the planet.

How to Participate:

1. Visit our website: [Website Link]

2. Enter the promo code PUREHOME20 at checkout to apply the discount

3. Quantities are limited, so act fast!

Our Promise:
- All products meet the highest eco-standards
- Fast and reliable delivery service
- 30-day hassle-free return policy

Join the Green Revolution and Experience EcoClean's Innovative Products Today!

Thank you for your continued support of EcoClean. We look forward to providing you with high-quality eco-friendly cleaning solutions.

For any inquiries, please feel free to contact our customer service team:
- Customer Service Email: [Customer Service Email]
- Customer Service Hotline: [Customer Service Phone Number]

Best regards,

The EcoClean Team

（二）提供有价值的信息或资源

除了定期沟通，客服人员还可以通过以下方式为客户提供有价值的信息或资源来增强与客户的联系。

1. 行业报告和趋势分析

定期发布与客户业务相关的行业报告和趋势分析，帮助他们更好地了解市场动态和竞争态势。

2. 专业指导和建议

根据客户不同的业务需求，提供专业的指导和建议，帮助他们解决实际问题，提升业务水平。

3. 免费资源分享

分享一些有价值的免费资源，如电子书、工具软件和在线课程等，提升客户对公司的信任度和好感度。

示例：

Subject: 🌿 Enhance Your Sustainable Lifestyle — EcoClean Resource Share

Dear [Customer's Name],

As a valued EcoClean customer, you're already on the path to a greener lifestyle. We'd like to further support your eco-friendly journey by sharing some handpicked resources and tips.

📖 Free eBook Download — "Green Home: A Guide to Sustainable Living"

We've prepared a special eBook just for you, filled with practical tips and creative inspiration for reducing your daily ecological footprint.

📚 Eco-Tip Series

Our latest Eco-Tip series will regularly share simple ways to practice sustainability in your home and daily life.

✱ Exclusive Webinar Invitation

You're invited to an upcoming webinar — "Creating a Zero-Waste Kitchen," where you'll learn how to reduce food waste and use recyclable materials.

🗓 Calendar Reminder

Don't forget to mark your calendar, the webinar will be held on [specific date and time]. The registration link is included below.

🔗 Resource Links:

- Free eBook Download: [EBook Download Link]
- Eco-Tip Series: [Blog/Article Link]
- Webinar Registration: [Webinar Registration Link]

Our Commitment:

- To provide the latest and most practical eco-resources
- To support your sustainable lifestyle
- To contribute positively to the planet together with you

We look forward to your participation and hope these resources will enrich your knowledge and help you achieve greater sustainability in your daily life.

For any questions or more resources, please feel free to contact us:

- Customer Service Email: [Customer Service Email]
- Customer Service Hotline: [Customer Service Phone Number]

Thank you for choosing EcoClean and growing with us.

Best regards,

[Your Name]

[Your Position]

The EcoClean Team

（三）制订客户忠诚度计划

为奖励长期合作和回购的客户，客服人员可以制订客户忠诚度计划。具体做法如下。

1. 积分制度

设立积分制度，客户每次购买或参与活动都可以获得一定积分。客户在后续购买中可以用积分抵扣现金或兑换礼品。

2. VIP 会员制度

设立 VIP 会员制度，对达到一定购买金额或购买频次的客户给予 VIP 身份。VIP 客户可以享受更多优惠和专属服务。

3. 生日和节日关怀

在客户生日或重要节日时，发送祝福短信或电子邮件，并提供专属优惠或礼品，以增强客户的归属感和提升他们的忠诚度。

示例：

Subject: 🎉 Happy [Holiday/Birthday] from EcoClean — Special Offers Just for You!

Dear [Customer's Name],

As the [Holiday/Birthday] season brings joy and warmth to our lives, we at EcoClean want to extend our heartfelt wishes to you.

Happy [Holiday/Birthday]!

May this special day be filled with happiness, love, and laughter. We are grateful for your continuous support and trust in our eco-friendly products.

🎁 Exclusive [Holiday/Birthday] Offer

To celebrate, we're offering you an exclusive [Holiday/Birthday] discount:

- Enjoy 15% off your entire order with us from today until [End Date].

🎀 Limited-Time Gift

Additionally, as a token of our appreciation, take advantage of our limited-time gift:

● A complimentary [EcoClean Product/Gift Item] with every purchase over [Minimum Spend].

✉ Personalized Service

If you have any special requests or need assistance in selecting the perfect eco-friendly gift for yourself or a loved one, our team is here to help.

How to Redeem Your Offer:

● Visit our website: [Website Link]

● Add your desired items to the cart.

● Apply the promo code [HOLIDAY/BDAY15] at checkout to receive your discount.

📅 Don't Miss Out!

This offer is valid for a limited time only, so make sure to shop your favorite EcoClean products before [End Date].

We Thank You:

For being a part of our community and inspiring us to innovate and bring sustainable solutions to your home.

Wishing You a Wonderful [Holiday/Birthday]!

If you have any questions or would like to share your thoughts with us, please reach out:

● Customer Service Email: [Customer Service Email]

● Customer Service Hotline: [Customer Service Phone Number]

Warm wishes,

[Your Name]

[Your Position]

The EcoClean Team

（四）客户关怀与优质服务

1. 快速响应

对于客户的咨询和投诉，应快速响应并妥善处理，让客户感受到企业的专业和用心。

2. 个性化服务

根据客户的需求和偏好，提供个性化的服务方案，满足他们的特殊需求。

总之，建立与客户的持续关系需要企业付出持续的努力和关注。通过定期沟通、提供有价值的信息或资源及制订客户忠诚度计划等方式，企业可以与客户建立紧密的联系，提升客户忠诚度，从而实现可持续的业务增长。

通过实施这些策略，客服人员可以与客户建立更加紧密和持久的联系，提升客户的满意度和忠诚度，为企业的长期发展奠定坚实基础。同时，客服人员还需要不断优化和完善这些策略，以适应市场变化和客户需求的变化。

五、跟踪挽回效果和策略优化

为确保挽回策略的有效性,客服人员需要对其实施效果进行跟踪并定期评估。这有助于了解哪些策略有效,哪些需要调整,从而不断优化挽回策略。

(一)挽回效果跟踪

客服人员可以通过以下方式,对挽回策略的实施效果进行跟踪。

1. 客户回归率

关注流失客户成功回归的比例,这是衡量挽回策略成功与否的直接指标。

2. 客户购买行为

分析回归客户的购买频率、购买金额及购买的商品种类,了解他们是否恢复了之前的消费水平或购买习惯。

3. 客户反馈

收集回归客户对挽回策略及后续服务的反馈,了解他们的满意度、意见和建议。

4. 客户留存率

跟踪回归客户在一段时间内的留存情况,确保他们不会再次流失。

(二)定期评估成果

为了更系统地了解挽回策略的效果,客服人员需要定期进行评估。具体做法如下。

1. 设定评估周期

根据公司的实际情况,设定合适的评估周期,如每月、每季度或每半年进行一次评估。

2. 对比数据

对挽回策略实施前后的客户流失率、回归率和购买行为等数据进行对比,分析挽回策略是否有效。

3. 成本效益分析

对挽回策略的成本投入与取得的成果进行对比,评估其性价比。

(三)根据效果调整策略

在评估了挽回策略的效果后,客服人员需要根据结果进行调整和优化。

1. 保留有效策略

对于效果明显的策略,应继续保留并加强执行力度。

2. 调整无效策略

对于效果不佳的策略，需要分析原因并进行调整。例如，一旦个性化沟通策略未能取得预期效果，就需要重新分析客户数据，优化沟通内容和方式。

3. 尝试新策略

根据市场变化和客户需求的变化，尝试引入新的挽回策略，如推出更具吸引力的优惠活动或增值服务。

（四）持续优化挽回策略

挽回客户是一个持续的过程，客服人员需要不断优化挽回策略以适应不断变化的市场环境。具体做法如下。

1. 关注行业动态

密切关注行业发展趋势和竞争对手的动态，以便及时调整挽回策略。

2. 收集客户意见

定期收集客户的意见和建议，了解他们的需求和期望，为挽回策略的优化提供依据。

3. 定期回顾与总结

定期回顾挽回策略的执行情况和成果，总结经验教训，为未来的挽回工作提供指导。

通过跟踪挽回效果、定期评估成果和根据效果调整策略，客服人员可以不断优化挽回策略、提高挽回成功率和降低客户流失率，从而为公司创造更大的价值。

六、持续改进策略

为成功挽回流失客户并防止未来客户的流失，客服人员需要不断地对产品和服务进行改进，并通过收集客户的反馈来优化企业运营体系。以下是具体的持续改进策略。

（一）分析流失客户回归后的行为和满意度

1. 行为分析

（1）追踪流失客户回归后的购买行为、浏览记录及互动情况，了解他们的消费习惯和偏好变化。

（2）分析回归客户在不同产品或服务上的消费额度和频率，以识别最受欢迎的产品或服务和估算出可能存在的需求缺口。

2. 满意度调查

（1）设计满意度调查问卷，定期发送给回归客户，收集他们对产品、服务、价格、交付等方面的意见。

（2）结合客户反馈和行为数据，识别出影响客户满意度的关键因素，并制定相应的改进措施。

（二）优化产品和服务

1. 产品迭代

（1）根据客户反馈和行为分析，对产品进行迭代升级，以改进产品性能、提升客户体验或增加新功能。

（2）定期推出新产品或服务，以满足市场变化和客户需求的变化。

2. 服务提升

（1）加强客户服务人员的培训，提高他们的专业水平和响应速度。

（2）简化服务流程，提高服务效率，减少客户等待时间并降低沟通成本。

（3）引入智能化服务手段，如 AI 客服、自助服务平台等，提升服务的便捷性和个性化程度。

（三）收集客户反馈并优化企业运营体系

1. 多渠道收集反馈

（1）通过在线调查、电话访谈和社交媒体互动等方式，收集客户的意见和建议。

（2）设立专门的客户反馈渠道，如客户服务中心、电子邮件或在线论坛，方便客户随时反馈问题。

2. 运营体系优化

（1）根据客户反馈，优化企业运营体系，提高内部协作效率和资源利用率。

（2）加强供应链管理，确保产品质量和交货期的稳定性。

（3）定期开展内部培训，提升员工的专业素质和服务意识。

（四）防止未来客户流失

1. 风险预警机制

（1）建立客户流失风险预警机制，通过数据分析和模型预测，提前识别出潜在流失客户。

（2）对潜在流失客户采取针对性的挽回措施，如提供个性化优惠或加强沟通互动等。

2. 持续关怀与互动

（1）定期向客户提供有价值的信息和资源，保持与客户的联系和互动。

（2）在重要节日或客户生日时发送祝福和关怀信息，增强客户的归属感和提升他们的忠诚度。

通过持续改进策略的实施，客服人员可以不断优化产品和服务，提升客户的满意度和忠诚度，有效防止未来客户流失的发生。同时，这也将有助于企业在竞争激烈的市场环境中保持领先地位，实现可持续发展。

● 项目小结

在跨境电子商务领域，客户是企业最宝贵的资源。有效的 CRM 不仅能提升客户的满意度和忠诚度，还能提升企业的品牌形象和市场竞争力。本项目探讨了如何利用客户数据进行深入分析，以便更好地了解客户的行为和偏好，为企业后续的营销和服务提供支持；同时，强调了建立有效的客户反馈机制的重要性，以便及时了解客户的意见和建议，持续改进服务质量；此外，还介绍了如何通过市场调研、客户访谈和数据分析等方式深入了解客户的期望和需求；最后，介绍了如何预防客户流失和挽回流失客户，并说明通过定期分析客户流失原因，企业能够识别潜在的问题并采取相应的解决措施。

随着跨境电子商务市场的不断发展和技术的不断进步，CRM 将面临更多的机遇和挑战。企业只有不断创新和改进 CRM 方式和技术，才能更好地满足客户需求并提升企业的竞争力。

● 习题测验

1. 管理客户关系的主要目标是什么？（   ）
A. 提升客户满意度　　　　　　　　B. 降低生产成本
C. 增加员工数量　　　　　　　　　D. 加快产品上市时间
2. 在 CRM 中，哪项活动通常用于收集和分析客户数据？（   ）
A. 市场调研　　　B. 广告宣传　　　C. 产品开发　　　D. 售后服务
3. 当客户对产品或服务提出投诉时，企业应如何处理？（   ）
A. 忽视投诉　　　　　　　　　　　B. 立即退款
C. 尽快解决并跟进　　　　　　　　D. 推迟处理直到问题自行解决

● 习题答案

1. A；2. A；3. C。

● 能力实训

实训 1：利用客户细分工具对客户进行细分，并讨论不同细分群体的营销策略。

实训 2：使用合适的工具建立和维护客户档案，包括收集、整理和分析客户的基本信息、购买记录、投诉记录等。